PUPPENKLEIDER
SELBERMACHEN

Venus A. Dodge

PUPPENKLEIDER
SELBERMACHEN

AUGUSTUS VERLAG AUGSBURG

Farbtafel 1
Die Puppe in der Mitte ist eine GP-Replik einer AM-Puppe von 1894. Sie ist 51 cm groß und trägt ein rostfarbenes Baumwollkleid mit kurzen Puffärmeln und gereihtem Rock, eine Kittelschürze mit aufgesetzten Taschen und ein Halstuch aus demselben grün- und rostfarben gemusterten Baumwollstoff wie die Kittelschürze. Der Hut ist mit einem grünen Band und einer künstlichen Blume geschmückt.

Die 35 cm große Puppe aus der Sammlung der Autorin, links, trägt ein Schürzenkleid aus rostfarbenem Feincord mit viereckigem Ausschnitt und angereihtem Rock, dazu eine langärmlige Bluse aus kariertem Flanell mit «Peter Pan»-Kragen. Ihr Barett ist aus braunem Filz, die Umhängetasche aus braunem Leder.

Die 48 cm große antike Puppe rechts trägt ein angereihtes Langärmliges Baumwollkleid aus rostfarbenem, gemusterten Feincord mit «Peter Pan»-Kragen. Das Kleid ist mit rostfarbenen Samtbändern verziert. Dazu passend: das rostfarbene Filzbarett.

Vorne sitzend eine 35 cm große antike Puppe im kurzen Rundpassenkleid aus crèmefarben bedruckter Baumwolle mit «Peter Pan»-Kragen, kurzen Puffärmeln, die mit Spitze verziert sind, dazu passende Strumpfhosen. Ihr Hut aus feinem Rupfen wurde nach dem Schnitt für Florentinerhüte gearbeitet, die Krempe ist umgeschlagen und mit künstlichen Blumen geschmückt.

In den Farbtafeln genannte Hersteller von Puppen und Puppenrepliken:

Creations Past The Doll House, Stone Hall Common, nr Worcester WR5 3QQ, England.

GP Ceramics Unit 6, Albert Road Industrial Estate, Luton, Bedfordshire LU1 3QF, England.

Hello Dolly Honeysuckle Studios, Paul, Penzance, Cornwall TR19 6UA, England.

Recollect Studio The Old School, London Road, Sayers Common, W Sussex BN6 9HX, England.

Reflect Reproduction Dolls 334 Chester Road, Boldmere, Sutton Coldfield, W Midlands B73 5BY, England.

Ridings Craft 749 Bradford Road, Batley, W Yorkshire WF17 8HZ, England.

Sasha Dolls Auslieferung über: ABCeta Playthings Ltd., 45 St Petersgate, Stockport, Cheshire SK1 1DH, England.

Sunday Dolls 7 Park Drive, London SW14 8RB, England.

Die Deutsche Bibliothek – CIP-Einheitsaufnahme

Dodge, Venus A.:
Puppenkleider selbermachen / Venus A. Dodge. [Übers.: Charlotte Hartmann]. – Augsburg : Augustus-Verl., 1993
 Einheitssacht.: The dolls' dressmaker <dt.>
 ISBN 3-8043-0251-3

Das Werk einschließlich aller seiner Teile ist urheberrechtlich geschützt. Jede Verwertung außerhalb des Urhebergesetzes ist ohne Zustimmung des Verlages unzulässig und strafbar. Das gilt insbesondere für Vervielfältigungen, Übersetzungen, Mikroverfilmungen und die Einspeicherung und Verarbeitung in elektronischen Systemen.

Die im Buch veröffentlichten Ratschläge wurden von Verfasserin und Verlag sorgfältig erarbeitet und geprüft. Eine Garantie kann dennoch nicht übernommen werden. Ebenso ist eine Haftung der Verfasserin bzw. des Verlags und seiner Beauftragten für Personen-, Sach- und Vermögensschäden ausgeschlossen.

Jede gewerbliche Nutzung der Arbeiten und Entwürfe ist nur mit Genehmigung von Verfasserin und Verlag gestattet.

Bei der Anwendung im Unterricht und in Kursen ist auf dieses Buch hinzuweisen.

Titel der englischen Originalausgabe:
The Dolls Dressmaker
© by David & Charles, Devon, England
Übersetzung: Charlotte Hartmann
Fachliche Beratung: Dietlind Freyer
Satz und Herstellung der deutschen Ausgabe:
Satz + Buch, W. Hartmann, Gauting
Druck und Bindung: C.S. Graphics, Singapore

AUGUSTUS VERLAG AUGSBURG 1993
© Weltbild Verlag GmbH, Augsburg
ISBN 3-8043-0251-3
Printed in Singapore

INHALT

Einleitung

1 Vor dem ersten Kleid 9
   Die richtige Auswahl treffen 9
   Gebrauch der Schnittmuster 10
   Werkzeug und Hilfsmittel 11
   Stoffe 11
   Farben 12
   Zierat 14
   Verschlüsse 17
   Schnittmusterteile und Kennziffern 18

   Schnittmuster für Puppengrössen 28 cm und
   35–38 cm 19

2 Unterwäsche 33
   Söckchen, Strümpfe, Strumpfhosen 33
   Schlüpfer 34
   Unterhosen 34
   Geknöpfte Windel 37
   Miederhemdchen 37
   Hemdchen 38
   Hemdhosen 38
   Unterröcke und Unterkleider 42

   Schnittmuster für Puppengrössen 40–45 cm 43

3 Kleider 56
   Einfache Kleider ohne Schnitt 56
   Oberteile für Kleider 59
   Schnittvarianten für Oberteile 61
   Ärmel 78
   Röcke 80
   Ausgestelltes Hängerkleid 84
   Hängerkleid mit Smokeinsatz 85
   Rundpassenkleid 89

   Schnittmuster für Puppengrössen 45–51 cm 92

4 Krägen, Manschetten und Taschen 105
   Krägen 105
   Manschetten 106
   Taschen und Taschenklappen 108

5 Für Puppenbuben 109
   Hemd 109
   Hose 109
   Latzhose 110
   Jacken und Kittel 110
   T-Shirt 110

   Schnittmuster für Puppengrössen 51–56 cm 111

6 Babykleidung 126
   Unterwäsche 126
   Kleider 126
   Hosenkleidchen 129
   Strampelanzug 130

7 Jacken, Mäntel und Umhänge 132
   Einfache Jacke (Grundschnitt) 132
   Varianten aus dem Grundschnitt 132
   Kapuzenumhang 138

8 Strick- und Häkelanleitungen 140
   Strickstiefelchen 140
   Quadratische Häkelstola 140
   Quadratische Hähelstola mit Fransen 140
   Gestrickte Strumpfhosen, Hängerkleidchen und
   Mützchen 141
   Gehäkeltes Bettjäckchen und Häkelhäubchen 141
   Gestrickte Strumpfhosen, Mantel und Häubchen 142
   Einfache gestrickte Pudelmütze und Strickschal 144
   Einfacher Strickpullover 145
   Einfache Strickjacke mit V-Ausschnitt 145
   Häkelbarett 145

   Schnittmuster für Puppengrössen 58–63 cm 146

9 Hüte und Mützen 162
   Babyhäubchen 162
   Einfache Haube 164
   Barette und Kappen 164
   Florentinerhut 166
   Rüschenhaube 168
   Schutenhut 168
   Strohhüte 168

   Schnittmuster für Hüte, Schuhe und
   Handtaschen in allen Grössen 169

10 Schuhe 179
   Schnürschuhe 179
   Ballerinas 180
   Riemchensandalen 180
   Geschlossene Sandalen 180
   Verzierungen 180

11 Accessoires 181
   Mieder- und Gesäßpolster 181
   Handtaschen und Körbchen 181
   Taschentücher 184
   Schals und Stolen 184
   Lätzchen 184
   Sonnenschirme und Spazierstöcke 184
   Muff 185
   Schmuck 185
   Spielzeug 186

   Fehler und Abhilfe 188

   Tips und Tricks 188

   Bücher aus dem Verlag Laterna magica 191

EINLEITUNG

Die Puppenschneiderei hat viele Seiten. Ganz gleich, ob Sie «nur» Sammler sind oder selbst Künstlerpuppen herstellen, ob Sie es nun mit Nachbildungen oder echten, alten Puppen zu tun haben – die kleinen Kostbarkeiten werden erst durch eine angemessene Garderobe zu wirklich vollendeten Kunstwerken. Aber auch an die geplagte «Mammi» habe ich gedacht. Ist es nicht oft die wirtschaftlichste Lösung, die unersättlichen Kleiderwünsche einer Puppenmutti mit selbstgenähter Garderobe zu befriedigen?

Als kreatives Hobby macht die Puppenschneiderei natürlich großen Spaß! Mit nur einem Bruchteil an Zeit- und Kostenaufwand, die bei einem Kleid in Lebensgröße anfallen würden, kann man Puppen, klein wie sie sind, selbst mit einer ausgesprochen aufwendigen Garderobe ausstatten. Die Künstlerin in uns allen kann hier in Stilrichtungen, Materialien, Farben und Zierat schwelgen, und das Endergebnis wird Sammler und Kind gleichermaßen erfreuen.

Sehnsüchtige Romantiker finden an Puppenkleidern endlich einen Platz für all die Seiden, für Samte und Spitzen, die zu tragen in der heutigen Zeit eigentlich fast unmöglich geworden ist. Und ist nicht ein Puppenkleid das ideale Objekt für all die Restchen alter, erlesener Stickerei oder Spitzen, die bis dato ungenutzt in der Nähtruhe verkümmerten, weil sie zum Wegwerfen ja doch zu schade waren?

Nadelkünstlerinnen, Stickerinnen und Spitzenmacherinnen werden mit Stolz auf die an Puppenkleidern geleistete Arbeit blicken können. Schneiderinnen, Putzmacherinnen oder Lederhandwerkerinnen finden vielleicht Gefallen am Arbeiten «en miniature». Auf jeden Fall war und ist die Puppenschneiderei eine ausgezeichnete Methode, Kindern die Freude am «Selbermachen» zu vermitteln.

Die schönsten Puppenkleider – ob antik oder modern – waren meiner Meinung nach schon immer jene, die «richtigen» Kleidern in nichts nachstehen; Kleider, die man, ein wenig vergrößert, gerne im eigenen Schrank hängen sähe. Ich habe Puppen schon oft mit Nachbildungen meiner eigenen Kleider angezogen, und ich bin sicher, daß sich jede Frau über eine Puppe in ihrem eigenen Braut- oder Lieblingskleid riesig freuen würde. Eine «Brautjungfernpuppe» wäre sicherlich auch die schönste Erinnerung für ein kleines Mädchen an die Rolle, die es bei einem Hochzeitsfest spielen durfte.

«Richtige» Kleider hatte ich auch im Kopf, als ich dieses Buch begann. Hier finden Sie mehr als 120 Entwürfe für Puppenkleider mit Schnittmustern in fünf Größen für alle Puppen zwischen 28 cm und 64 cm Größe. Die Auswahl der Schnitte erstreckt sich über Kleider für Babypuppen, für Puppenbuben, -mädchen und -damen, antik oder modern, mit ausführlichen Anleitungen zu jedem Kleidungsstück. Dazu gibt es einfache Strick- und Häkelanleitungen sowie Schnittmuster und Anleitungen für Hüte, Schuhe und Accessoires. Ich habe mich bemüht, allen Wünschen gerecht zu werden – vom einfachen Babylätzchen bis zum «Diamantdiadem».

Fast alle Schnittmuster und Verfahrensweisen sind sehr einfach, und Anfänger, die sich an die Anleitungen halten, sollten beim Schneidern eigentlich keine Schwierigkeiten

Farbtafel 2
Die 51 cm große Nachbildung einer Kestner-Puppe von Recollect in der Mitte trägt ein langärmliges Kleid aus grün-weiß kariertem Batist mit einem mit Biesen verzierten Oberteil und angekräuseltem Rock. Halsausschnitt und Ärmelkanten sind mit weißem Batist eingefaßt, die Schärpe wird am Rücken gebunden. Der Kaméeanhänger hat Normalgröße.

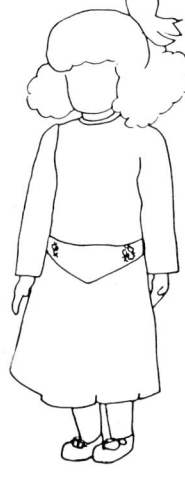

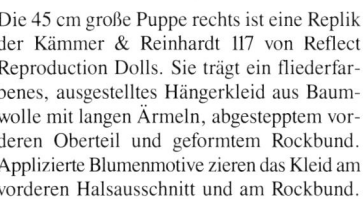

Die 45 cm große Puppe rechts ist eine Replik der Kämmer & Reinhardt 117 von Reflect Reproduction Dolls. Sie trägt ein fliederfarbenes, ausgestelltes Hängerkleid aus Baumwolle mit langen Ärmeln, abgestepptem vorderen Oberteil und geformtem Rockbund. Applizierte Blumenmotive zieren das Kleid am vorderen Halsausschnitt und am Rockbund.

Das 35 cm große «French girl» von Reflect, links, trägt ein langärmliges, ausgestelltes Hängerkleid mit Stehkragen und Quetschfalten (auch am Rücken) aus pastellblauer Baumwolle. Das Kleid ist mit weißer Spitze besetzt, in Hüfthöhe ist durch einige Schlaufen eine Satinschärpe gezogen. Das Püppchen in ihrer Hand stammt von Sunday Dolls, ist 11 cm groß und komplett angezogen und hat seinerseits ein Miniaturpüppchen im Arm. Die Brosche entstand aus einem kaputten Ohrring.

Das 30 cm große Sitzbaby «William» von Ridings Craft trägt ein blaßblaues Spielhöschen mit Passe und Puffärmeln, verziert mit einer aufgestickten Blume und weißer Spitze.

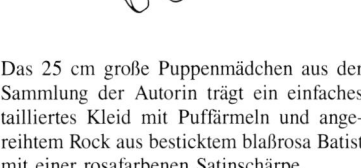

Das 25 cm große Puppenmädchen aus der Sammlung der Autorin trägt ein einfaches tailliertes Kleid mit Puffärmeln und angereihtem Rock aus besticktem blaßrosa Batist mit einer rosafarbenen Satinschärpe.

Einführung

haben. Ich hoffe aber, daß auch eine erfahrene Puppenschneiderin von diesem Buch noch lernen kann. Vielleicht hat sie ja die Schnitte und Ideen, die dieses Buch anbietet, bis jetzt noch nicht ausprobiert.

Kapitel 1 erklärt den Gebrauch der Schnittmuster und wie Sie die richtige Wahl für Ihre Puppe treffen. Es behandelt Werkzeuge, Hilfsmittel, passende Stoffe und Zierat. Die Nähanleitungen für sämtliche Kleidungsstücke, die in diesem Buch abgebildet sind, finden Sie in den Kapiteln 2–7 – von der Unterwäsche bis zu Jacken und Mänteln. Strick- und Häkelanleitungen stehen in Kapitel 8, die Anleitungen für Hüte und Häubchen behandelt Kapitel 9. Kapitel 10 befaßt sich mit Schnittmustern und Anleitungen für Schuhe. Eine bunte Palette von Accessoires, vom Schnürpolster bis hin zu Taschen und Schmuck, zeigt Ihnen Kapitel 11.

Auf den Farbtafeln führen die verschiedensten Puppen (antik, nachgebildet, modern) aus den unterschiedlichsten Materialien, sei es nun Porzellan, Composition, Stoff oder Vinyl, die schönsten Kleider vor – all diese Kleider lassen sich nach den Schnittmustern in diesem Buch nähen. Und wer durch dieses Buch erst so richtig auf den Geschmack gekommen ist, findet auch ein Verzeichnis von Lieferanten, über die man antike Kostbarkeiten oder Repliken beziehen kann. Stoffe, Zierat, all die kleinen Extras, Schmuckstücke und vieles mehr sind in fast allen Kaufhäusern, in Kurzwarenfachgeschäften, Bastelläden, Spielwarengeschäften und häufig auch auf dem Flohmarkt erhältlich.

Ich hoffe, daß Ihnen das Arbeiten mit den in Originalgröße abnehmbaren Schnitten keine Schwierigkeiten bereitet, daß die Nähanleitungen klar und verständlich sind und daß Ihnen die Entwürfe gefallen. Wenn es dennoch Probleme geben sollte, finden Sie auf den Seiten 188–189 nützliche Tips und Tricks, die Ihnen weiterhelfen können. Schließlich kann auch die erfahrenste Puppenschneiderin einmal Fehler machen!

1 VOR DEM ERSTEN KLEID

Die richtige Auswahl treffen

Auf den Abbildungen und Farbtafeln in diesem Buch finden Sie über 120 Originalentwürfe für Puppenkleidung, von Schlüpfern bis zu Mänteln, für Puppenmädchen, -buben oder -damen. Für welches Kleid Sie sich entscheiden, hängt natürlich von Ihrem ganz persönlichen Geschmack ab, aber auch von Ihrem Können und von Ihrer Puppe. Ein Teil der Schnitte wurde speziell für Puppendamen entworfen. Sie kämen an einer Baby- oder Kleinkind-Puppe einfach nicht richtig zur Geltung. Andere hingegen stehen einfach jeder Puppe gut. Die Entwürfe werden jeweils an Figurinen gezeigt, zu deren Proportionen der betreffende Zuschnitt am besten paßt. Läßt sich ein Zuschnitt auf andere Proportionen abwandeln, wird eigens darauf hingewiesen. Abbildung 1 zeigt, wie verschieden ein und derselbe Entwurf an Puppen unterschiedlicher Proportionen wirkt. Natürlich wird auch die Art der Puppe – antik, Replik, modern – Ihre Wahl beeinflussen. Welcher Stil zu welcher Puppe paßt und wann ein bestimmter Zuschnitt in Mode war, entnehmen Sie den Bildlegenden. Das Hängerkleidchen mit dem Smokeinsatz aus Abbildung 33 zum Beispiel ist wie geschaffen für französische Bébés aus der Zeit um 1880. Ich habe in meine Entwürfe die wechselnden Moden seit 1850 einbezogen. Ganz gleich also, ober Ihre Puppe schon hundert Jahre alt ist oder frisch aus dem Laden, es ist für jede etwas dabei.

Bedenken Sie bei der Entscheidung für einen bestimmten Zuschnitt auch den Puppentyp. Eine Spielpuppe für ein kleines Mädchen braucht einfache Kleider, die man leicht aus- und anziehen und problemlos waschen kann. Für eine Sammlerpuppe oder ein antikes Stück darf es schon ein wenig aufwendiger sein. Die schönsten Stoffe und die kostbarste Spitze sollten Sie für eine Puppe reservieren, an der sie auch vorteilhaft zur Geltung kommen.

Achten Sie auch auf Proportionen und Figur der Puppe. Haben Sie eine Puppendame, ein Puppenkind, ein Krabbelkind? Erfolg oder Mißerfolg eines Kleides hängen ganz maßgeblich von den Proportionen der Puppe ab, deshalb ist diese Überlegung besonders wichtig. Stellen Sie sich ein aufwendig gearbeitetes Brautkleid mit Besätzen und Accessoires vor. Dieses Kleid wirkt an einer Puppe mit pummeligen, kindlichen Proportionen gewiß lächerlich – und die ganze Mühe wäre umsonst! Denken Sie auch an passende Unterwäsche, eventuell auch an Hüte und Schuhe. Überlegen Sie sich gut, wieviel Zeit Sie erübrigen können. Ein einfaches Kleidchen ist schnell genäht, aber ein verziertes Hängerkleidchen mit Smokeinsatz, Jacke und Haube braucht seine Zeit, außerdem ist das Material ungleich teurer.

Ich empfehle zur Arbeitserleichterung bei antiken oder Sammlerpuppen einen Puppenständer (Abb. 2). Maßnehmen und Anprobe erfolgen an der mit Hilfe des Ständers aufrechtstehenden Puppe. Zudem wirkt ein schönes Kleid an einer stehenden Puppe viel vorteilhafter, und lästige Knitterfalten lassen sich leichter vermeiden.

Einigen Puppen bekommt es nicht schlecht, wenn man sie etwas auspolstert, um optimale Paßform zu ereichen. Eine Puppendame zum Beispiel kann durch einen vollen Busen nur gewinnen. Bei einem Porzellanbrustkopf auf einem Stoffkörper können Sie durch Auspolstern eine sanftere Schulterlinie zaubern. Am besten eignet sich dazu waschmaschinenfeste Füllwatte. Sie läßt sich leicht an einen Stoffkörper anheften oder anstecken. Bei Plastik- oder Compositionkörpern helfen Sie sich einfach mit etwas Heftpflaster. Sehen Sie sich hierzu auch die Gesäß- und Miederpolster in Kapitel 11 an.

Vor dem ersten Kleid

Abb.1 Ein und derselbe Entwurf an Puppen unterschiedlicher Proportionen.

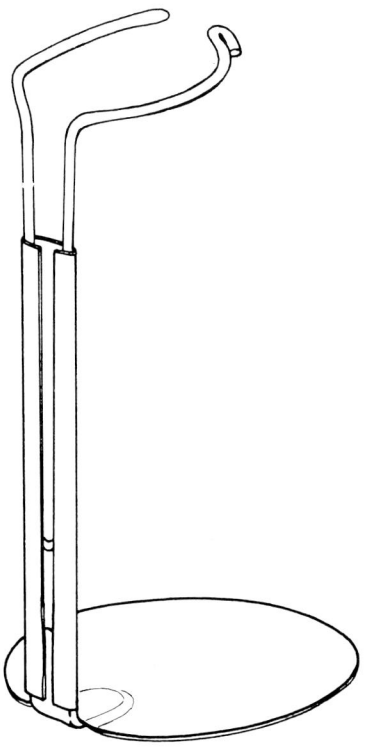

Abb. 2 Puppenständer

Gebrauch der Schnittmuster

Alle Schnitte sind in Originalgröße einschließlich 1,2 cm Nahtzugabe bei den Einzelteilen wiedergegeben. Folgen Sie Schritt für Schritt den Nähanleitungen, dann können Sie jedes Kleidungsstück problemlos nacharbeiten. Die Schnittmuster sind nach Größen geordnet: Schnitte für Puppen von 28 cm und 35–38 cm finden Sie auf den Seiten 19–23, für Puppen von 40–45 cm auf den Seiten 43–55 usw. Jedes Schnitteil trägt einen Kennbuchstaben, der bei jeder Größe der gleiche ist; zum Beispiel Teil O = «Peter Pan»-Kragen oder Teil I = gerader Ärmel.

Eine komplette Liste aller Schnittmusterteile mit ihren Kennbuchstaben finden Sie auf Seite 18. Die Legenden zu den einzelnen Entwurfszeichnungen geben Auskunft über die jeweils benötigten Schnittmusterteile. Welches Kleid Sie auch immer nähen wollen, Sie suchen sich einfach die erforderlichen Teile in der entsprechenden Größe heraus und kopieren sie.

Wenn Sie etwa das taillierte Kleid mit Rückenverschluß, Puffärmeln und «Peter Pan»-Kragen von Abbildung 16b für eine 40–45 cm große Puppe nähen möchten, suchen Sie sich die Teile D1 (vorderes Oberteil), D2 (rückwärtiges Oberteil), J (Puffärmel) und O («Peter Pan»-Kragen) aus den Schnitten für Puppen von 40–45 cm heraus.

Die meisten Schnitte finden Sie in allen Größen, ab und zu aber wurde auf die großen Größen verzichtet; bei dem ausgestellten Hängerkleid beispielsweise einfach deshalb, weil ein größerer Schnitt nicht auf die Seiten gepaßt hätte. In diesem Fall übernehmen Sie die größeren Größen einfach von anderen Schnittmustern (siehe Abb. 35) oder vergrößern die gegebenen Schnitte entsprechend.

Vor dem ersten Kleid

Die richtige Größe

Die Schnittmuster sind nach Puppengrößen geordnet. Puppen lassen sich aber ebensowenig in Standardgrößen einteilen wie Menschen, die angegeben Größen sollen darum auch nur ein Anhaltspunkt sein. Babypuppen haben zum Beispiel häufig recht pummelige Körper und kurze Gliedmaßen. Eine 35 cm große Babypuppe braucht also eher einen Schnitt aus der Gruppe 45–51 cm, eine schlanke, 45 cm große Puppendame dagegen nur einen aus der Gruppe 35–40 cm.

Um die Schnittgröße Ihrer Puppe zu ermitteln, messen Sie zuerst ihre Körpergröße, danach vorne die Brust von Achselhöhle zu Achselhöhle plus Nahtzugabe und vergleichen dieses Maß mit dem Schnitt D1 (vorderes Oberteil) für die ermittelte Körpergröße. So wäre etwa Schnitt D1 aus der Gruppe 40–45 cm für eine 45 cm große Puppe mit 14 cm Brustmaß ohne Nahtzugabe zu klein, da Teil D1, über der Brust gemessen, mit Nahtzugabe nur 15 cm breit ist. Ein Schnitt aus der nächstgrößeren Gruppe paßt mit seinem Brustmaß von 18 cm auf jeden Fall. Keine Probleme gäbe es dagegen mit D1 aus der Gruppe 30–38 cm (Brustmaß 13 cm) für eine 28 cm große Babypuppe mit einem Brustmaß von 11 cm.

Ein Kleid wird ja immer für eine ganz bestimmte Puppe geschneidert, deshalb müssen die Schnitte auch keine exakten Größen wiedergeben. Wenn Sie aber die passendste Größe von vornherein sorgfältig auswählen, sparen Sie sich später viel Zeit und Mühe. Liegt eine Puppe einmal genau zwischen zwei Größen, entscheiden Sie sich für den größeren Schnitt!

Kopieren der Schnittmuster

Sobald feststeht, welche Schnittmusterteile Sie brauchen, können Sie mit dem Kopieren der Schnitte beginnen. Wollen Sie den Schnitt nur einmal verwenden, übertragen Sie ihn am besten auf Küchenkrepp; für wiederholten Gebrauch eignet sich Transparentpapier besser. Legen Sie einfach ein Blatt Küchenkrepp oder Transparentpapier unter die Buchseite, ein Blatt Kohlepapier dazwischen, und ziehen Sie den Schnitt mit einer leeren Kugelschreibermine nach. Auch Markierungen, wie Kennziffer, Fadenlauf usw., müssen übertragen werden. Anschließend wird das Teil ausgeschnitten. Die gezeichnete Linie ist auch die Schnittkante, da bei jedem Teil eine Nahtzugabe von 1,2 cm bereits einkalkuliert ist.

Alle ausgeschnitten Teile sollten Sie erst einmal zusammenstecken oder -heften und der Puppe anprobieren. Korrigieren Sie, wenn nötig, die Paßform und ändern Sie den Schnitt entsprechend. Danach stecken Sie ihn ab und schneiden den Stoff zu. Anleitungen für die Anprobe finden Sie in der Nähanleitung zu jedem Schnitt. Auch während des Nähens sollten Sie jedes Kleidungsstück mehrmals anprobieren: Kleider über der Unterwäsche, Mäntel über Kleidern.

Werkzeug und Hilfsmittel

Für die Puppenschneiderei ist ein besonders aufwendige Ausstattung gar nicht nötig – es genügen Nadel und Faden, eine Schere ein Maßband sowie Bleistift und Lineal –, es gibt aber doch einige Hilfsmittel, die das Arbeiten erleichtern und zugleich vielerlei Zierrat und Effekte ermöglichen.

Ob Sie mit der Hand oder mit der Maschine nähen, bleibt ganz Ihnen überlassen. Meine Empfehlung ist, Nähte, Einreihen u. a. mit der Maschine zu erledigen, Säume und Abschlüsse aber mit der Hand zu nähen. Kleine, zierliche Stiche gehen leichter mit einer kleinen Nadel (ich empfehle Stärke 4–6). Der Faden sollte immer aus dem gleichen Material sein wie der Stoff, also Baumwollgarn für Baumwollstoffe, Nähseide für Seidenstoffe, Polyestergarn für Synthetikware usw. Stoff und Nähgarn sollten möglichst die gleiche Farbe haben. Oft ist diese Regel nicht ganz einfach zu befolgen. Verwenden Sie also für helle Stoffe einen etwas helleren und für dunkle einen etwas dunkleren Faden. Versäubern Sie die Stoffkanten mit einer Flachnaht (besonders bei dünnen Stoffen), mit maschinellen Säumen oder mit Zickzackstich. Webkanten machen das Versäubern überflüssig. Am Rockbund oder um Armausschnitte herum sollten Sie im Knopfloch- oder Schlingstich arbeiten, bei etwas größeren Kleidern können Sie diese Nähte mit Schrägstreifen versäubern. Textilkleber (in jedem Kaufhaus erhältlich), auf die Schnittkanten aufgetragen, bewahrt vor dem Ausfransen. Das ist besonders bei kleinen Kleidern und bei Verzierungen sehr hilfreich. Verwenden Sie für das Zuschneiden der Puppenkleider eine kleine, scharfe Schere. Zeichnen Sie Markierungen für Knöpfe und Knopflöcher mit Schneiderkreide an; sie lassen sich dann leicht wieder abbürsten. Gerade Striche bei Röcken oder Falten werden mit dem Lineal gezogen. Arbeiten Sie immer mit sauberen, spitzen Stecknadeln (ich empfehle solche mit bunten Glasköpfen, die findet man am Boden viel leichter wieder), um das Gewebe nicht zu beschädigen.

Und gleich noch ein paar nützliche Kleinigkeiten: Putzmacherdraht für das Anfertigen von Hüten (evtl. im Bastelgeschäft erhältlich); Heftpflaster, um Drahtenden zu verbinden; Wattestäbchen zum Wenden winziger Teile; Stricknadel für größere; ein Sortiment Filzstifte zum Bemalen von Verzierungen; eine Stopfnadel zum Einziehen von Bändern oder Gummi; Gummifaden in verschiedenen Farben für Smokarbeiten und als Hutgummi. Tropffreier Tubenklebstoff läßt sich am genauesten dorthin bringen, wo man ihn braucht.

Stoffe

Welcher Stoff für welches Kleid? Das hängt hauptsächlich von Ihrem ganz persönlichen Geschmack ab, aber auch von der Puppe, die das Kleid einmal tragen wird. Bei jedem Entwurf finden Sie Vorschläge zu Farbe und Stoff, doch sollen das wirklich nur Anregungen für Sie sein. Das Arbeiten mit Naturfasern wie Baumwolle, Wolle und Seide zahlt sich gemeinhin aus, da sich diese Stoffe besser einreihen lassen und schöner fallen. Moderne knitterfreie Stoffe wirken leicht etwas aufgebauscht und starr, aber auch hier bestätigen Ausnahmen die Regel. Kunstseide sieht oft recht hübsch aus, und Polyesterbaumwolle steht gerade modernen Puppen sehr gut. Ob Naturfaser oder Synthetik, auf keinen Fall darf der Stoff zu schwer sein, vor allem nicht bei kleinen Größen. Auch auf grobgemusterte Stoffe sollten Sie besser verzichten. Reine Baumwolle, uni oder mit feinem Musterdruck, finden Sie in jedem Stoff- oder Restegeschäft. Kleider für antike Puppen wirken natürlich am besten, wenn Sie einen alten Stoff verarbeiten, vielleicht sogar aus derselben Epoche wie die Puppe

Vor dem ersten Kleid

selbst. Voraussetzung ist aber, daß Ihr Stoff auch zu Kleid und Puppe paßt. Wählen Sie sorgfältig, dann lassen sich die oft nur sehr schwer aufzutreibenden alten Stoffe durchaus durch moderne ersetzen. Flohmärkte bieten ungeahnte Möglichkeiten der Materialbeschaffung. Halten Sie Ausschau nach Babykleidchen, Abendkleidern u. ä. (das scharze Samtkleid mit den Pailletten auf Seite 187 ist aus einem Abendkleid vom Flohmarkt genäht). Feinkord, Veloursamt, Flanell, Taft, Kammgarn, Baumwolle, Batist, Schweizer Batist, Samt, Satin, Organza, Seide, feine Wolle und Brokat – die Auswahl ist enorm. Reste aus der «richtigen» Schneiderei können selbstverständlich mitverarbeitet werden. Übertriebene Sparsamkeit ist jedoch nicht angebracht; Suchen Sie sich lieber neue Stoffe aus, die dann wirklich zu Ihrer Puppe und dem neuen Kleid passen. Liegt ein Stoff 90 cm breit, dann reicht für Puppen bis zu 40 cm Größe ein halber Meter aus, für Puppen bis 56 cm benötigen Sie schon etwa einen Meter, und für noch größere Puppen sollten Sie etwa eineinhalb Meter rechnen (je nach Länge und Weite des Rocks). Schauen Sie sich auch Taschentücher, Schals, Tischwäsche, leichte Möbelbezugsstoffe sowie Spitzen und Lochstickerei einmal genauer an. Achten Sie darauf, daß die Muster nicht zu großflächig sind. Betrachten Sie ein kleines Stoffstück, so lassen sich die Muster am besten beurteilen. Drapieren Sie den Stoff einmal um Ihre Puppe, dann können Sie sehen, wie ihr Farbe oder Muster stehen. Und nicht vergessen: Bei alten Puppen ist es wichtig, daß Stoff und Stil «korrekt» sind. Anregungen zum Thema «Welches Kleid für eine antike Puppe?» finden Sie ebenfalls in Anmerkungen zu den einzelnen Entwürfen; wenn Sie sich aber noch weitergehend informieren wollen, sollten Sie ein Kostümkundebuch oder ein Kleiderlexikon zu Rate ziehen.

Farben

Wählen Sie die Farben der Kleiderstoffe mit Bedacht – so wie Sie es auch für Ihr eigenes Kleid täten. Die Farbe sollte sowohl dem Stil Ihres Puppenkleides Rechnung tragen als auch überhaupt zu Ihrer Puppe passen.

In meinen Anmerkungen zu den einzelnen Entwürfen habe ich die Farben in vier Gruppen aufgeteilt – Pastelltöne, kräftige, gedeckte und leuchtende Farben. Zu den Pastelltönen gehören alle blassen Farbschattierungen, die etwas Weiß enthalten, u. a. Blaßrosa, Blaßblau, Teerosengelb, Blaßgrün und Blaßlila. Sie stehen den meisten Puppen ausgezeichnet, ausgenommen vielleicht antike Porzellanpuppen oder deren Nachbildungen, die im allgemeinen einen sehr hellen Teint haben. In Pastelltöne gekleidet, wirken sie deshalb leicht etwas «verwaschen». Zu den Pastelltönen gehören auch die Weißtöne Elfenbein und Crème. Sie stehen Puppen mit hellem Teint wiederum sehr gut, besonders wenn man die Kleider mit Verzierungen in kräftigen Farben absetzt – ein elfenbeinfarbenes Kleid mit goldenem oder grünem Besatz etwa oder ein crèmefarbenes Kleid mit braunem Besatz. Gebrochen weiße, elfenbeinfarbene und crèmefarbene Kleider wirken mit Spitzen gleicher Tönung besser als mit rein weißen.

Zu den kräftigen Farben gehören alle tiefen, satten Schattierungen mit Ausnahme der Grundfarben. Karmesinrot, Smaragdgrün oder Dunkelgrün, Mitternachtsblau, Braun, Gold und tiefes Purpurrot seien hier genannt. Diese Farben wirken oft sehr auffällig, generell passen sie aber besser zu Charakterpuppen (Puppendamen oder echte Bébés) als zu modernen Puppen. Sie sollten mit Schwarz oder gleichfarbigem Besatz aus einem anderen Material kombiniert werden, z. B. ein karmesinrotes Samtkleid mit karmesinrotem Satinbesatz oder ein goldfarbenes Seidenkleid mit schwarzem Samtbesatz. Die kräftigen Farben sind wie geschaffen für Puppen mit hellem Teint. Aber Vorsicht: Puppen mit rosigen Bäckchen wirken in kräftige Farben gekleidet eher «angemalt».

Unter gedeckten Farben versteht man alle Farbschattierungen, die einen Hauch von Grau enthalten, also Lavendel, Zimt, Taubenblau, Altrosa, Zitronengelb, Silbergrau und natürlich Grau selbst. Aber auch Rotbraun, Lila, Beige und Marineblau zählen zu den gedeckten Farben, die antiken und modernen Puppen gleichermaßen gut stehen. Allerdings muß die Farbe zu Haar und Augen passen. Bestechend ist die Wirkung von kräftigen, aber tongleichen Farben auf gedeckten Farbtönen: purpurroter Besatz auf einem grauen Kleid oder dunkelgrüner Besatz auf einem silbergrauen Kleid. Auch die Wechselwirkung mit starken Kontrastfarben hat ihren Reiz, Schwarz auf Rotbraun oder Zimt etwa, Weiß auf Taubenblau oder Zitronengelb oder kräftiges Rosa auf Beige.

Vorsicht ist bei Grüntönen geboten, denn sie sind nicht einfach zu kombinieren. Grün tendiert entweder nach Blaugrün oder nach Gelbgrün. Die Kombination von Blaugrün mit Blautönen ist problemlos, z. B. Blaßblau und Tannengrün; Gelbgrün müssen Sie hingegen mit Gelbtönen kombinieren, z. B. Moosgrün mit Goldgelb. Dieselben Regeln gelten übrigens auch für Türkis, das ja nichts anderes ist als eine Mischung aus Blau und Grün. Bläuliches Türkis wird also mit Blautönen, grünliches dagegen mit Grüntönen kombiniert. Weiß ist ein hervorragender Kontrast zu allen Türkistönen.

Zu den leuchtenden Farbtönen schließlich zählt man die Grundfarben, also Rot, Blau und Gelb und alle hellen Schattierungen der Mischfarben erster Ordnung, z. B. Grün oder Violett – denken Sie einfach an den Regenbogen. Diese Farben gehören zu modernen Puppen und einfachen Kleidern; an einer antiken Puppe oder einer Replik wären sie völlig fehl am Platze. Leuchtende Farben setzen Sie am besten mit Farben aus der gleichen Gruppe ab, z. B. Signalrot mit Königsblau oder Gelb oder mit Weiß.

Welche Farbe paßt zu Ihrer Puppe? Halten Sie ihr den Stoff einfach an: Wie verträgt sich die Farbe mit dem Teint, den Augen, den Haaren? Hängt Ihr Herz an einer Farbe, die nicht so recht zu Ihrer Puppe passen will? Versuchen Sie es doch einmal mit einer anderen Perücke (wenn das möglich ist), mit der Sie die Farbgebung Ihrer Puppe ganz entscheidend verändern können. Will eine Puppe mit kastanienrotem Haar nicht ganz gefallen? Nehmen Sie einfach einmal eine braune Perücke. Unumstößliche Regeln gibt es ohnehin nicht – entscheidend ist ganz allein Ihr persönlicher Geschmack.

Die richtige Farbe für eine Puppe aus einer bestimmten Epoche oder für eine spezielle Mode zu finden, ist realtiv einfach. Schlagen Sie in einem Lexikon über alte Kleidung nach (Kostümkunden gibt es in jeder Bibliothek). Sie finden dort viele nützliche Informationen zur Einkleidung einer antiken Puppe. Türkis, Orange und Apricot sind Farben aus unserer Zeit, keine antike Puppe sollte sie tragen. Zitronengelb war

Abb. 3 Verschiedene Stiche

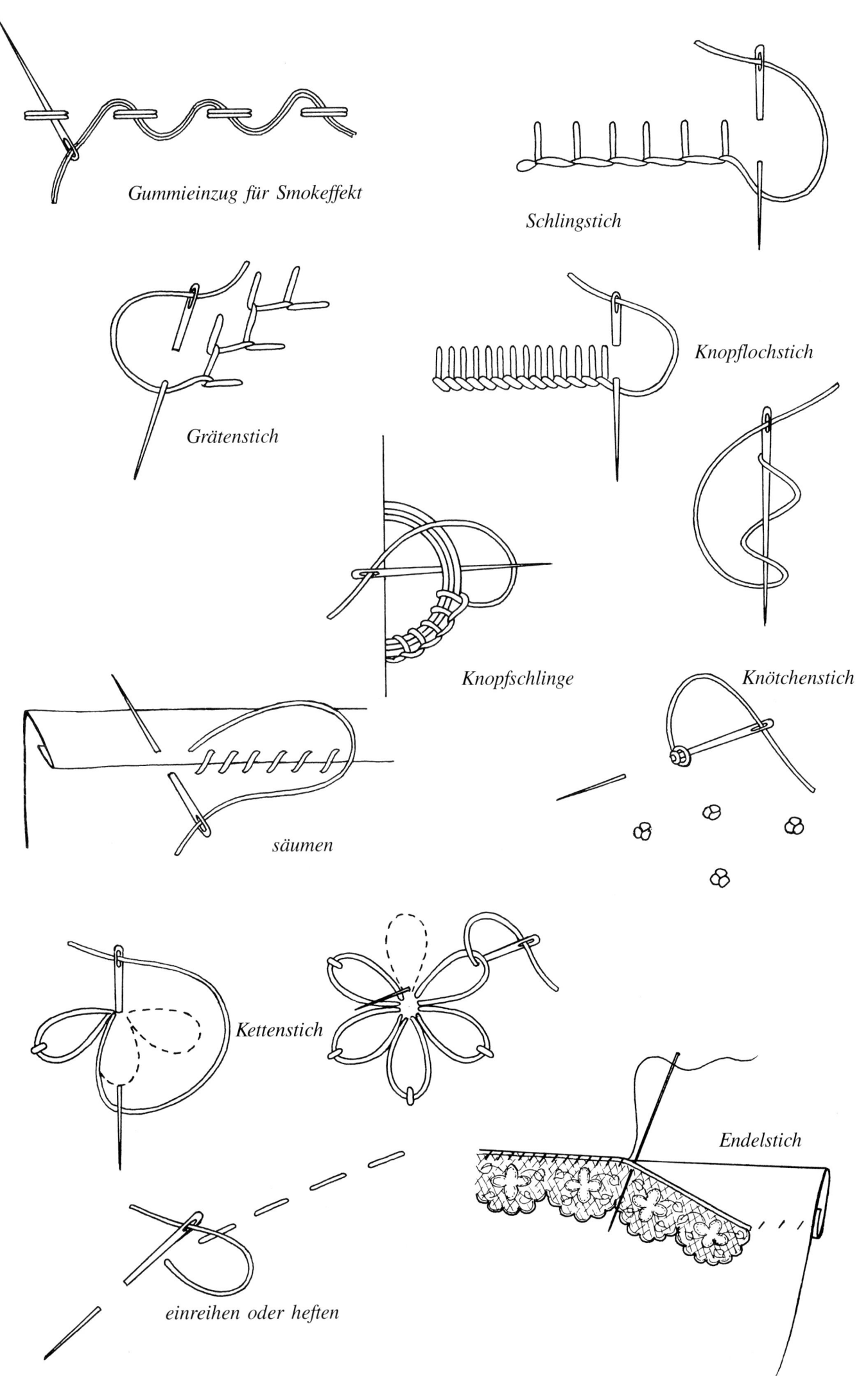

Vor dem ersten Kleid

um 1890 eine völlig «neue» Farbe – damals der letzte Schrei, paßt es dennoch nicht zu früheren Puppen. Ein Abend mit der Kostümkunde, und Sie sind vor solchen Fehlern gefeit. Darüber hinaus können Sie aus der Kostümkunde auch noch einige Anregungen für Verzierungen und Accessoires beziehen.

Beim Nachdenken über die Farbzusammenstellung Ihres Puppenkleides sollten Sie auch Hut, Schuhe und Mantel nicht vergessen (falls Sie Ihre Puppe tatsächlich mit einer kompletten Garderobe ausstatten möchten). Vielleicht planen Sie ein reinweißes Kleid für eine alte deutsche Mädchenpuppe? Rote Schuhe oder eine goldgelbe Schärpe sähen reizend dazu aus. Oft genügt schon ein kleiner Farbtupfer, und ein einfaches, reinweißes Kleid wirkt wie verzaubert. Aus einem schlichten Kleidchen machen Sie so ganz schnell etwas Besonderes. Akzente in einer Kontrastfarbe wirken auf einem farbigen Kleid manchmal wahre Wunder – die übrigen Farben erscheinen satter und lebendiger. Ein gutes Beispiel ist die rote Rose an der schwarz und crèmefarben gekleideten Puppe auf Seite 187.

Zierat

Vorschläge für Zierat werden Sie in diesem Buch reichlich finden. Nehmen Sie einen einfachen Grundschnitt als Ausgangspunkt: Mit Hilfe von Zierat läßt sich dieser in unglaublich viele verschiedene Stilrichtungen abändern. Spitze ist mit am vielseitigsten. Breite Spitze kann ein ganzes Kleid aus leichtem Stoff bedecken, Spitzenbordüren betonen Halsausschnitte, Ärmelbündchen oder Rocksäume. Mit Spitzenrüschen können Sie Krägen, Manschetten oder Biesen am Oberteil absetzen. Spitzeneinsätze ergänzen sich hervorragend mit feinen Geweben. Auch auf bunte Bänder aufgesteppt sieht Spitze sehr eindrucksvoll aus. Für antike Puppen und Repliken sollten Sie Baumwoll- oder Seidenspitze verwenden; Nylonspitze sei modernen Puppen vorbehalten. Als Kantenabschluß, etwa an einem Unterrocksaum, ist Spitze noch schöner, wenn Sie sie ein wenig einreihen oder in Form dehnen (d. h. im Bogen bügeln, dabei die untere Kante etwas dehnen). Weiße Spitze läßt sich leicht in dünnem Kaffee oder in Tee beige färben. Und halten Sie immer Ausschau nach alten Spitzenresten für antike Puppen!

Auch mit Bändern sind viele reizvolle Effekte zu erzielen. Die Möglichkeiten reichen von Samtbändern, mit denen Röcke besetzt oder Manschetten abgesetzt werden, bis hin zu Schärpen aus breiten Satinbändern. Schmale Seidenbänder werden zu Zugbändern an Halsausschnitten und Unterwäsche oder zu kleinen Schleifchen und Rosetten, die zur Zierde aufgenäht werden. Schauen Sie sich einmal in Ihrem Stoffgeschäft (oder im Kaufhaus, im Kurzwarenhandel) um, dort finden Sie bestimmt, was Sie suchen: feine Baumwollspitze, schmale Seidenbänder und Tressen, Samtbänder, Satinbänder, vielleicht auch fertige Rosetten oder Schleifchen. Bestickte Bänder machen sich besonders gut auf einfarbigen Stoffen, Ton-in-Ton gemusterte Stoffe setzen Sie besser mit einfarbigen Bändern ab. Betupfen Sie die Bandenden mit Textilkleber, damit sie nicht ausfransen.

Schrägstreifen aus Satin oder bedruckter Baumwolle an Halsausschnitten, Manschetten, Krägen oder Jackenkanten

Farbtafel 3
Sasha-Puppen, Junge und Mädchen 40 cm, Baby 28 cm. Das brünette Mädchen trägt ein crèmefarbenes Baumwollkleid mit Biesenoberteil, langen Puffärmeln und gereihtem Rock mit Borte. Das Kleid ist mit crèmefarbenen Spitzen besetzt und wird mit Perlknöpfen geschlossen.

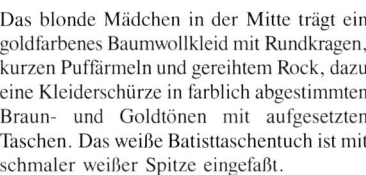

Das blonde Mädchen in der Mitte trägt ein goldfarbenes Baumwollkleid mit Rundkragen, kurzen Puffärmeln und gereihtem Rock, dazu eine Kleiderschürze in farblich abgestimmten Braun- und Goldtönen mit aufgesetzten Taschen. Das weiße Batisttaschentuch ist mit schmaler weißer Spitze eingefaßt.

Der Junge trägt ein crèmefarbenes Baumwollhemd mit schmalen langen Ärmeln und eine olivefarbene Latzhose aus Feincord. Die Träger sind angeknöpft.

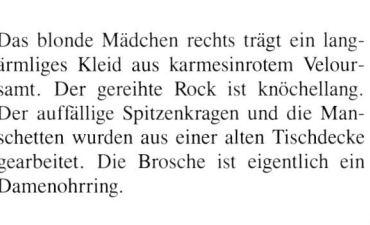

Das blonde Mädchen rechts trägt ein langärmliges Kleid aus karmesinrotem Veloursamt. Der gereihte Rock ist knöchellang. Der auffällige Spitzenkragen und die Manschetten wurden aus einer alten Tischdecke gearbeitet. Die Brosche ist eigentlich ein Damenohrring.

Die Babypuppe trägt einen Strampelanzug mit Kapuze und Reißverschluß aus rosa Flausch.

Vor dem ersten Kleid

sind Versäuberung und Zierat zugleich. Schrägstreifen können Sie fertig kaufen oder aus Stoff diagonal zum Fadenlauf selbst zuschneiden.

Mit Tressen können Sie Kleider, Mäntel oder Jacken besetzen. Die Palette reicht von Seidentressen, wie sie auch für Lampenschirme verwendet werden, über Bänder mit Blumenmotiven bis zur Seidenkordel. Quasten sind ein sehr interessanter Schmuck; manchmal kann man sie an alten Lampenschirmen finden. Hauptsache ist, daß jeglicher Zierat stilistisch zu Ihrem Puppenkleid paßt. Stickmotive (aus dem Kurzwarenladen) sind Gold wert, wenn Sie selbst Probleme mit dem Sticken haben. Wer aber sticken kann, wird seine Puppenkleider mühelos mit ein paar Motiven im Grätenstich oder mit Blumen im Kettstich verzaubern (siehe Abb. 3). Mit Grätenstich bestickte Unterwäsche ist schon fast ein Muß für die antike Puppengarderobe.

Schmücken Sie Hüte und Kleider mit künstlichen Blumen – vielleicht einmal ein Sträußchen an einer Schärpe oder im Knopfloch. Suchen Sie in Handarbeitsgeschäften oder bei Hutmachern, ein paar Blümchen finden sich bestimmt. Eine Alternative sind Trockenblumen – oder Sie machen sich Ihre Blumen einfach selbst, aus schmalen Seidenbändern zum Beispiel. Stoffblumen und -bänder können Sie mit wasserfesten Filzstiften kolorieren.

Posamenten selbstgemacht

Rosetten (Abb. 4a) Rosetten können in jeder Größe aus Band oder Spitze gefertigt werden (Reste genügen). Das Band sollte sechsmal so lang wie breit sein, also ein 5 mm breites Band 3 cm lang, ein 1 cm breites Band 6 cm lang sein. Die Bandenden auf der linken Seite mit Schlingstichen zusammennähen. Ein Kante knapp am Rand mit kleinen Stichen fest zusammenziehen und den Faden gut verknoten. Befestigen Sie eine Spitzenrosette mit einem Schleifchen in der Mitte auf einer etwas breiteren Bandrosette oder verzieren Sie eine Band- oder Spitzenrosette in der Mitte mit einer Perle oder einem Blumenmotiv. Rosetten passen an Kleider, Babyhäubchen oder Schuhe.

Quasten (Abb. 4b) Quasten von alten Lampenschirmen zu verwenden ist zwar sehr praktisch, die Farbauswahl ist jedoch beschränkt. Für einfache Quasten eignet sich seidenes Stickgarn oder Rohseide. Ein Stück Pappkarton wird eine Idee breiter als die gewünschte Quaste zugeschnitten. Das Garn gleichmäßig um den Karton wickeln. Über die Fülle der Quaste entscheiden Sie selbst. Ein Stück Garn durch die Wicklungen ziehen und fest verknoten. Die gewickelten Fäden unten aufschneiden und vom Karton abnehmen. Einen zweiten Faden zwei- oder dreimal um das Garnbüschel wickeln und fest verknoten. Die Enden der Quaste auf die gewünschte Länge trimmen.

Pompoms (Abb. 4c) Fertige Pompoms gibt es im Handarbeitsgeschäft. Wenn Sie Pompoms selbermachen wollen, schneiden Sie zwei Scheiben aus Karton in der Größe des Pompons zurecht, die Sie in der Mitte durchlöchern. Die beiden übereinandergelegten Kartonscheiben mit Wolle oder

Abb. 4: Posamenten

Garn umwickeln, bis das Loch in der Mitte nicht mehr zu sehen ist. Mit einer kleinen scharfen Schere vorsichtig die Wicklungen am Außenrand zwischen den beiden Kartonscheiben aufschneiden. Die beiden Scheiben etwas auseinanderziehen, ein Stück Garn fest um die Mitte binden und gut verknoten. Die Kartonscheiben einschneiden und entfernen. Pompom in Form trimmen. Mit Pompoms verzieren Sie Barette oder Pudelmützen, Babyhäubchen oder Schuhe.

Posamentenverschlüsse (Abb. 4d) Posamentenverschlüsse aus dem Handarbeitsgeschäft sind meist zu groß für Puppenkleider, und es gibt sie nur in wenigen Farben. Zum Selbermachen nimmt man dünne Kordel oder Litze. Nehmen Sie sich eine Korkplatte oder dicken Karton, in die Sie Nadeln stecken können. Die Kordel zu drei gleichgroßen Schlingen und einer vierten, etwas größeren auslegen. Die Schlingen mit Nadeln fixieren und in der Mitte zusammenkleben. Sobald der Klebstoff trocken ist, die Schlingen an der Kreuzung zusammennähen und die abgeschnittenen Enden versäubern. Als Verschlußkopf einen kleinen Knopf (aus geschlungener, verklebter und vernähter Kordel etwa) an die größere Schlinge nähen. Posamentenverschlüsse passen hervorragend zu Mänteln und Jacken mit aneinanderstoßenden Vorderkanten. Auch als reine Dekoration, zum Beispiel am Ärmelaufschlag einer Jacke, sind sie sehr reizvoll.

Schleifen (Abb. 4e) Natürlich können Sie einfach ein Band zu einer Schleife binden, aber eine gebundene Stoffschleife sieht eher schwerfällig aus. Deshalb näht man eine Schleife aus Einzelteilen zusammen. Einen ziemlich langen Stoffstreifen einsäumen oder mit Textilkleber versäubern. Doppelt liegender Stoff wird zu einem Schlauch zusammengenäht, dabei ein Ende offenlassen, dann den Schlauch wenden und dämpfen. Den so vorbereiteten Streifen auf die richtige Länge schneiden, das ist die doppelte Breite der Schleife. Beide Schnittenden zur Mitte falten und durch beide Stofflagen einreihen, fest zusammenziehen und gut verknoten. Ein kürzerer Stoffstreifen bildet das Mittelstück: ein Ende an der Rückseite der Schleife festnähen, den Streifen einmal um die Schleife wickeln und das andere Ende ebenfalls rückseitig festnähen. Die obere oder untere Kante des Mittelstreifens einreihen und eine Idee ankräuseln. Zwei weitere Streifen für die «Schleifenenden» zuschneiden und hinten an die Schleife nähen. (Bei doppelt liegendem Stoff die Schlauchenden nach innen einschlagen und sauber verschließen.) Mit solchen Schleifen verzieren Sie Hüte und Mützen, Kleider und Jacken. Sie werden angenäht oder mit Sicherheitsnadeln angesteckt.

Fransen (Abb. 4f) Fransen kommen für Strickstolen o. ä. in Frage. Einen Karton in der Länge der Fransen zurechtschneiden und mit Garn umwickeln. Das gewickelte Garn an einer Kante aufschneiden, so haben alle Fransen die gleiche Länge. Die Fäden können einzeln oder gebündelt verwendet werden. Die Stränge in der Mitte umlegen und an der Knickstelle durch die Kante einer Stola ziehen (mit einer Häkelnadel geht's leichter). Die Schnittenden durch die entstandene Schlaufe ziehen. Die Fransen begradigen. Sind die Fransen lang genug, können Sie die Fäden miteinander verknüpfen, das sieht noch dekorativer aus.

Vor dem ersten Kleid

Verschlüsse

Der Verschluß richtet sich nach dem Kleidungsstück. Überlappende Oberteile können Sie mit kleinen Druckknöpfen oder mit Knopf und Knopfloch versehen. Bei aneinanderstoßenden Kanten empfehlen sich Knopfschlingen (s. Abb. 3) und Knöpfe oder Haken und Ösen. Manchmal ist es geschickter, Druckknöpfe als Verschluß zu wählen und richtige Knöpfe nur zur Zierde aufzunähen. Für Zugbänder bei Unterwäsche eignen sich Haken oder Knöpfe; Sie können das Zugband auch zur Schleife binden. Ein Wickeloberteil wird geknöpft oder mit einer Schärpe zusammengehalten. Für Strampelanzüge aller Art ist wohl ein kleiner Reißverschluß das beste.

Knöpfchen finden Sie im Handarbeits- oder Kurzwarengeschäft von Perlmutt bis Plastik in allen möglichen Farben. Vergessen Sie auch Flohmärkte und Trödlerläden nicht, außerdem sollten Sie ruhig einmal in der Knopfkiste Ihrer Mutter oder Ihrer Freundin kramen. Bei Gürtelschnallen müsssen Sie leider improvisieren. Versuchen Sie es mit Verschlüssen alter Armbanduhren oder alter Kinderschuhe. Knebelverschlüsse oder Posamentenverschlüsse sehen an Jacken und Mänteln am besten aus, achten Sie aber in jedem Fall auf die Größe. Perlen aller Art – Glasperlen, Holzperlen, Perlimitationen, für moderne Puppen auch Plastikperlen – lassen sich gut zu Knöpfen umarbeiten. Zu modernen Jacken, Latzhosen oder Mänteln passen auch Clipverschlüsse. Die Verschlußöse für Latzhosen (Abb. 4g) wird aus einer großen Büroklammer zurechtgebogen (mit Hilfe einer kleinen Zange). Achten Sie darauf, daß sich die Träger problemlos einziehen lassen. Zu Kleidern für antike Puppen gehören Schnürverschlüsse oder Haken und Ösen; Knöpfe und Knopflöcher sowie Druckknöpfe sind erst seit dem zwanzigsten Jahrhundert üblich.

SCHNITTMUSTERTEILE UND KENNZIFFERN

Kenn-Ziffer	Schnittmusterteil	28	35–38	40–45	45–51	51–56	58–63
A	Schlüpfer	○	●	●	●	●	●
B	Unterhose («Unaussprechliche»)	○	●	●	●	●	●
C	Hemdhose	○	●	●	●	●	○
D1	vorderes Oberteil ohne Verschluß	○	●	●	●	●	●
D2	rückwärtiges Oberteil mit Rückenverschluß	○	●	●	●	●	●
E1	vorderes Oberteil mit Vorderverschluß	○	●	●	●	●	●
E2	rückwärtiges Oberteil ohne Verschluß	○	●	●	●	●	●
F	vorderes Oberteil für Wickelkleid	○	●	●	●	●	●
G1	vordere Passe	○	●	●	●	●	●
G2	rückwärtige Passe	○	●	●	●	●	●
H1	vordere Rundpasse	○	●	●	●	●	●
H2	rückwärtige Rundpasse	○	●	●	●	●	●
H3	Ärmel für Rundpassenkleid	○	●	●	●	●	●
I	gerader Ärmel	○	●	●	●	●	●
J	Puffärmel	○	●	●	●	●	●
K1	Vorderteil für Hemd/Bluse	○	●	●	●	●	●
K2	Rückteil für Hemd/Bluse	○	●	●	●	●	●
K3	Ärmel für Hemd/Bluse	○	●	●	●	●	●
K4	Kragen für Hemd/Bluse	○	●	●	●	●	●
L1	Vorderteil für Jacke	○	●	●	●	●	●
L2	Rückteil für Jacke	○	●	●	●	●	●
M	Hose	○	●	●	●	●	●
N1	Vorderteil für Hängerkleid	○	●	●	●	●	●
N2	Rückteil für Hängerkleid	○	●	●	●	●	●
N3	Smokeinsatz für Hängerkleid	○	●	●	●	●	●
O	«Peter Pan»-Kragen	○	●	●	●	●	●
P	Rundkragen	○	●	●	●	●	●
Q	Umlegekragen	○	●	●	●	●	●
R	Matrosenkragen	○	●	●	●	●	●
S	Schalkragen	○	●	●	●	●	●
T	Tasche	○	●	●	●	●	●
U	Manschette	○	●	●	●	●	●
V1	Vorderteil für ausgestelltes Hängerkleid	○	●	●	○	○	○
V2	Rückteil für ausgestelltes Hängerkleid	○	●	●	○	○	○
W	Latzhose	○	●	●	●	○	○
X	Strampelanzug	●	●	○	○	○	○
Y	Breitkrempiger Hut (3 Teile)		klein		mittel		groß
Z	Schutenhut (3 Teile)		klein		mittel		groß
AA	Latzrock	○	●	○	○	○	○
BB	Lätzchen		klein		mittel		
CC	geknöpfte Windel		klein		mittel		
DD	Handtasche		klein				groß

● = Schnittmuster   ○ = kein Schnittmuster

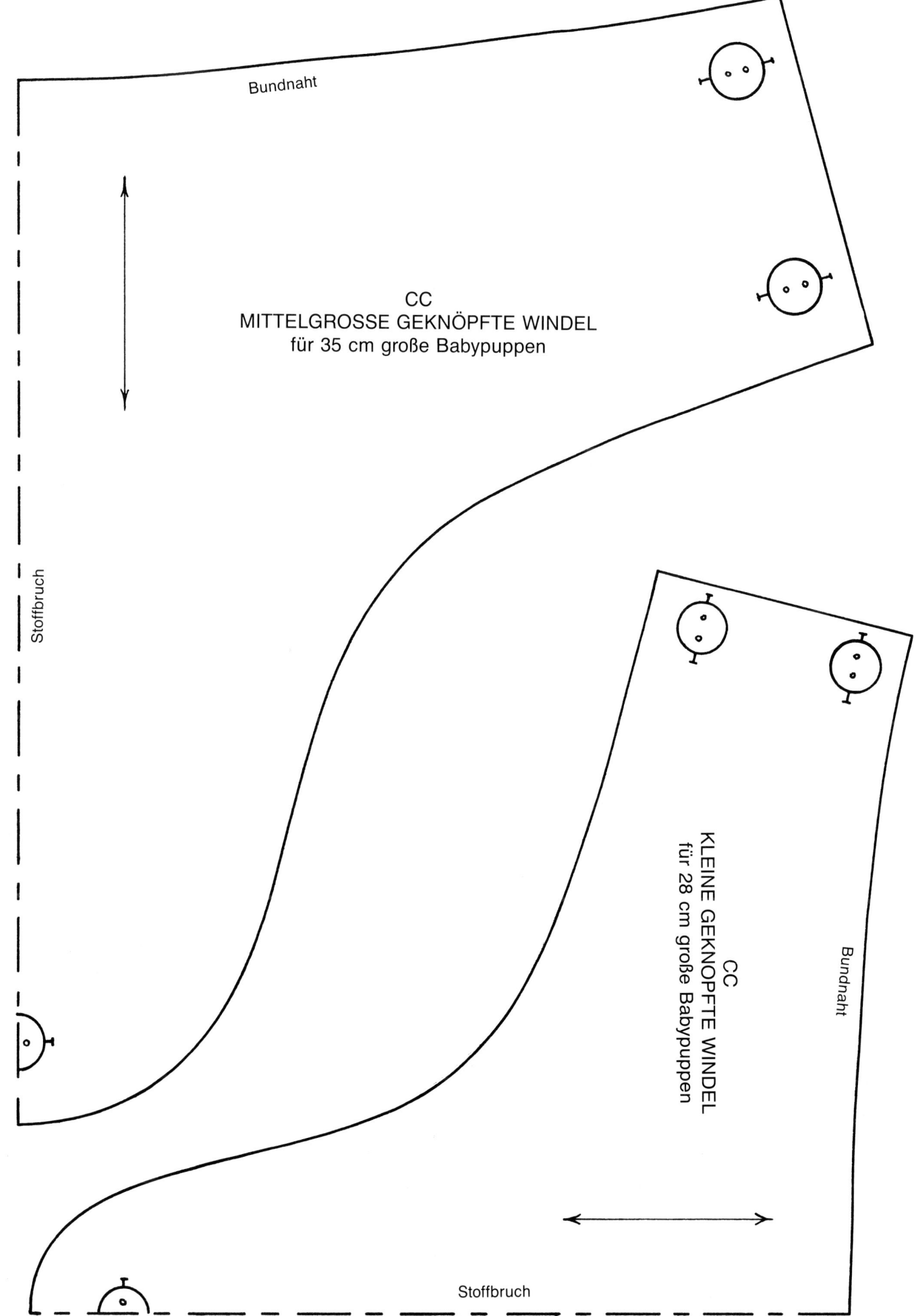

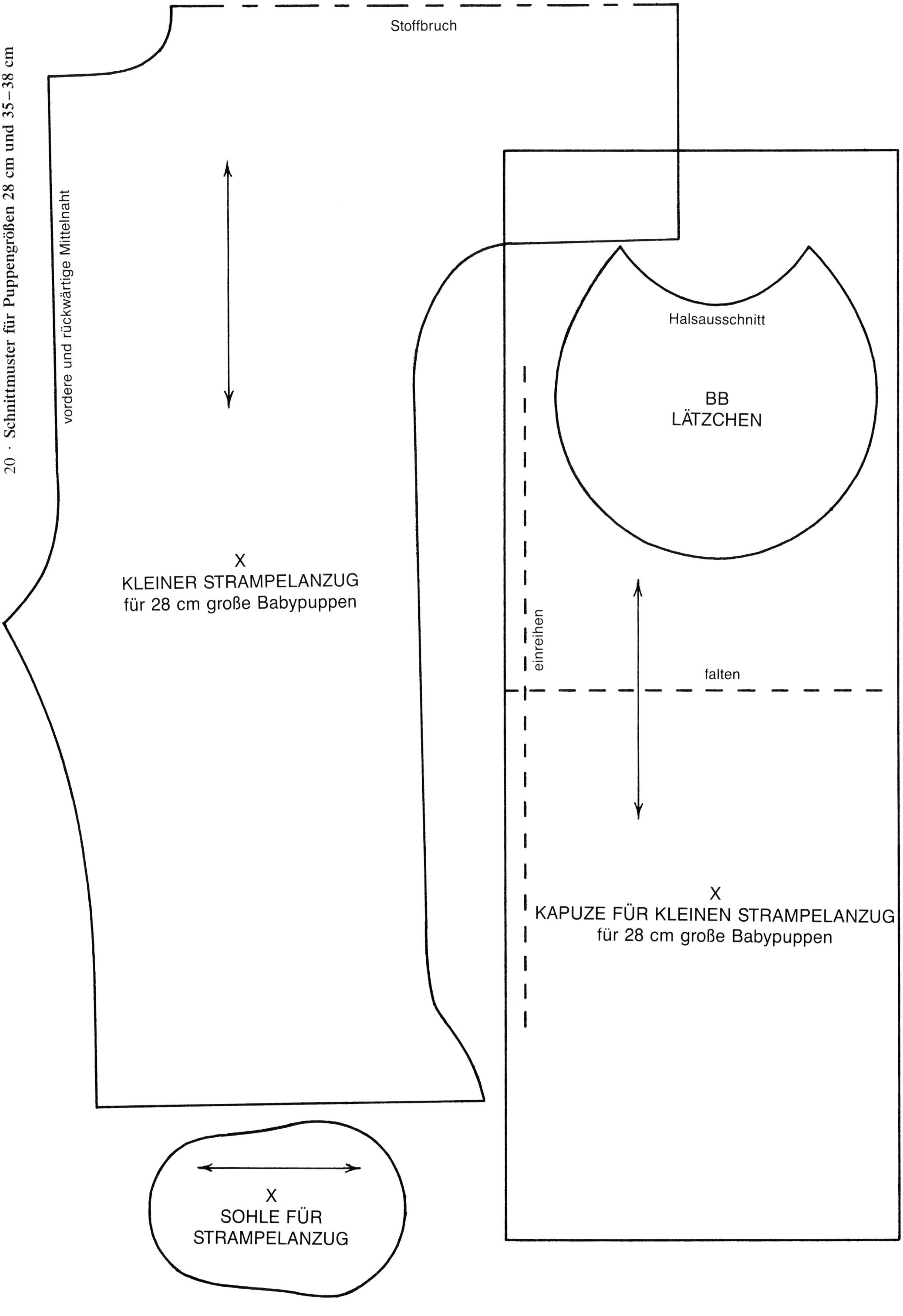

20 · Schnittmuster für Puppengrößen 28 cm und 35–38 cm

Stoffbruch

vordere und rückwärtige Mittelnaht

X
KLEINER STRAMPELANZUG
für 28 cm große Babypuppen

Halsausschnitt

BB
LÄTZCHEN

einreihen

falten

X
KAPUZE FÜR KLEINEN STRAMPELANZUG
für 28 cm große Babypuppen

X
SOHLE FÜR
STRAMPELANZUG

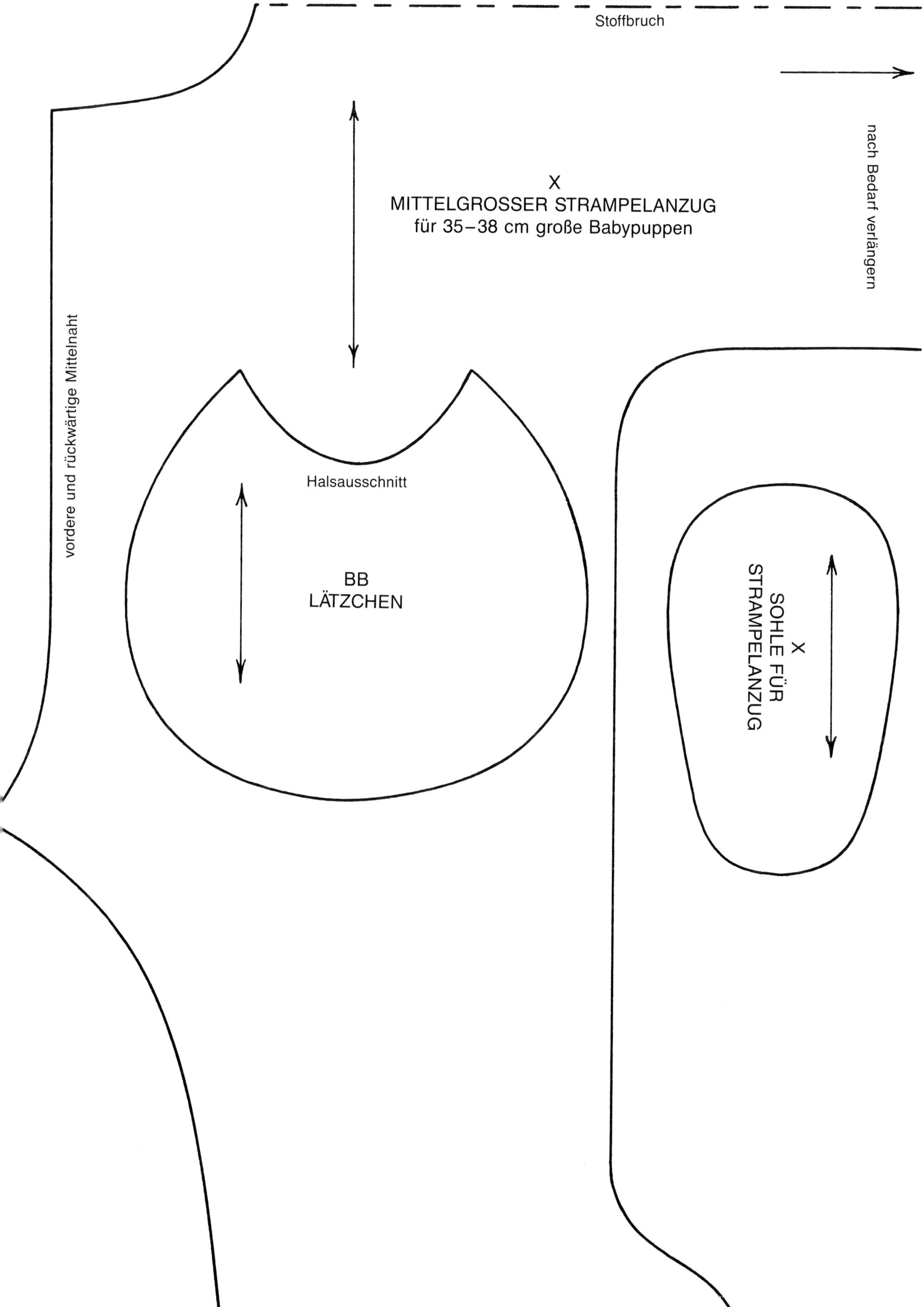

Stoffbruch

21 · Schnittmuster für Puppengrößen 28 cm und 35–38 cm

nach Bedarf verlängern

X
MITTELGROSSER STRAMPELANZUG
für 35–38 cm große Babypuppen

vordere und rückwärtige Mittelnaht

Halsausschnitt

BB
LÄTZCHEN

X
SOHLE FÜR
STRAMPELANZUG

22 · Schnittmuster für Puppengrößen 28 cm und 35–38 cm

Stoffbruch

M
HOSE

vordere und rückwärtige Mittelnaht

C
HEMDHOSE

Stoffbruch

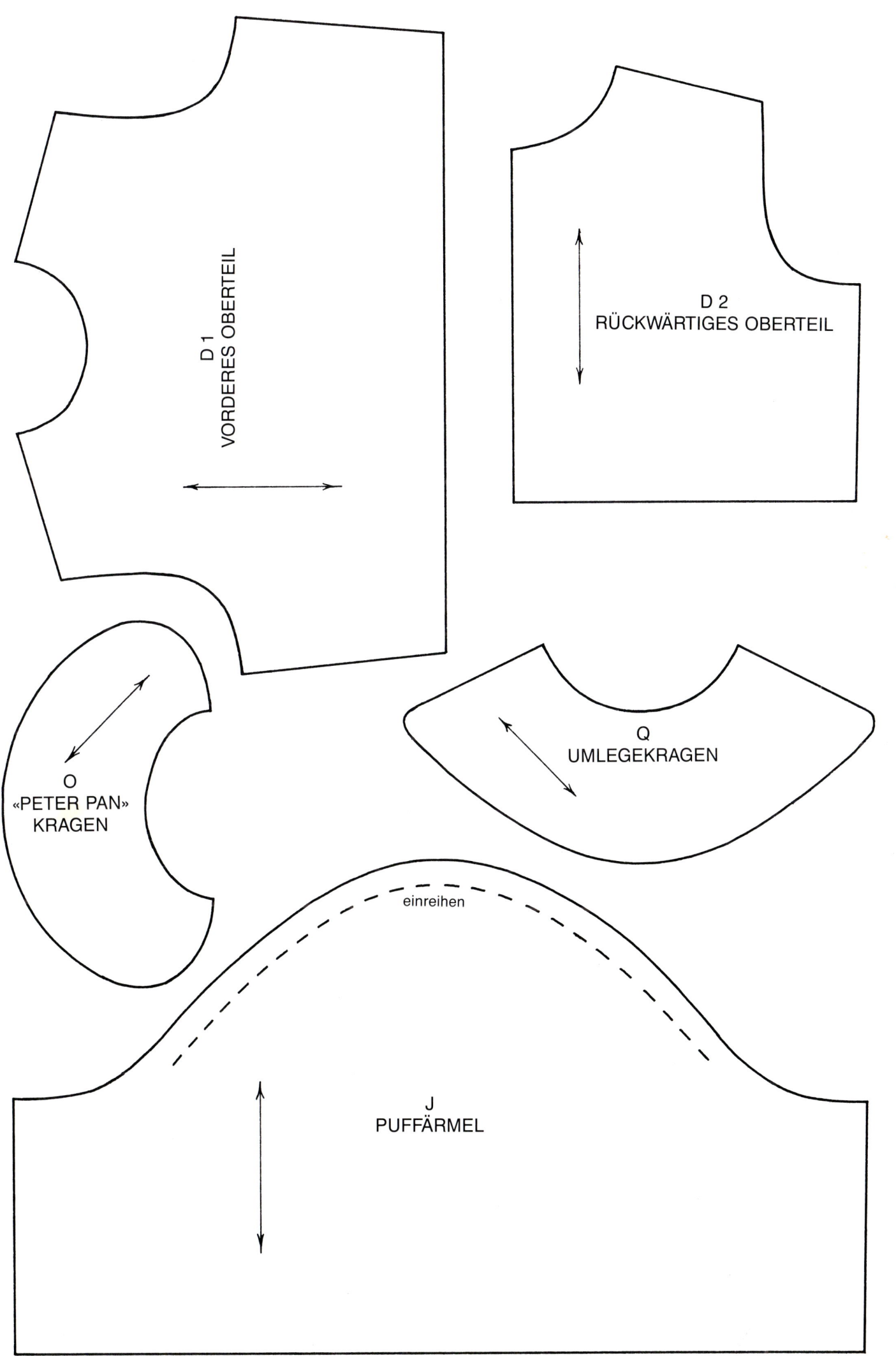

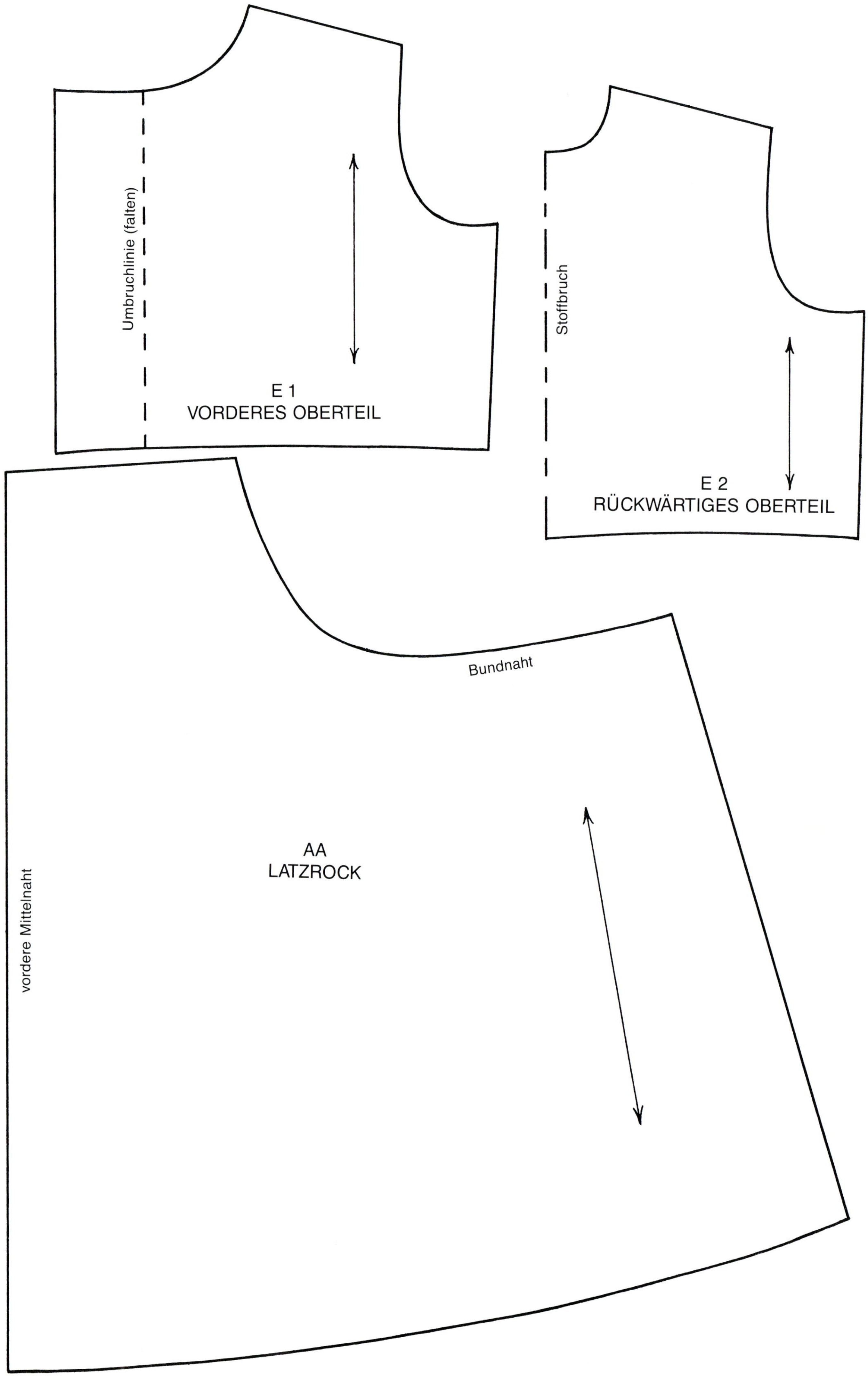

24 · Schnittmuster für Puppengrößen 28 cm und 35–38 cm

E 1
VORDERES OBERTEIL

Umbruchlinie (falten)

E 2
RÜCKWÄRTIGES OBERTEIL

Stoffbruch

AA
LATZROCK

Bundnaht

vordere Mittelnaht

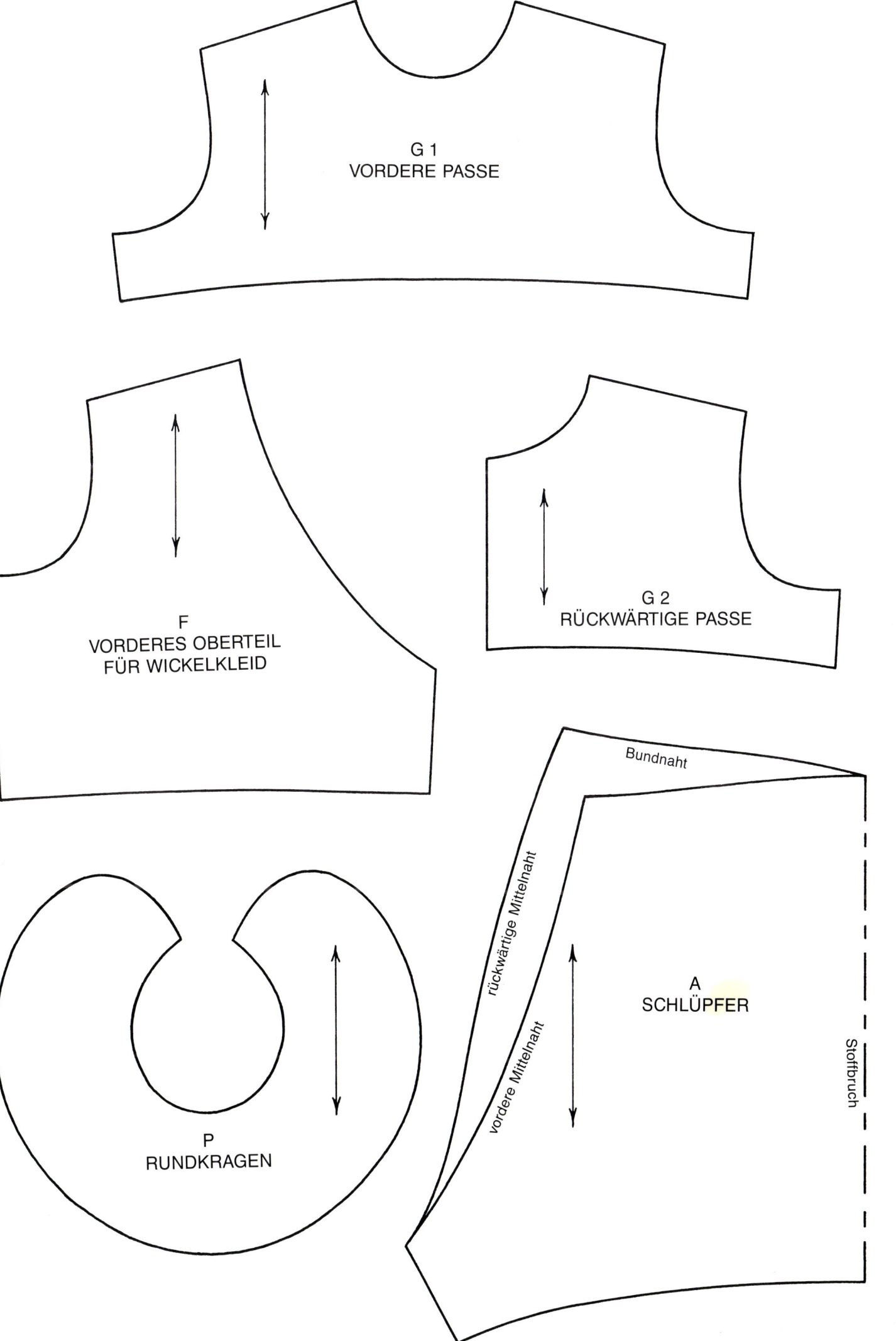

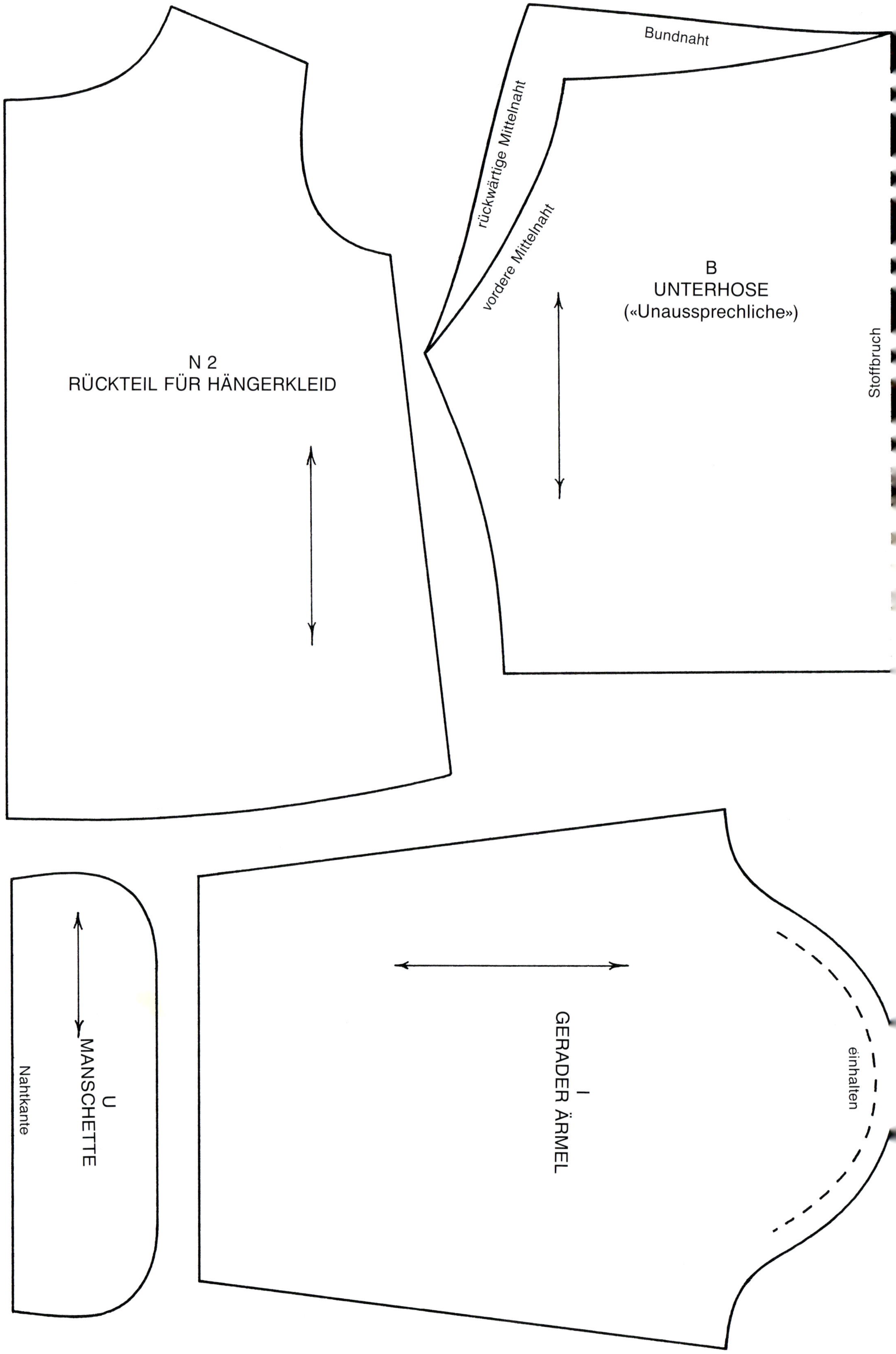

26 · Schnittmuster für Puppengrößen 28 cm und 35–38 cm

N 2
RÜCKTEIL FÜR HÄNGERKLEID

B
UNTERHOSE
(«Unaussprechliche»)

Bundnaht
rückwärtige Mittelnaht
vordere Mittelnaht
Stoffbruch

U
MANSCHETTE
Nahtkante

GERADER ÄRMEL
einhalten

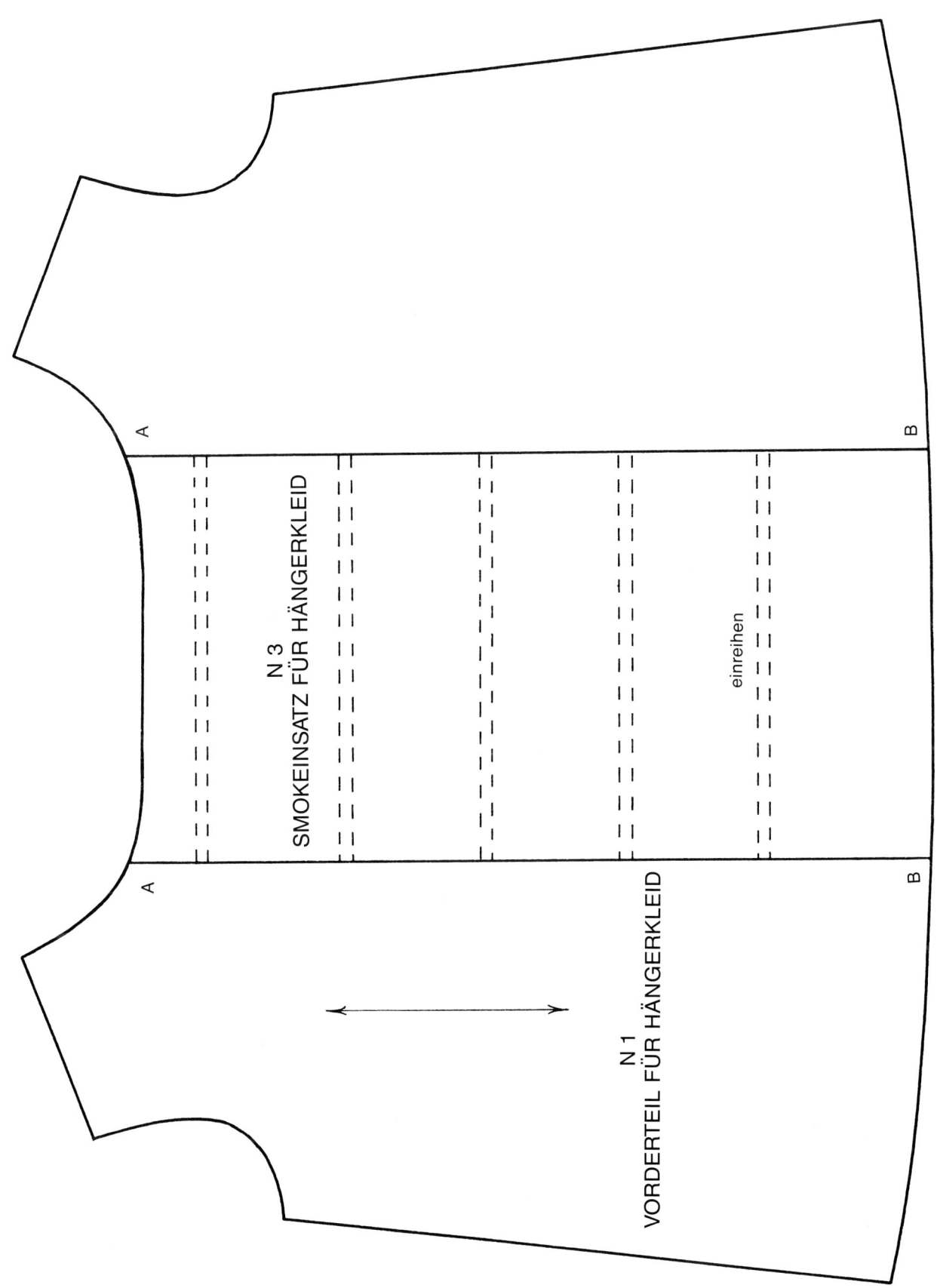

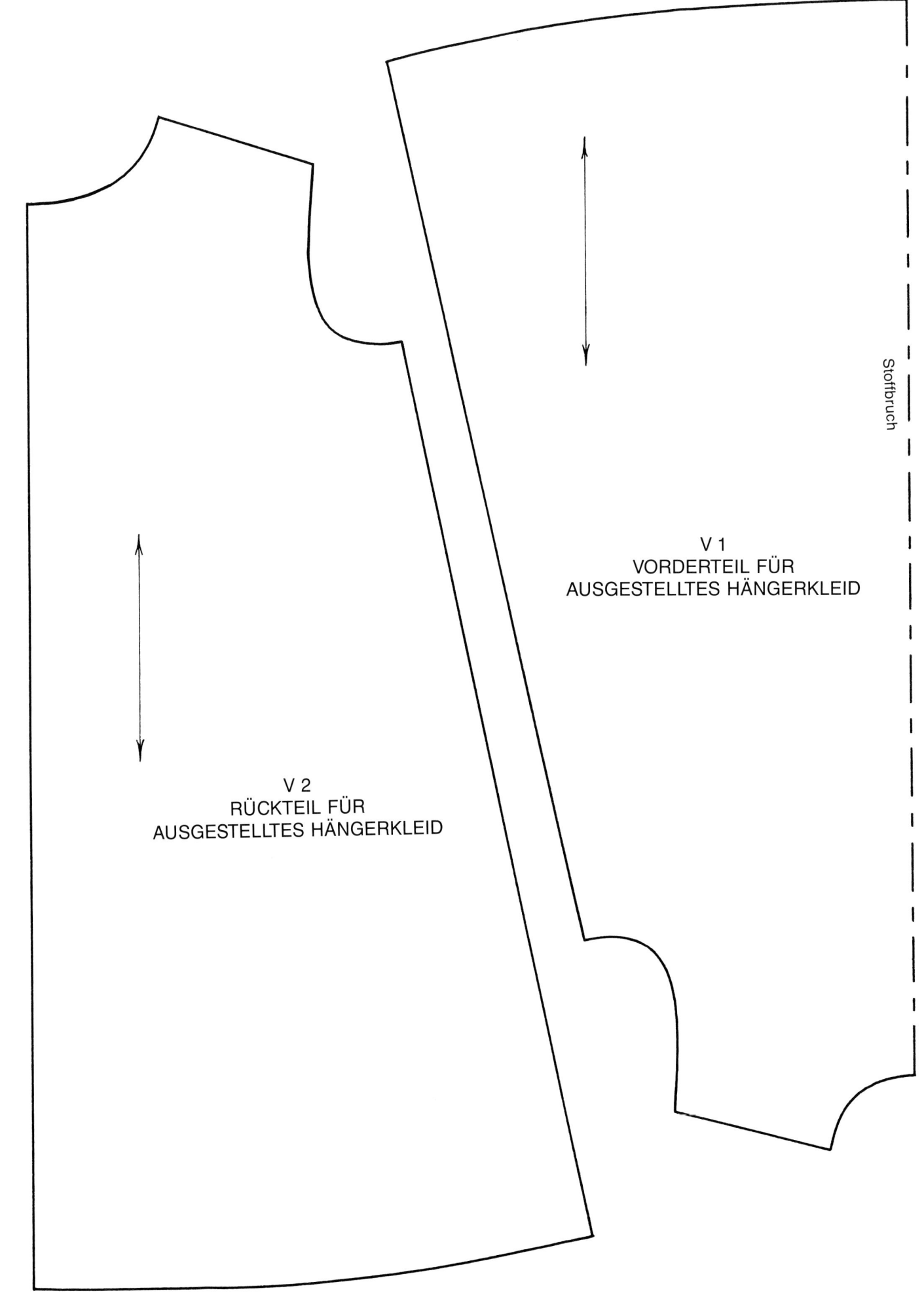

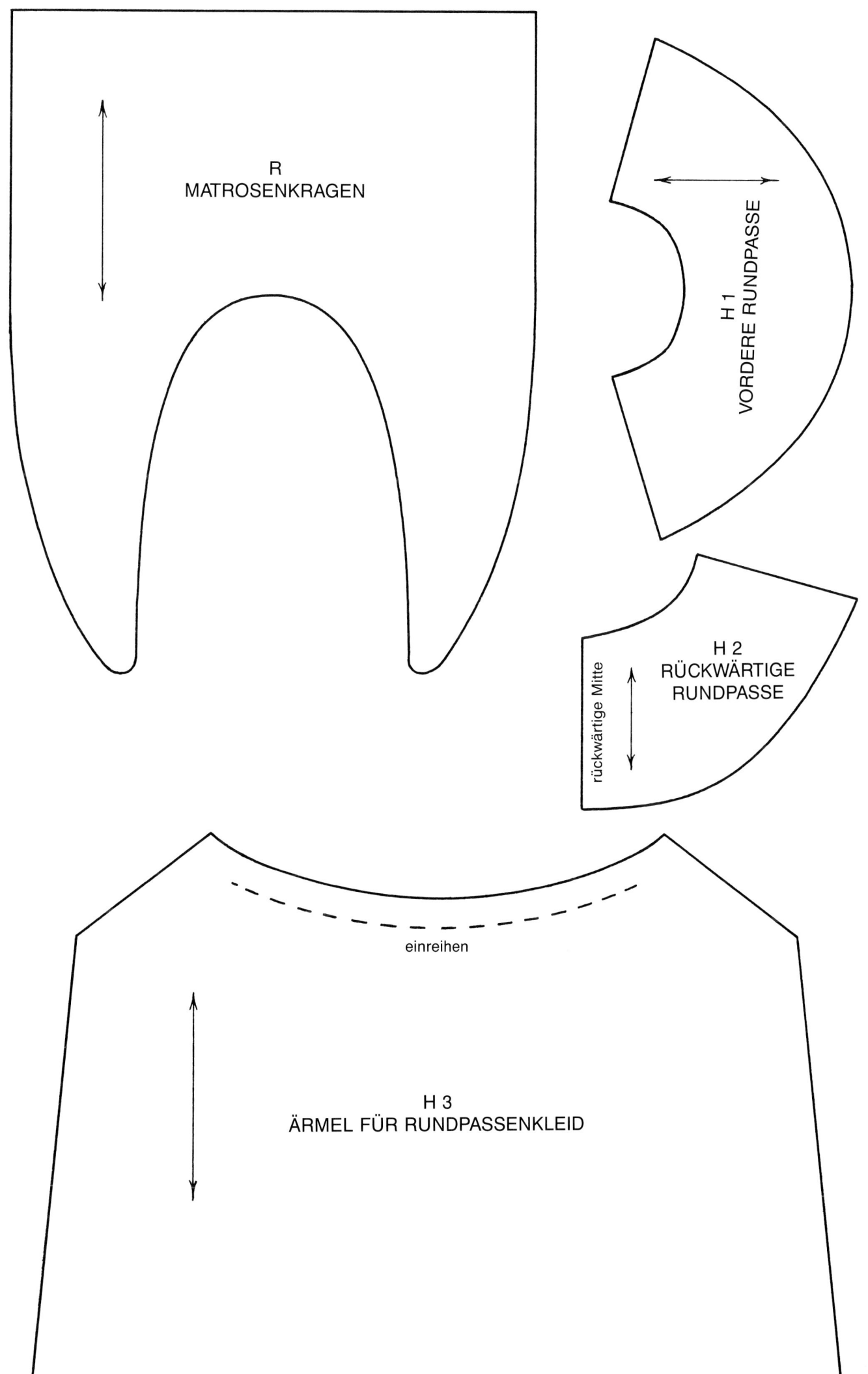

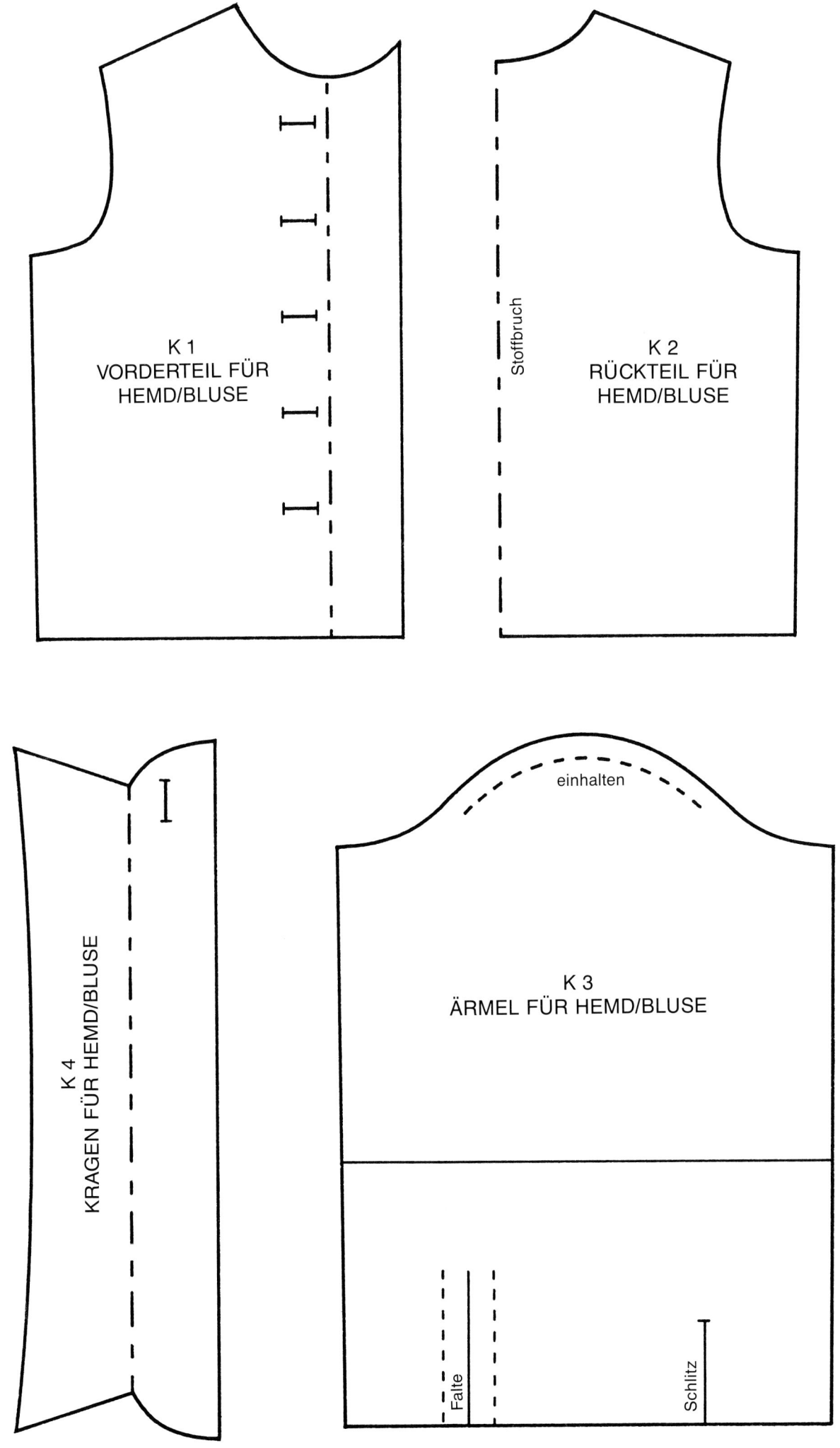

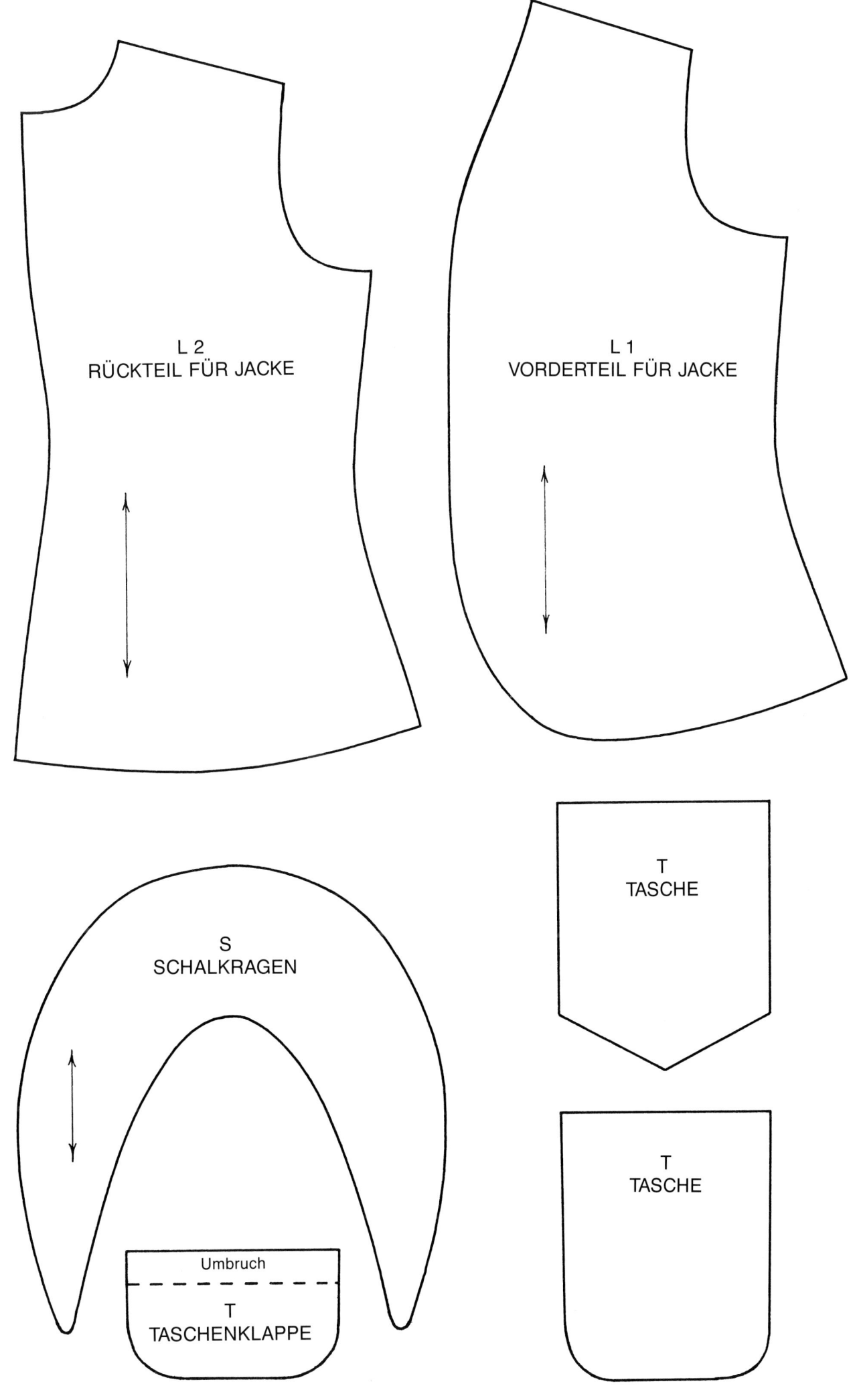

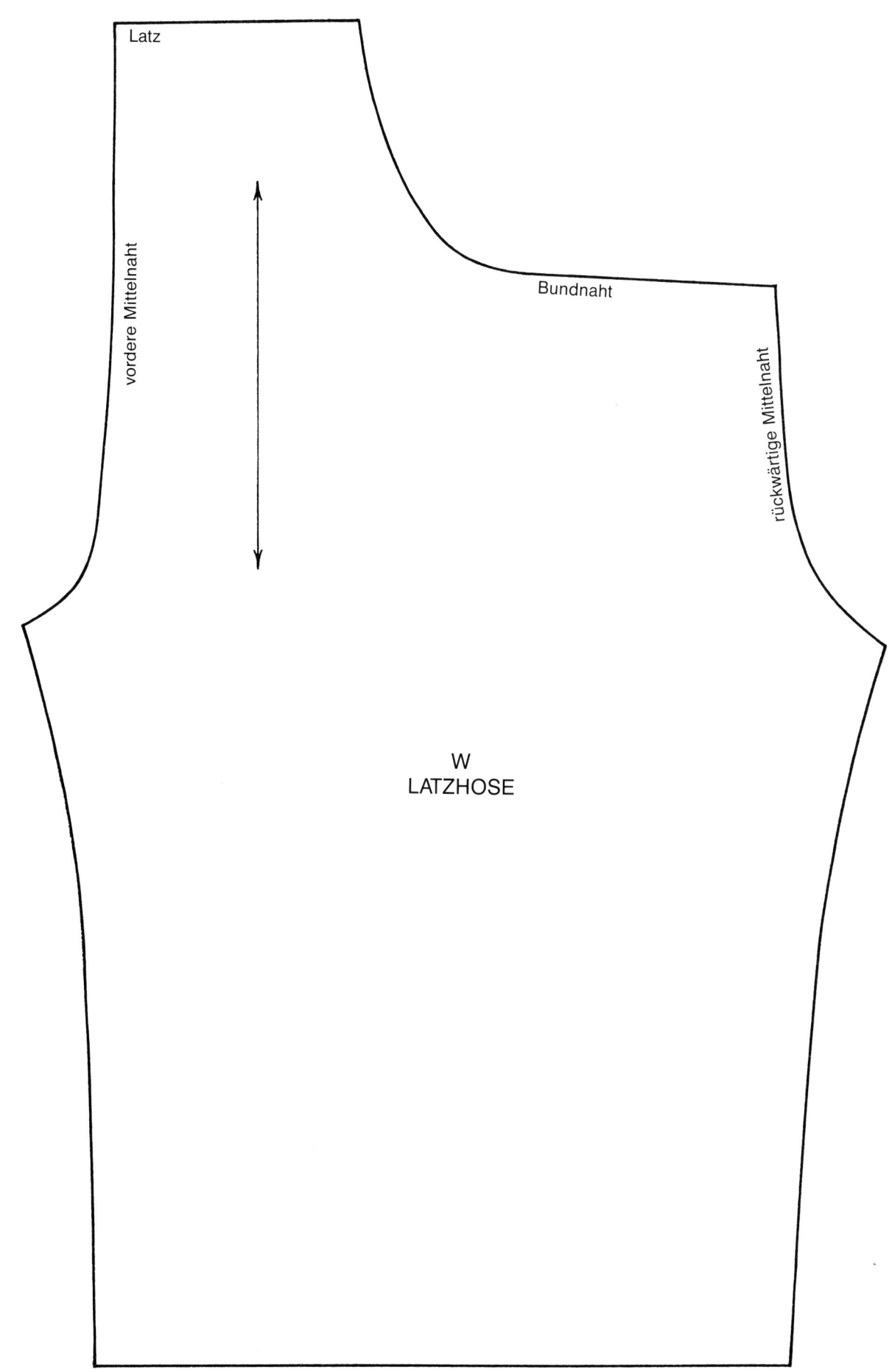

2 UNTERWÄSCHE

Söckchen, Strümpfe, Strumpfhosen

Jedes gut sortierte Spielwarengeschäft verkauft Puppenkleidung und damit natürlich auch Puppenstrümpfe in verschiedenen Größen, Farben und Materialien. Spitzensöckchen aus Baumwolle etwa sind die perfekte Ergänzung für die Garderobe einer antiken Puppe oder einer Replik, Nylonsöckchen sollten modernen Puppen vorbehalten bleiben. Besonders zu empfehlen sind «Schläuche» aus Nylon- oder Baumwollstretch – sie passen sich jedem Fuß an und können deshalb für alle Größen verwendet werden. Dasselbe gilt für Strumpfhosen, die Sie ebenfalls fertig kaufen können.

Bei selbstgemachten Puppensocken kommt es vor allem auf das richtige Material an. Baumwolle eignet sich immer, ob nun weiß oder buntgemustert, ob glatt, gerippt oder mit Lochmuster. Auch Wolle und Synthetics eignen sich für Söckchen. Auf jeden Fall sollten sich Söckchen und Strümpfe mit der übrigen Garderobe ergänzen. Trägt Ihre Puppe etwa einen marineblauen Matrosenanzug, dann sind marineblaue Wollsöckchen genau das richtige. Zu einem pastellfarbenen Seidenkleid dagegen sehen Spitzenstrümpfe bezaubernd aus.

Beim Nähen von Socken und Strümpfen sollten Sie die Webkante des Materials nutzen. Sie ersparen sich damit viele komplizierte Nähte. Schneiden Sie sich einfach ein Stück Stoff in der gewünschten Länge zu, schließen Sie die rückwärtige Naht und die Sohlennaht (s. Abb 5a). Fertig! Das Material ist ja dehnbar, deshalb passen sich diese einfachen «Schläuche» der Form des Puppenfußes an. Kinderunterhemden und T-Shirts sind meistens aus dehnbarer Baumwolle. Vielleicht arbeiten Sie einmal ein gemustertes T-Shirt zu einem Paar Strümpfe um. Blauweiße oder rotweiße Ringelstrümpfe zum Beispiel sind eine stilechte Ergänzung zu Kleidern aus der viktorianischen Zeit.

Für Strumpfhosen schneiden Sie zwei Beinlinge zu, die aber bis zur Taille reichen müssen. Schließen Sie die Seitennähte und nähen Sie anschließend die Beinlinge im Schritt zusammen (s. Abb. 5c). Zuletzt an der Taille einen Durchzug arbei-

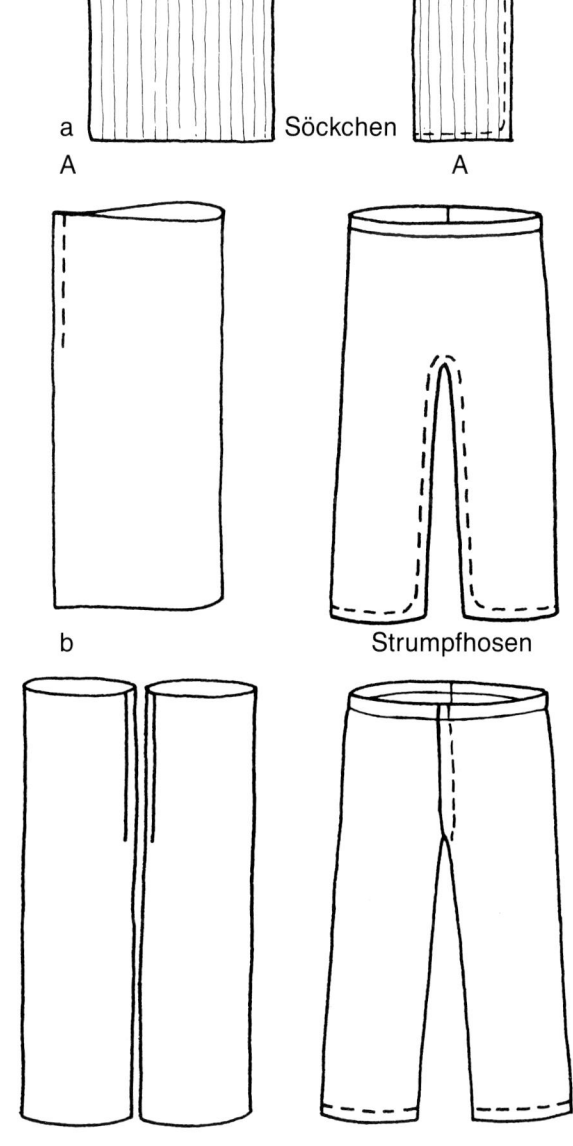

Abb. 5: Söckchen und Strumpfhosen

Unterwäsche

ten und einen Gummi einziehen. Poppige Nylonsöckchen für Damen lassen sich exzellent zu Puppenstrumpfhosen umarbeiten, zumal es sie in fast allen Farben gibt. Normalerweise reicht ein Damensöckchen für eine Puppenstrumpfhose aus. Sie wird einfach in zwei Teile für die Beine geschnitten und rundherum genäht.

Wenn sich Strümpfe und Puppenkleidung doch einmal etwas «beißen» sollten, können Sie die Strümpfe auch einfärben – viel Farbe braucht man dafür ohnehin nicht, eine in Wasser aufgelöste Filzschreibermine reicht völlig aus, zudem ist die Farbpalette bei Filzschreibern enorm. Außerdem können Sie die Strümpfe an den Kanten auch noch mit farbiger Spitze einfassen.

Braucht Ihre Puppe Strapse, weil die Strümpfe nicht halten wollen? Versuchen Sie es einmal mit Verschlußclips für Unterröcke. Fragen Sie im Kurzwarengeschäft oder basteln Sie sich Strumpfbänder aus Gummi.

Antike Puppen haben manchmal ziemlich dünne Beine. Ziehen Sie solch einer Puppe zwei Paar Strümpfe übereinander an, das formt die Beine und verbessert den Gesamteindruck.

Schlüpfer *Schnittmusterteil A*

Schlüpfer (Abb. 6a) nähen Sie aus einem zum Kleid passenden Stoff (das empfiehlt sich besonders bei Kleinkinderpuppen) oder aus weißer Baumwolle. Eingefaßt werden die Schlüpfer mit Spitze oder Lochstickerei. Zu Puppen aus dem ersten Jahrzehnt unseres Jahrhunderts passen marineblaue Schlüpfer am besten, vor allem unter Matrosenkleidchen.

Für den Schlüpfer zwei Teile (das zweite Teil gegengleich) zuschneiden. Die Beinabschlüsse säumen, gegebenfalls verzieren und einen Gummi einziehen. Die Beinnähte schließen, danach die von vorne über den Schritt nach hinten schließen. An der Taille einen Durchzug arbeiten und ein Gummiband in Taillenweite einziehen.

Paßform: Der Schnitt darf nicht zu knapp sein – Schlüpfer dürfen ruhig etwas pludern. Die rückwärtige Naht von der Taille bis zum Schritt sollte nicht zu kurz sein, vor allem wenn die Puppe einen «dicken Hintern» hat.

Unterhosen *Schnittmuster B*

Das Schnittmuster sieht vor, daß die Hose an der Taille gebunden wird. Möchten Sie lieber ein Gummiband, müssen Sie die Bundweite entsprechend vergrößern. Die «Unaussprechlichen» (knielange Unterhosen, vornehmlich aus viktorianischer Zeit; A.d.Ü.) nähen Sie aus einem Baumwollmaterial, für antike Puppen und Repliken empfehle ich Baumwollbatist. Nutzen Sie bei den Beinabschlüssen die Webkanten. Biesen sollten Sie bereits vor dem Zuschneiden arbeiten (Abb. 15). Als Zierat für die Beinabschlüsse kommen Spitze, Lochstickerei oder ein eingezogenes Band in Frage. Auch ein eigens gearbeiteter Durchzug für ein Gummi- oder Seidenband sieht sehr hübsch aus (Siehe Abb. 6). Den Schlitz arbeiten Sie in der Mitte – einfach die rückwärtige Mittelnaht ein Stück offenlassen –

Farbtafel 4
Die Puppe ganz links, eine 51 cm große Marque-Replik von CP Ceramics, trägt ein Batist-Unterkleid mit verlängerter Taille, am Rock mit Biesen und Baumwollspitze verziert, darunter die passenden «Unaussprechlichen». Daneben eine 61 cm große ATll-Replik der gleichen Firma. Sie trägt eine einfache Hemdhose aus weißem Batist, verziert mit Baumwollspitze und rosa Seidenbändern. Beide Puppen tragen Baumwollgitterstrümpfe.

Die 63 cm große antike Puppe in der Mitte trägt ein vorne geknöpftes Miederhemdchen aus Molton mit aufgesteppten Baumwollbändern. Die knielange Unterhose hat eine kleine Tasche und ist mit Biesen und Spitzenbesatz verziert. Die Blonde rechts, eine 51 cm große Bru-Replik von Recollect, trägt eine einfache Hemdhose mit Baumwollspitze und rosa Seidenbändern und einen passenden Unterrock mit einer Stufe und einer Spitzenkante am Saum. Ihre weißen Spitzenstrümpfe sind aus Damenstrümpfen genäht.

Die kleine Puppe, eine Nachbildung des «French Girl» von Reflect Reproduction Dolls, 35 cm groß, trägt einen ausgestellten Unterrock mit Spitzenkante und Blumenapplikation über den pasenden «Unaussprechlichen». Das 35 cm große Baby aus einem Bastelset von Hello Dolly trägt eine Windel und Stiefelchen, darüber einen ausgestellten Unterrock mit Baumwollspitze und einer Seidenschleife.

Unterwäsche

oder an der Seite (auch an beiden Seiten). Der Schlitz sollte ordentlich versäubert werden.

Vor dem Zuschneiden des Bundes genau Maß nehmen. Zwei Hosenteile (das zweite Teil gegengleich) zuschneiden. An den Beinabschlüssen nach Bedarf Durchzug und Zierat arbeiten. Gegebenenfalls eine Seitenschlitz schneiden und versäubern. Beinnähte und Mittelnaht schließen (evtl. hinten einen Schlitz offenlassen). Obere Kante einreihen, Falten hauptsächlich am Rückteil. Bund annähen. Knopf und Knopfloch oder Bandschleifen an den Bund arbeiten. Beinabschlüsse nach Wunsch fertigstellen.

Paßform: Die vordere und rückwärtige Naht von der Taille bis zum Schritt und die Beininnenseiten dürfen nicht zu kurz sein (wegen der Verzierungen). Hat Ihre Puppe eine breite Taille, sollten Sie mit dem nächstgrößeren Schnitt arbeiten und die Beine entsprechend verkürzen.

Geknöpfte Windel *Schnittmusterteil CC*

Die Windel wurde für Babypuppen in den Größen Klein und Mittel entworfen (nach Bedarf vergrößern). Genäht wird mit Frotte oder Molton – Sie können die Windel füttern, säumen oder mit Besatz versäubern, ganz wie Sie wollen. Für eine Frotteewindel empfiehlt sich das Abfüttern mit Batist oder das Versäubern mit Schrägstreifen. Molton wird entweder nur gesäumt oder mit Batist abgefüttert.

Für die Windel wird nur ein Stoffteil zugeschnitten (für eine gefütterte Windel natürlich ein zweites Teil aus dem Futterstoff). Die Windel einsäumen oder mit Besatz versäubern (gefütterte Windel: Stoff und Futter rechts auf rechts zusammennähen, eine Öffnung lassen, Windel wenden, Öffnung verschließen und dämpfen). Drei Knopflöcher arbeiten, zwei an der Seite und eines an der runden Unterkante. An die Gegenseite zwei Knöpfe nähen. «Gewickelt» wird folgendermaßen: Die beiden Knöpfe schließen, das untere Ende der Windel zwischen den Beinen durchziehen und je nach Größe in den unteren oder oberen Knopf einknöpfen.

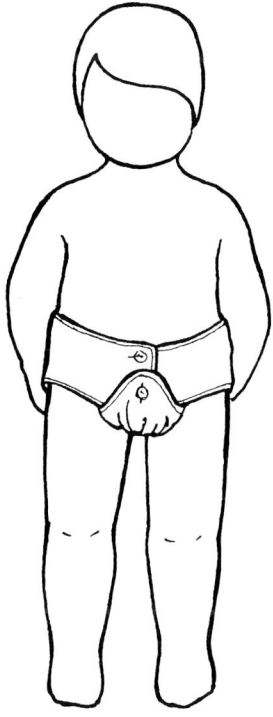

Abb. 7: Geknöpfte Windel

Paßform: Taillenweite beachten! Die Schritthöhe großzügig bemessen!

Miederhemdchen *Schnittmusterteile E1 und E2*

Die beiden Schnitte kopieren und den Halsausschnitt entsprechend abändern (siehe Abb. 17). Das Miederhemd wird aus weißem oder crèmefarbenem Molton oder Baumwollflanell genäht, mit Batist gefüttert, mit Schrägstreifen eingefaßt und vorne geknöpft (siehe Abb. 6c).

Je ein Rückteil und je zwei Vorderteile aus Molton und aus dem Futterstoff zuschneiden. Die Schulter- und Seitennähte

---

Abb. 6: Unterwäsche

a Einfaches Unterhemd und Schlüpfer aus den Schnittmusterteilen D1, E2 und A. Das Hemd ist aus dehnbarem Material, die Schnitte D1 und E2 werden entsprechend abgeändert. Der Schlüpfer ist aus leichtem Baumwollstoff, Taille und Beinabschlüsse haben Gummizug, die Beinabschlüsse sind zusätzlich mit schmaler Spitze eingefaßt.

b Miederhemdchen mit Spaghettiträgern und Boxershorts. Das Miederhemdchen wird aus einfachen Stoffstreifen gearbeitet und am Rücken mit Knopf und Schlinge geschlossen. Die Träger sind aus schmalen Bändchen. Die Shorts werden nach Schnitt B genäht. Die Taillie wird für den Gummizug entsprechend verlängert, die Beine dagegen gekürzt. Für leichte weiße oder pastellfarbene Stoffe wie Batist oder Seide, dazu als Zierat Spitzen und Schleifchen.

c Miederhemdchen mit Trägern und knielanger Unterhose. Das Miederhemdchen wird aus den Schnitten E1 und E2 unter Abänderung des Halsausschnitts gearbeitet. Genäht wird aus Molton, gefüttert mit Batist, geknöpft wird vorne. Die Unterhose wird nach Schnitt B gearbeitet, sie hat Biesen und Lochstickereivolants an den Beinabschlüssen und anstatt eines Gummizugs einen Bund mit rückwärtigem Knopfverschluß. Paßt zu antiken Puppen von 1900 bis 1920 (siehe Farbtafel 4).

d Pluderhosen aus Schnitt B mit Seitenschlitz und Bund mit Knopfverschluß. Die Beinabschlüsse haben Gummizug und sind mit Lochstickereivolants eingefaßt. Für weißen Baumwollbatist oder, ohne Volants, für marineblauen Molton. Paßt zu antiken Puppen von 1890 bis 1920.

e Hemdchen mit geknöpften Trägern und knielange Unterhose. Für das Hemdchen werden die Schnitte D1 und E2 auf die geknöpften Träger und die ausgestellte Form abgeändert (s. Abb. 35). Das Hemdchen ist hüftlang, Armausschnitte, Halsausschnitt und Saum sind mit schmaler Spitze eingefaßt. Verschluß mit Knopf und Knopfloch an den Schultern. Die «Unaussprechlichen» werden nach Schnitt B gearbeitet. Sie haben Schlitze an beiden Seiten und sind an einen Bund angereiht der an beiden Seiten geknöpft wird. Die Beinabschlüsse sind gereiht und mit Spitzvolants und einem aufgesteppten Band verziert. Für weißen Baumwollbatist. Paßt zu antiken Puppen von 1870 bis 1900.

f Einfache Hemdhose aus Schnittmusterteil C mit geknöpftem Vorderteil, Spitzeneinfassungen an Arm- und Halsausschnitt sowie (beliebig) Biesen und Spitzen an den Beinabschlüssen. Eine Hemdhose aus Flanell oder Molton in Crème oder Weiß eignet sich für Puppenbuben und -mädchen, Hemdhosen aus weißem Batist passen eher zu Puppenmädchen oder -damen. Geeignet für antike Puppen von 1870 bis 1910.

Unterwäsche

am Stoff und am Futter schließen. Molton und Futter rechts auf rechts an den Vorderkanten und am Halsausschnitt zusammennähen, die Nahtkanten einschneiden, das Hemdchen wenden und dämpfen. Armausschnitte mit Besatz versäubern, Unterkanten einschlagen und mit Schrägstreifen versäubern. An die Vorderkanten Knöpfe und Knopflöcher arbeiten. Je nach Geschmack können Sie Baumwollbänder von vorne über die Schulter nach hinten auf des Hemdchen aufsteppen oder vorne und hinten «Strapse» befestigen.

Paßform: Taillenweite und Brustumfang sorgfältig ausmessen – das Miederhemdchen sollte eng anliegen. Länge beachten.

Hemdchen *Schnittmusterteile D1 und E2*

Die Schnitte kopieren und für die geknöpften Träger und die leicht ausgestellte Form entsprechend abändern und gegebenenfalls verlängern; erst dann den Stoff zuschneiden. Das Hemdchen sollte etwa bis zur Mitte der Oberschenkel reichen. Es wird aus Baumwollbatist genäht und mit schmaler Spitze eingefaßt (Abb. 6e).

Zuerst die Seitennähte schließen und die Unterkante säumen. Armausschnitte, Trägerenden und Halsausschnitt rollieren und die Spitze mit Endelstichen annähen. Knopf und Knopfloch an die Schulterträger arbeiten (Knopfloch vorne, Knopf hinten). Je nach Geschmack auch an den Saum schmale Spitze anendeln.

Paßform: Brustumfang sorgfältig ausmessen. Das Hemdchen sollte sich problemlos über den Puppenkopf (oder von unten her) anziehen lassen.

Hemdhosen *Schnittmusterteil C*

Eine einfache Hemdhose nähen Sie vorzugsweise aus weißem oder crèmefarbenem Molton, Baumwollflanell oder Baumwolltrikot. Ohne Zierat ist die Hemdhose auch für Puppenbuben geeignet, für Puppenmädchen und -damen dagegen sollten Sie ruhig großzügig mit Spitzen und Bändern umgehen. Für eine antike Puppe empfehle ich eine Hemdhose aus weißem Baumwollbatist (Biesen arbeiten Sie wie gewohnt vor dem Zuschneiden).

Für die einfache Hemdhose zwei Teile (das zweite Teil gegengleich) zuschneiden. Die rückwärtige Mittelnaht vom Halsauschnitt bis zum Schritt, die vordere Mittelnaht vom Schritt bis auf Bauchhöhe schließen, die verbleibenden Vorderkanten zur Knopfleiste einschlagen und säumen. Die Beinnaht auf der Innenseite vom einen Beinende über den Schritt bis zum anderen Beinende schließen. Beinabschlüsse versäubern, Arm- und Halsausschnitt rollieren und alles nach Bedarf verzieren (Alternative: Schrägstreifenbesatz). An die Knopfleiste am Vorderteil Knöpfe und Knopflöcher arbeiten. Je nach Wunsch ein schmales Seidenband durch den Saum am Halsausschnitt ziehen und zur Schleife binden.

Paßform: Brustumfang sorgfältig ausmessen. Die rückwärtige Naht (vom Halsausschnitt zum Schritt) darf nicht zu kurz sein, vor allem wenn Ihre Puppe einen «dicken Hintern» hat. Wenn Sie den Schnitt verlängern müssen, schneiden Sie ihn an der Taillenlinie auseinander und verlängern ihn dort.

Farbtafel 5
Die drei Weichpuppen sind selbstgemacht. Sets dafür mit ausgeformten Köpfen und Körperschläuchen aus Trikot zum Ausstopfen gibt es im Fachhandel. Bub und Mädchen sind 45 cm groß, das Baby 38 cm.

Der Bub trägt ein langärmliges hellblaues Baumwollhemd mit Rundkragen, dazu eine dunkelblaue Feincord-Latzhose mit einer großen Brusttasche und Clipverschlüssen an den Trägern.

Das Mädchen hat ein hellblaues Baumwollkleid mit Puffärmeln, «Peter Pan»-Kragen und gereihtem Rock, darüber eine Kleiderschürze aus weißer Baumwolle mit eingearbeiteter Lochstickerei.

Das Baby trägt ein einfaches Hängerkleidchen aus hellblauer Baumwolle mit passendem Häubchen. Der Halsausschnitt ist angreiht wie auch die Ärmel mit Lochstickereiband verziert. Die Strumpfhose ist aus weißer Baumwolle, der Teddybär aus goldfarbenem Veloursamt.

Das 40 cm große «Tränchen-Baby» aus Vinyl trägt Mäntelchen, Mützchen und Strumpfhosen aus weißer Wolle.

Mützchen, Hängerkleid und Strumpfhose des 28 cm großen Sasha-Babys sind aus hellblauer Wolle gestrickt und mit Seidenband verziert. Die Puppe hält einen Häkelschal aus elfenbeinfarbener Wolle in der Hand.

Schnittmusterteile E1, E2 und B: Wenn Sie Wert auf originalgetreue Arbeit legen, sollten Sie mit diesen Schnitten arbeiten. Ein zusätzliches Bundband betont die Puppentaille. Stoff und Zierat entsprechen der einfachen Hemdhose.

Zwei Bundteile, ein rückwärtiges Oberteil, zwei vordere Oberteile sowie zwei Teile für die Hose zuschneiden. Die rückwärtige Mittelnaht an der Hose schließen. Die vordere Mittelnaht bis kurz unter den Nabel schließen, die offenen Kanten umschlagen und wie für die Knopfleiste einsäumen. Die Beinnaht von einem Bein über den Schritt zum anderen Bein schließen. Die Vorderkanten des Oberteils zur Knopfleiste einschlagen und säumen. Das Oberteil an den Bund nähen. Zum Versäubern der Bundkanten den zweiten Bund an der Innenseite der Hemdhose gegennähen. Danach wie einfache Hemdhose beenden.

Paßform: Wie einfache Hemdhose.

Unterwäsche

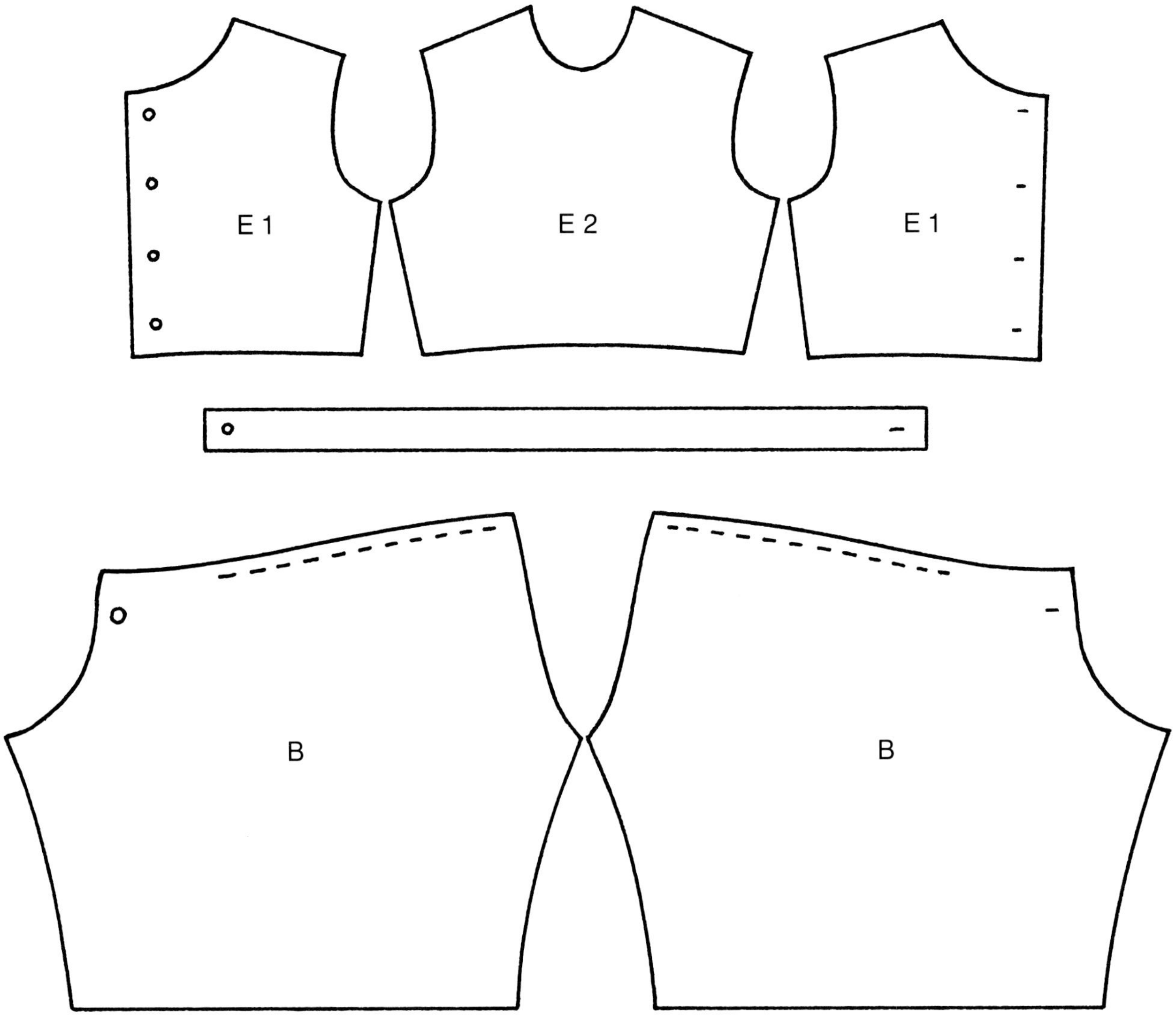

Abb. 8: Für eine originalgetreue Hemdhose werden die Schnittmusterteile für Oberteil und knielange Unterhose kombiniert.

Abb. 9: Unterröcke und Unterkleider

a Einfacher Unterrock mit Gummizug und Lochstickerei am Saum. Für beliebige Baumwollqualität in Weiß; als Zierat eine farbige Schleife am Saum festnähen.

b Unterrock mit seitlich oder rückwärtig geknöpftem Bund, gereihter Taille und Volant. Für Baumwollbatist in Weiß oder in Pastelltönen, mit Stoff- oder Spitzenvolants. Aus weißem Batist paßt er zu Puppen von 1870 bis 1920.

c Ausgestelltes Unterkleid mit Rückenverschluß (aus den Schnittmusterteilen V1 und V2) oder mit geknöpften Schultern (aus den Schnittmusterteilen D1 und E2, zur ausgestellten Form abgeändert – siehe Abb. 35). Saum, Halsausschnitt und Armausschnitte sind mit schmaler Spitze eingefaßt. Für weißen Baumwollbatist. Kürzt man den Schnitt, hat man ein Hemdchen. Paßt zu antiken Puppen von 1870 bis 1920.

d Unterkleid mit extra gearbeitetem Oberteil (aus den Schnittmusterteilen D1 und D2) mit gereihtem Rock. Am Rocksaum Biesen und eine Spitzenkante. Für weißen Baumwollbatist. Paßt zu antiken Puppen von 1870 bis 1920.

e Ausgestelltes Unterkleid mit Biesen im Miederteil, Rückenverschluß und Spitzenkante am Saum, aus den Schnittmusterteilen V1 und V2. Für weißen Baumwollbatist. Kürzt man den Schnitt, hat man ein Hemdchen. Kleider dieser Art passen zu antiken Puppen aus der Zeit von 1870 bis 1920.

f Unterkleid mit verlängerter Taille und Rückenverschluß aus den Schnittmusterteilen D1 und D2, zur ausgestellten Form abgeändert. Armausschnitte und Halsausschnitt sind mit Spitze eingefaßt, der gereihte Rock hat am Saum eine Spitzenkante. Für weißen Baumwollbatist. Solche Kleider passen zu antiken Puppen von 1880 bis 1910.

a

b

c

d

e

f

41

Unterwäsche

Unterröcke und Unterkleider (Abb. 9)

Stoffe und Zierat der Unterröcke und Unterkleider sollten gegebenenfalls zu den «Unaussprechlichen» und den Schlüpfern passen. Generell eignen sich weiße Baumwollstoffe sowie Zierat aus Lochstickerei, Spitze und Bändern am besten. Für antike Puppen verwenden Sie weißen Baumwollbatist; weitere Möglichkeiten sind Molton und Flanell in Weiß und Crème. Biesen arbeiten Sie auch hier vor dem Zuschneiden.

Einfacher Unterrock

Für einen einfachen Unterrock mit Gummizug (Abb. 9a) wird der Stoff in der zwei- bis dreifachen Breite der Taillenweite (plus Nahtzugabe) zugeschnitten. Achten Sie auf die Länge, besonders wenn Sie mit Volants arbeiten wollen. Also: Zuerst die rückwärtige Naht schließen, die Oberkante einschlagen, säumen und einen Gummi durchziehen. Danach die Unterkante säumen und ganz nach Belieben verzieren.

Für einen Unterrock mit Bund zuerst einen Bund zuschneiden, der um die Puppentaille paßt. Länge und Breite des Rocks wie oben. Die rückwärtige Naht bis auf 5 cm unter der Oberkante schließen, die verbleibenden Kanten umschlagen und versäubern. Die Oberkante gleichmäßig einreihen und an den Bund nähen. Die Unterkante einsäumen und beliebig verzieren. Als Verschluß Knopf und Knopfloch bzw. Knopfschlinge arbeiten.

Paßform: Achten Sie auf die endgültige Länge und Weite (der Unterrock darf auf keinen Fall fülliger sein als das Kleid).

Unterkleid

Für ein Unterkleid arbeiten Sie mit den Schnittmusterteilen D1 und D2; der Halsausschnitt kann nach Belieben abgeändert werden (Abb. 17). Stoff und Zierat entsprechen dem Unterrock. Dann: Den Rock wie einen einfachen Unterrock arbeiten, jedoch ohne Bund und Gummizug. Die Schulter- und Seitennähte des Oberteils schließen. Die Armausschnitte und den Halsausschnitt rollieren (oder mit Schrägstreifen einfassen) und je nach Geschmack Spitze mit Endelstichen annähen. Die Verschlußkanten am Rückteil (eventuell auch die Kanten am Rock) zur Knopfleiste einschlagen und säumen. Als Verschluß Knopf und Knopfloch bzw. Knopfschlinge oder Druckknopf arbeiten.

Für ein Unterkleid mit verlängerter Taille ändern Sie einfach das Oberteil zur ausgestellten Form ab (siehe Abb. 35) und verlängern entsprechend. Ansonsten gehen Sie vor wie oben.

Paßform: Brustumfang sorgfältig ausmessen. Beachten Sie die endgültige Länge und Weite (das Unterkleid darf auf keinen Fall fülliger sein als das Kleid).

Ausgestelltes Unterkleid

Ein einfaches ausgestelltes Unterkleid arbeiten Sie genau wie das Hemdchen mit den geknöpften Trägern (Seite 38) und verlängern nur den Schnitt entsprechend.

Für ein Unterkleid mit Rückenverschluß verwenden Sie die Schnittmusterteile D1 und D2; der Schnitt wird zur ausgestellten Form abgeändert (siehe Abb. 35). Wer mehr Weite wünscht, arbeitet vor dem Zuschneiden Biesen ins Oberteil ein. Stoff und Zierat wie beim einfachen Unterrock.

Für das ausgestellte Unterkleid mit Rückenverschluß ein Vorderteil und zwei Rückteile zuschneiden. Die Schulter- und Seitennähte schließen. Die Armausschnitte und den Halsausschnitt rollieren (oder mit Schrägstreifen versäubern) und beliebig verzieren. Die rückwärtige Mittelnaht bis kurz über die Taille schließen, die verbleibenden Kanten zur Knopfleiste umschlagen und säumen. Die Unterkante einsäumen und verzieren. Als Verschluß Knöpfe und Knopfschlingen arbeiten.

Paßform: Brustumfang sorgfältig ausmessen. Achten Sie auf die endgültige Länge und Weite (das Unterkleid darf auf keinen Fall fülliger sein als das Kleid).

Volants

Volants für Unterröcke und Unterkleider arbeiten Sie aus Stoff (möglichst aus demselben Stoff wie die gesamte Unterwäsche), aus Spitze oder aus Stoff mit Lochstickerei. Beim Abmessen der Länge für die Unterkleidung Ihrer Puppe sollten Sie nicht vergessen, die Volants miteinzuberechnen. Für selbstgenähte Stoffvolants brauchen Sie etwa eineinhalbmal die Rockweite, für Spitzen- oder Lochstickereivolants etwa eineinviertelmal die Rockweite. Gereiht wird mit zwei Zugfäden im Abstand von ungefähr einem Zentimeter. Einreihen, den Faltenwurf gleichmäßig verteilen und den Volant zwischen den beiden Zugfäden auf den Rock aufsteppen. Die Zugfäden entfernen. Versäubert werden die Volants, indem man sie mit der Maschine mehrmals annäht und danach zurechtstutzt, oder mit Zickzackstich, Schlingstich oder Schrägstreifen einfaßt.

Spitzenvolants nähen Sie mit der Hand auf (mit Endelstich) oder aber mit der Maschine. Dabei werden die Volants rechts auf rechts und auf dem Kopf stehend über der Rocklinie festgesteppt. Der Saum ergibt sich dann unter dem Volant.

Wer etwas Abwechslung will, verziert seine Unterwäsche mit kleinen Schleifchen oder mit aufgesteppten Blumenmotiven (siehe «Zierat», Seite 14).

Ggepolsterter Unterrock

Ein gepolsterter Unterrock ist vor allem in der Kombination mit einem langen Rock im Krinolinenstil, etwa bei einem Ballkleid, von Vorteil. Damit die Krinoline schöner fällt, wird der Saum des Unterrocks gepolstert. Den Unterrock mit einer entsprechenden Zugabe für einen breiten Saum (5–10 cm) zuschneiden. Einen Streifen Füllwatte in Saumlänge und -breite zuschneiden. Den Saum umschlagen, feststecken und dämpfen. Den Füllwattestreifen in den Saum einlegen und den Saum nähen.

Der gepolsterte Unterrock eignet sich hervorragend für Krinolinen, weil er den Überrock stützt und für einen gleichmäßigen, glockigen Fall sorgt, ohne dabei an der Taille zu füllig oder besonders schwer zu sein. (Füllwatte, sie ist übrigens waschfest, erhalten Sie im Fachhandel.) Sehen Sie hierzu auch «Miederpolster und Gesäßpolster» In Kapitel 11.

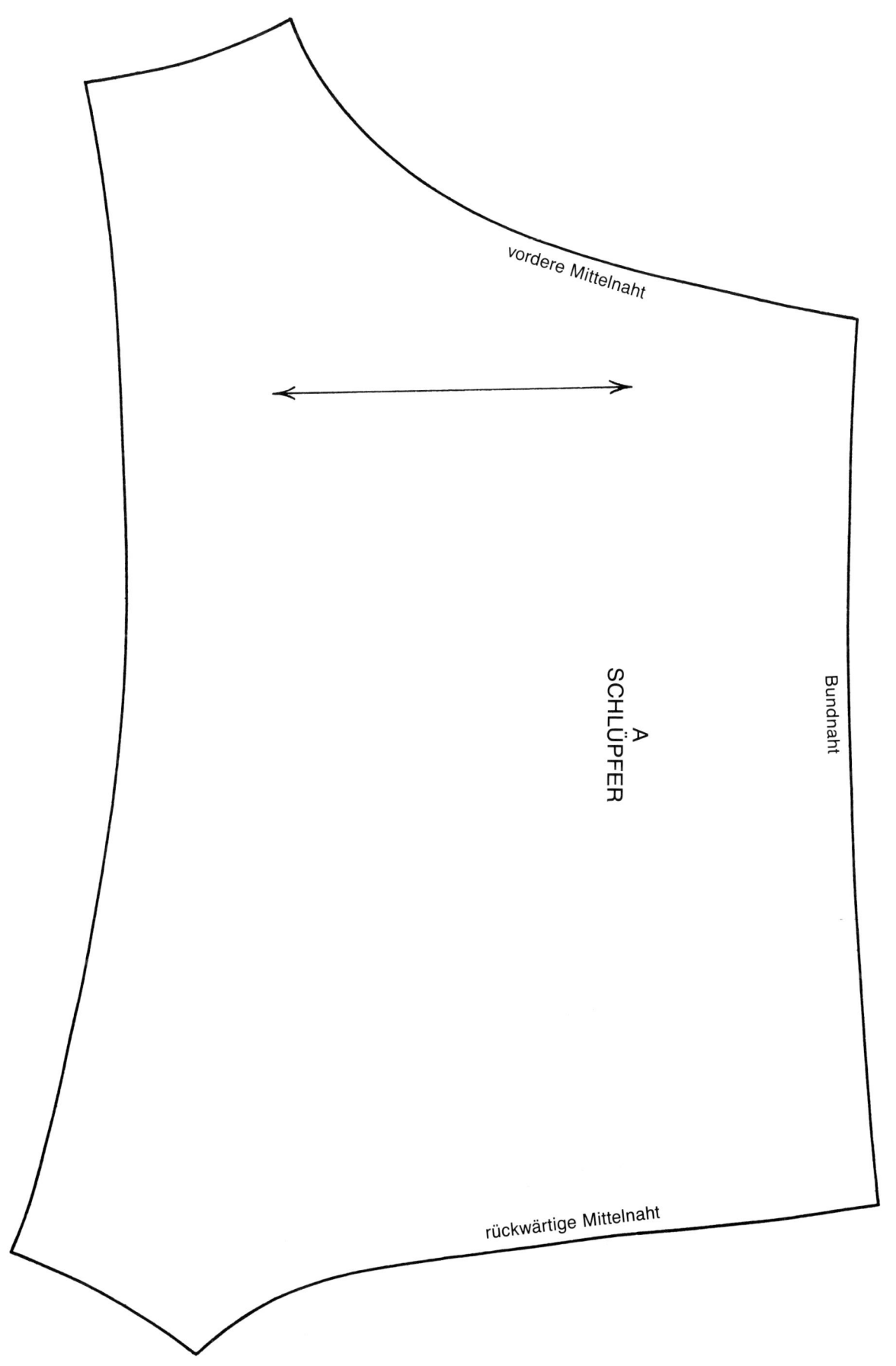

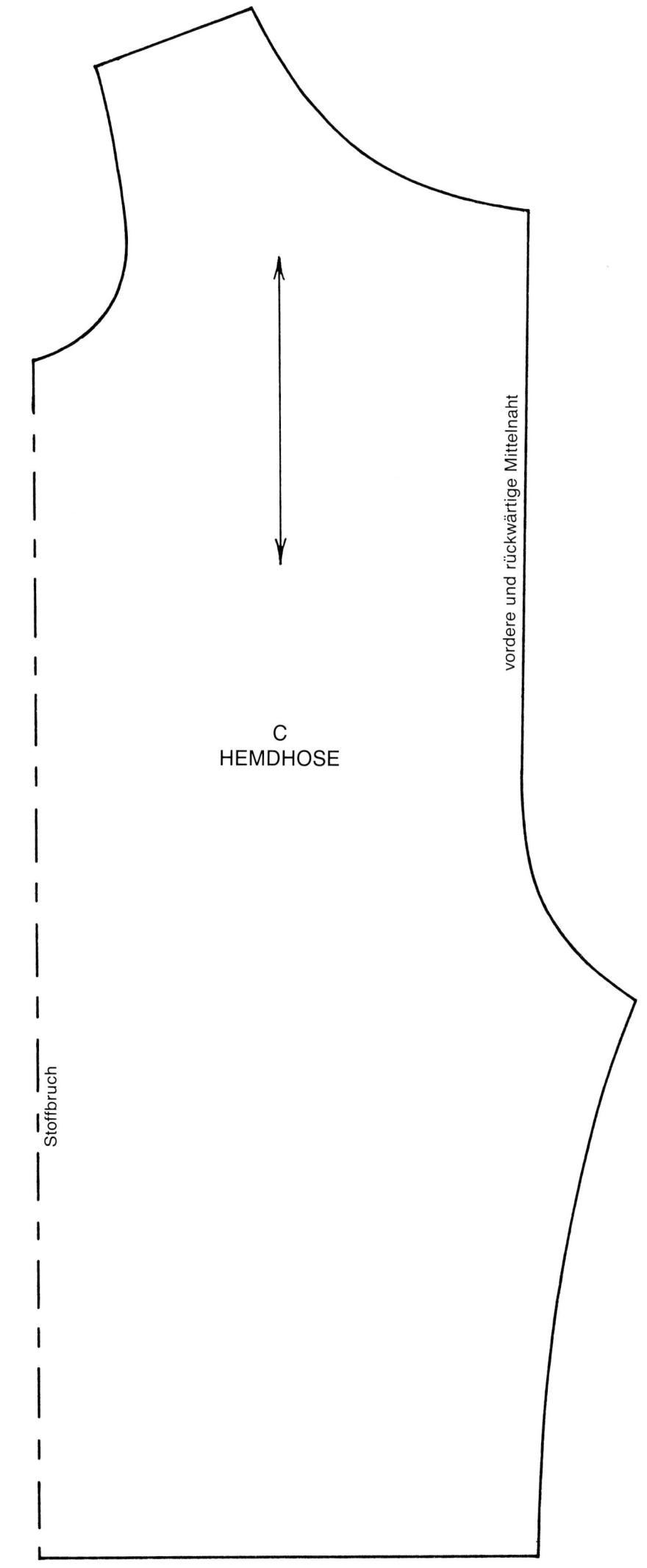

44 · Schnittmuster für Puppengrößen 40–46 cm

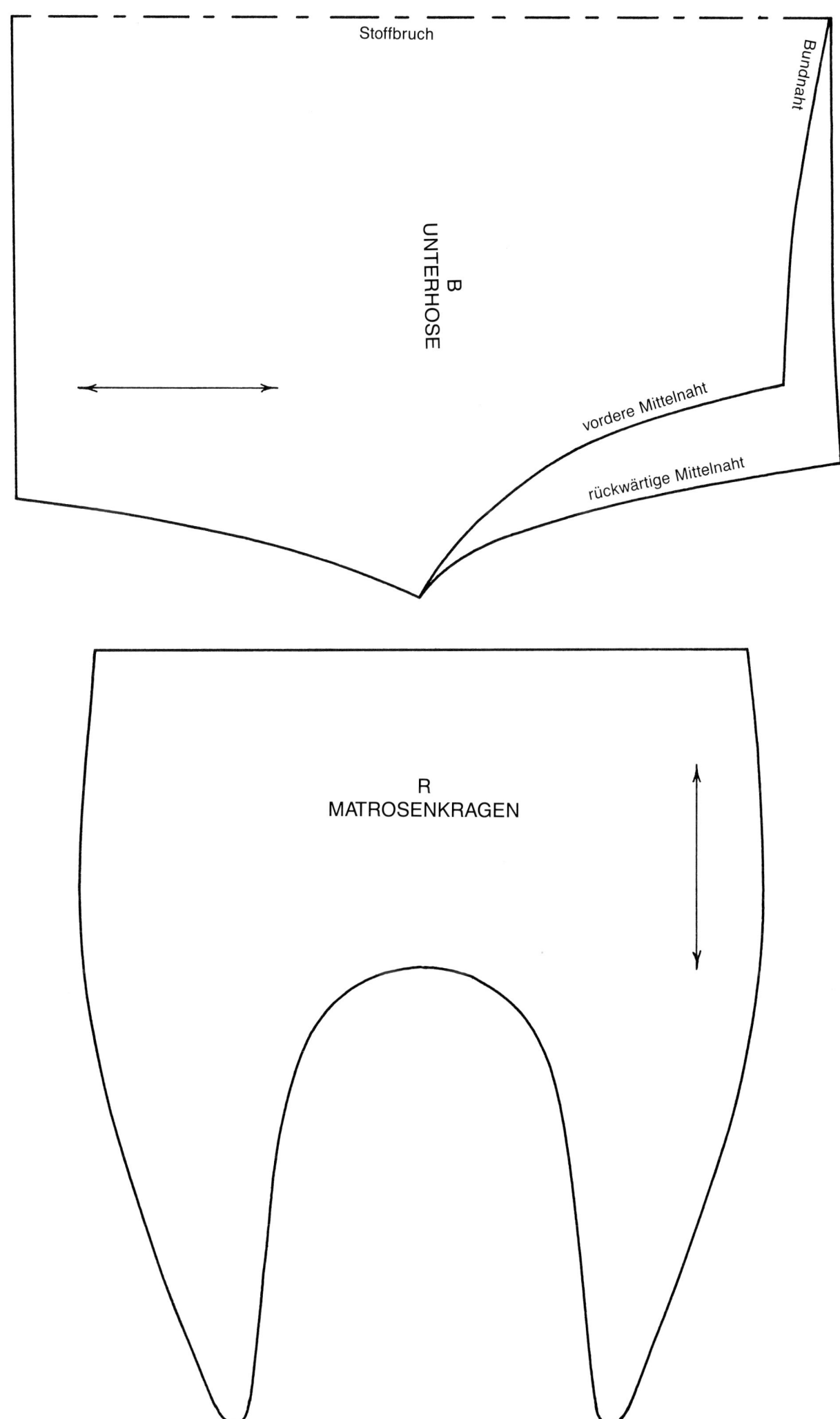

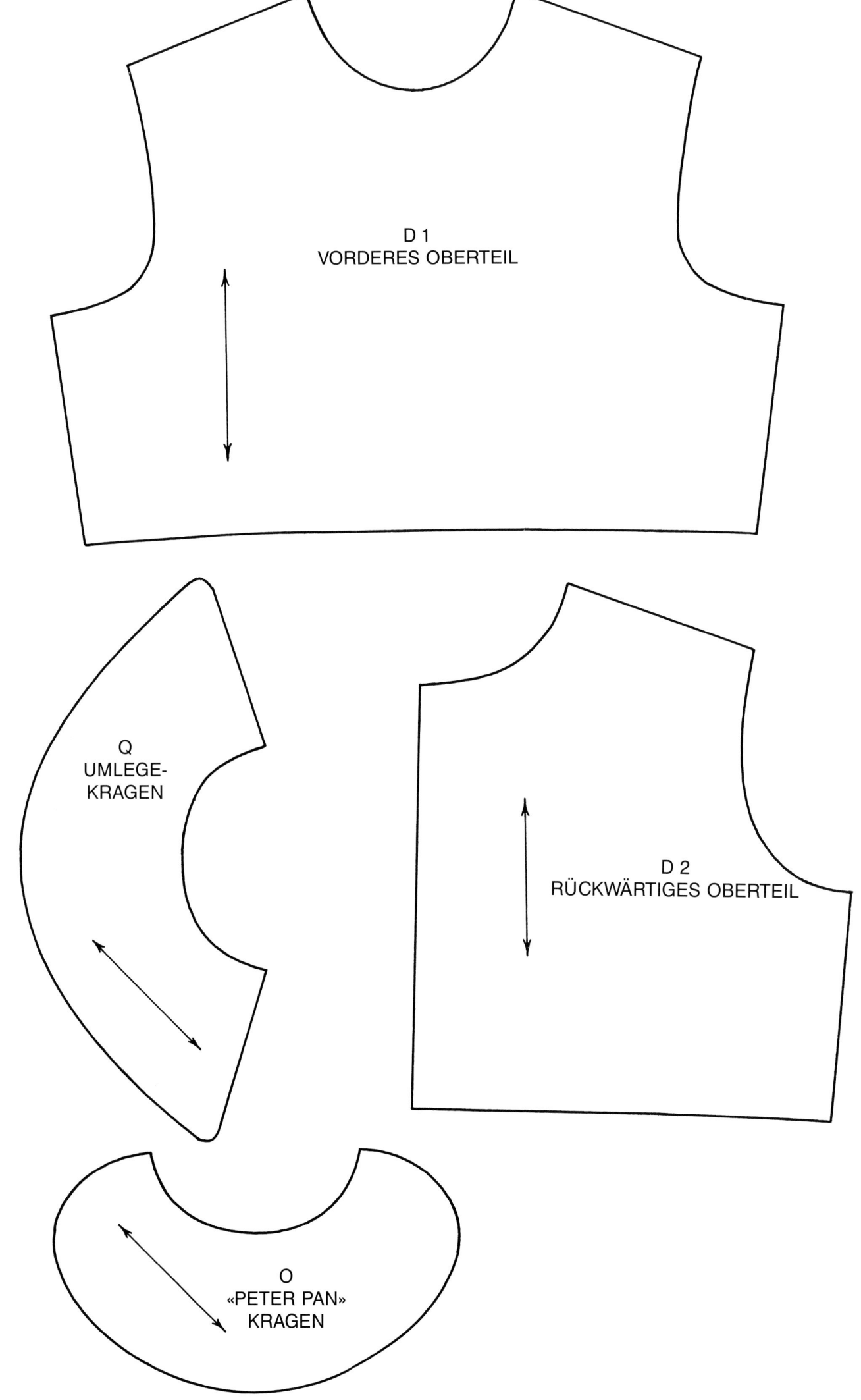

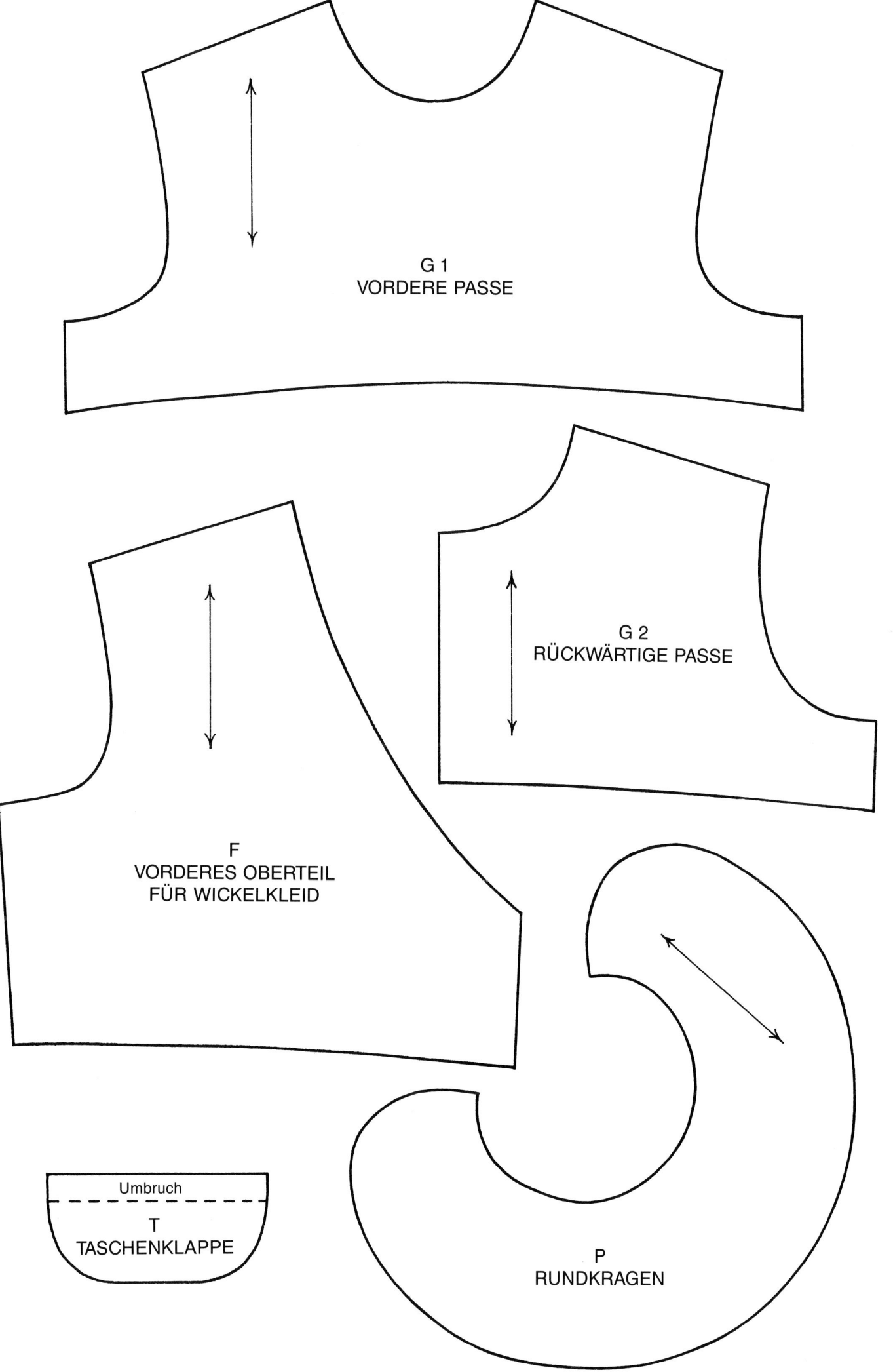

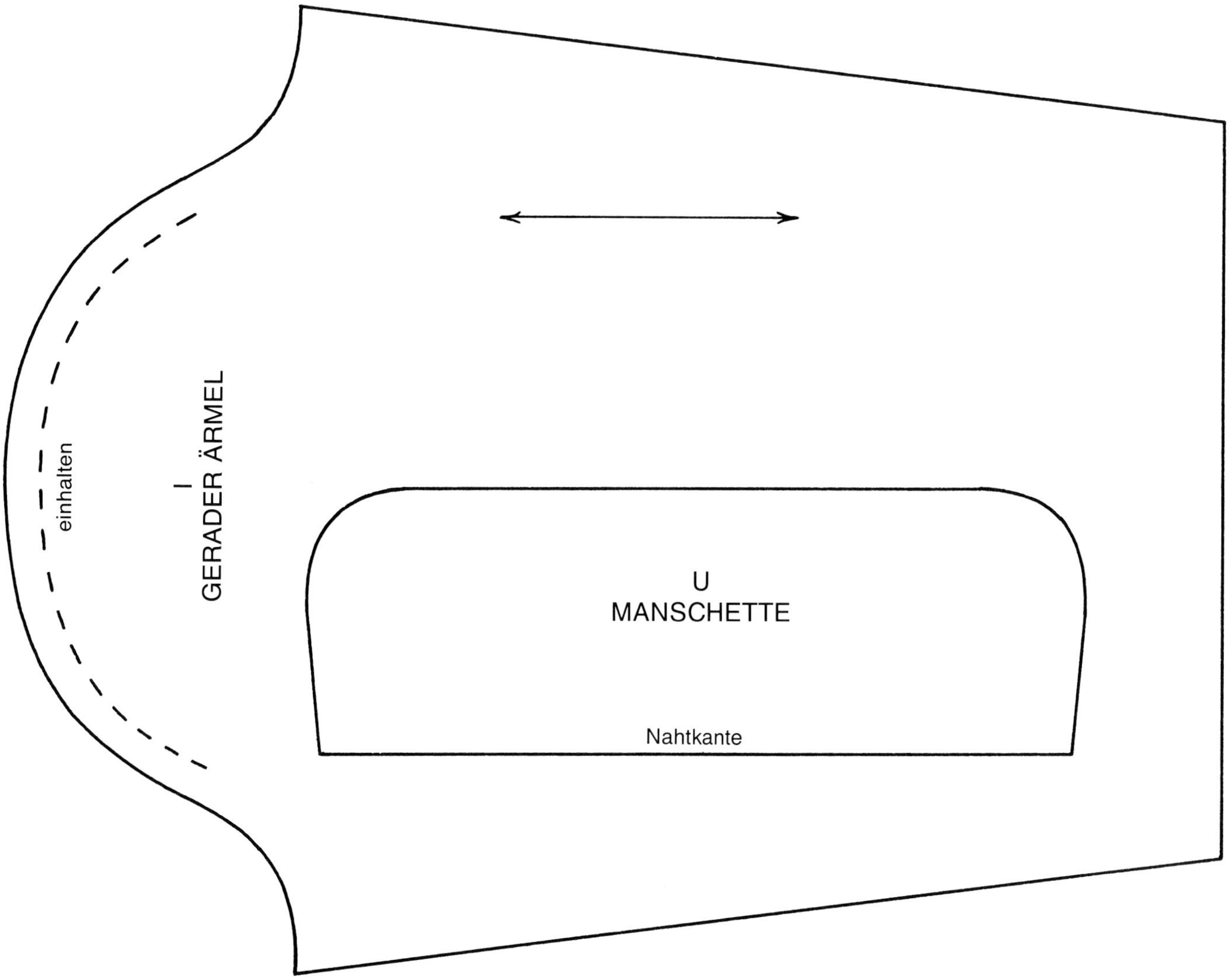

48 · Schnittmuster für Puppengrößen 40–46 cm

I
GERADER ÄRMEL

einhalten

U
MANSCHETTE

Nahtkante

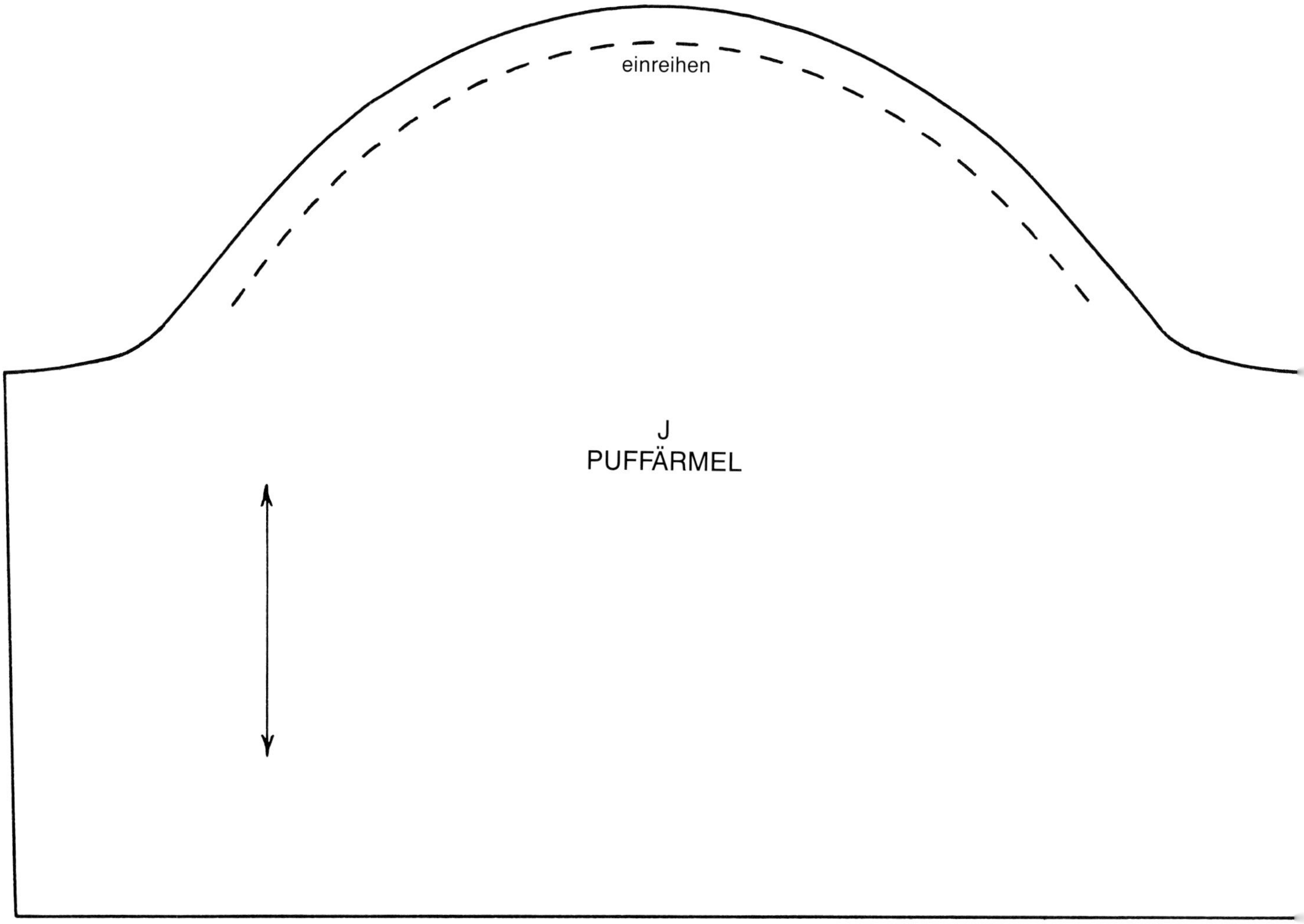

einreihen

J
PUFFÄRMEL

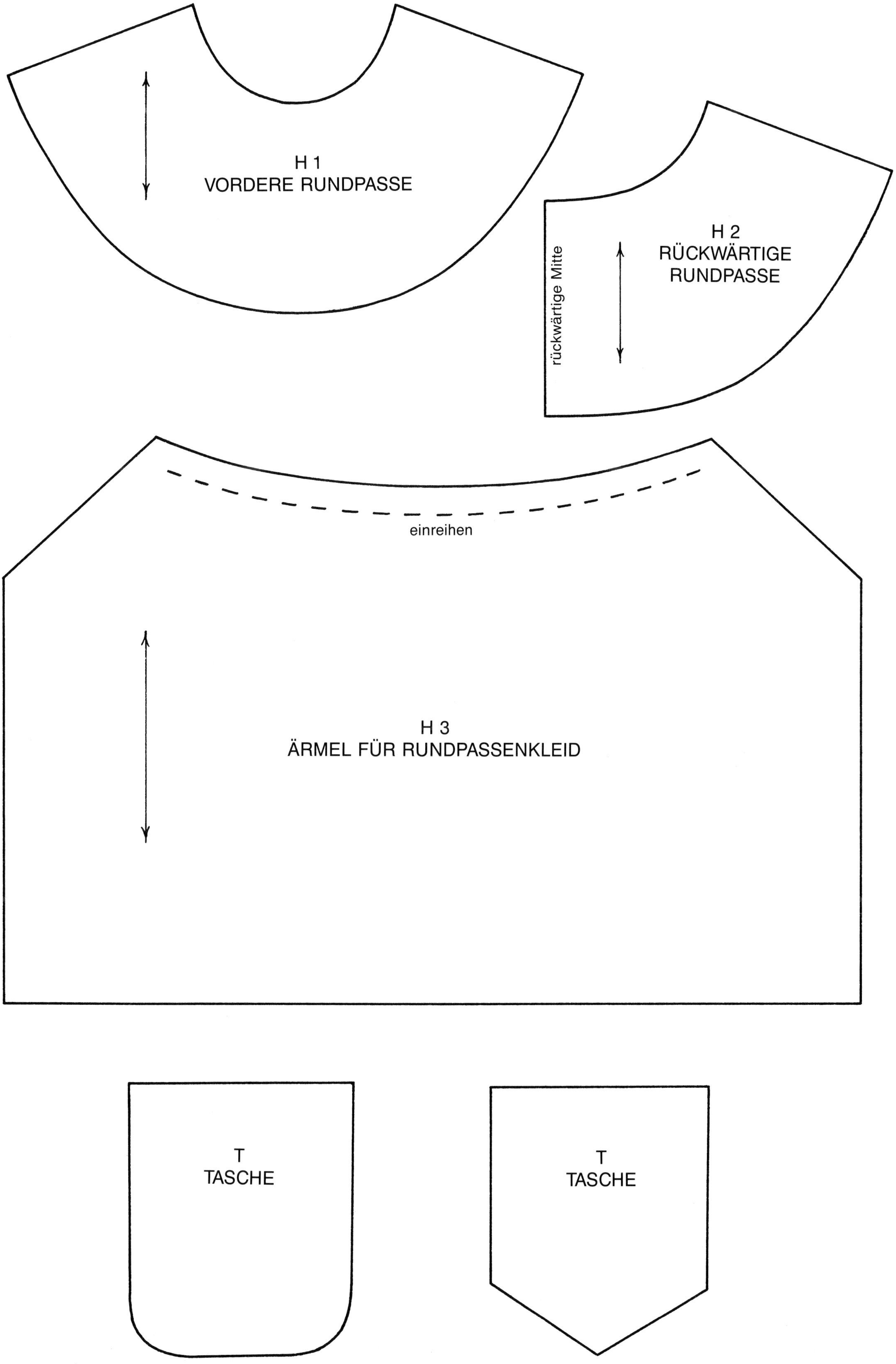

H 1
VORDERE RUNDPASSE

H 2
RÜCKWÄRTIGE RUNDPASSE

rückwärtige Mitte

einreihen

H 3
ÄRMEL FÜR RUNDPASSENKLEID

T
TASCHE

T
TASCHE

49 · Schnittmuster für Puppengrößen 40–46 cm

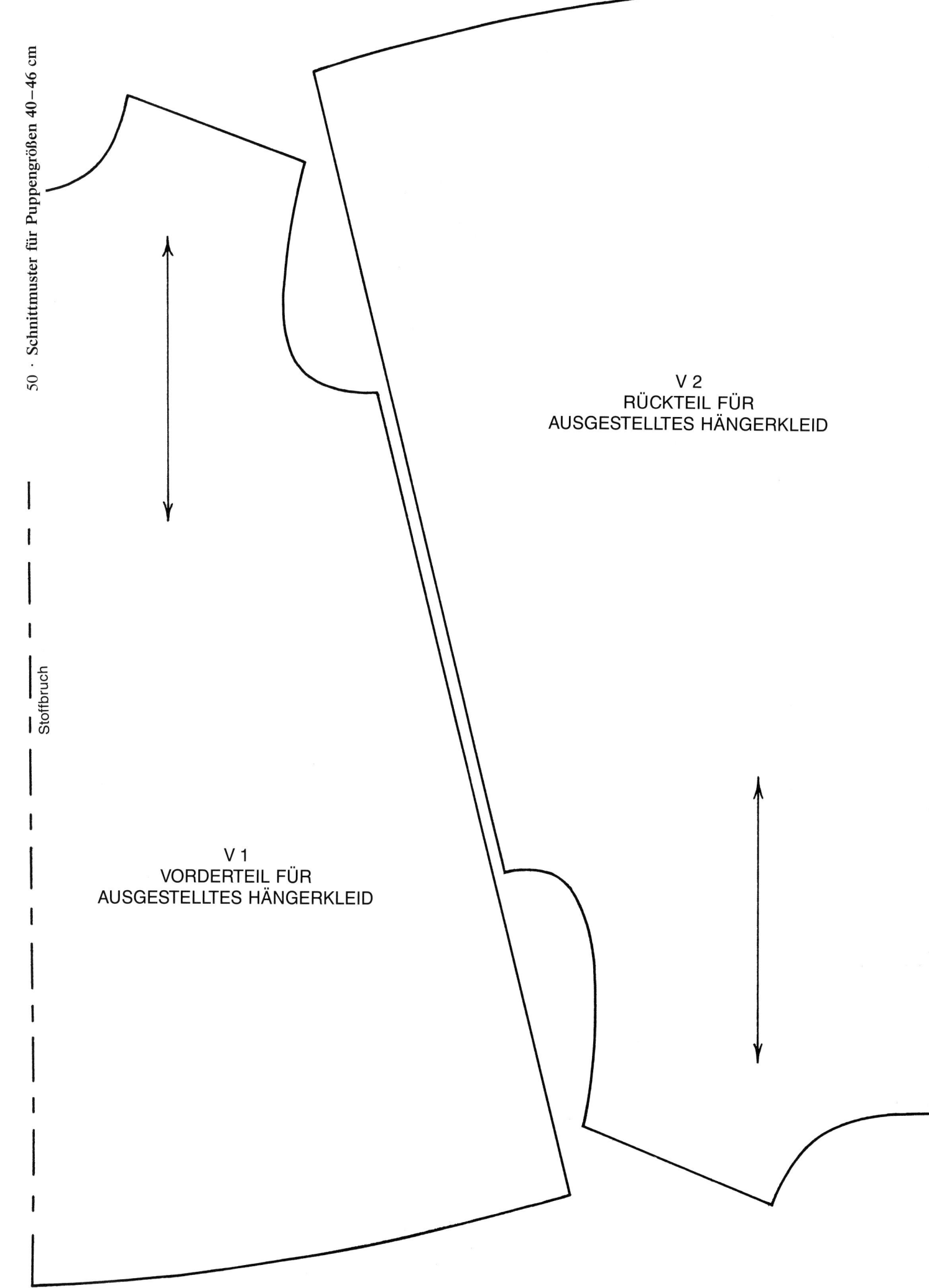

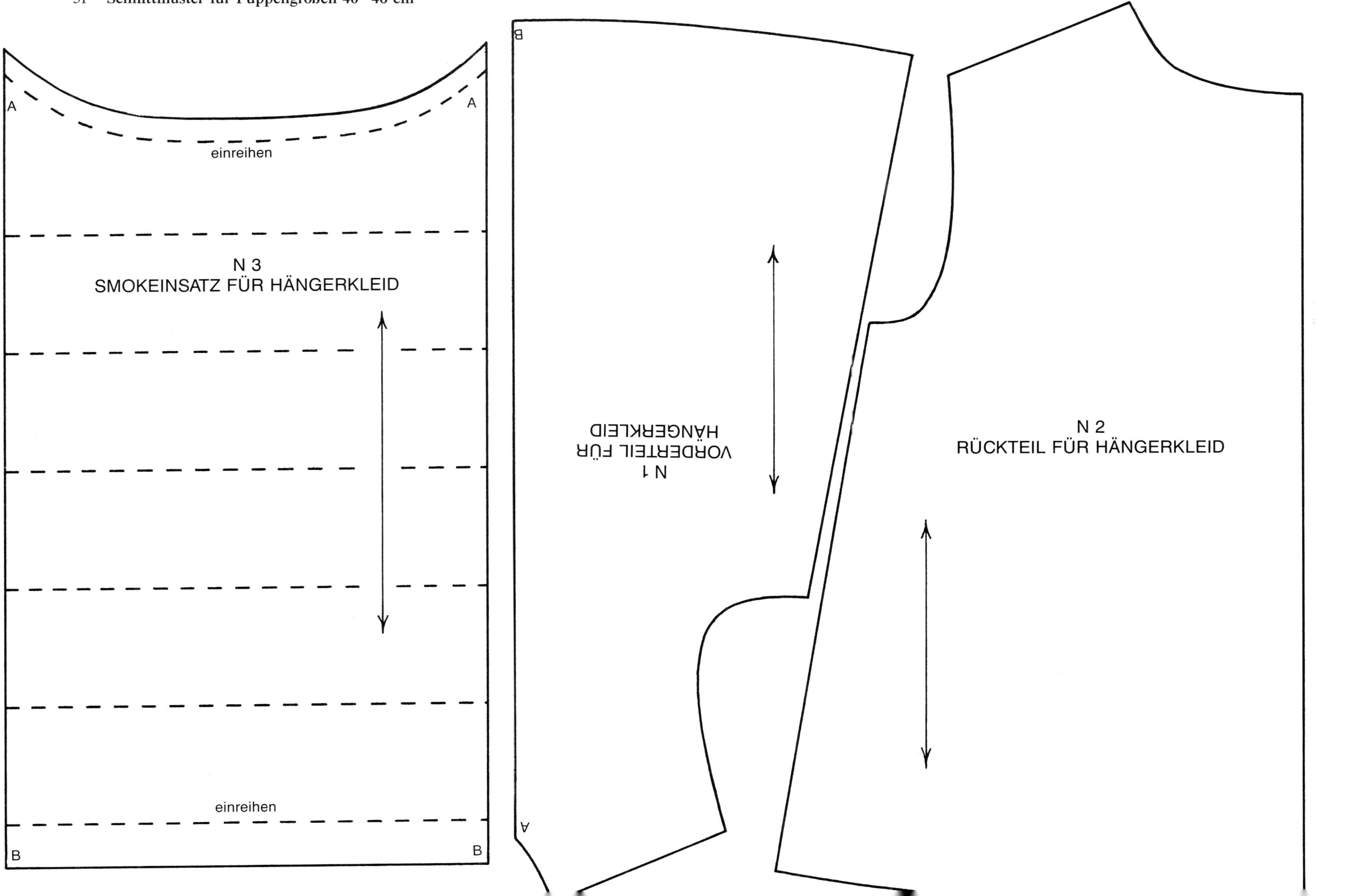

51 · Schnittmuster für Puppengrößen 40–46 cm

N 3
SMOKEINSATZ FÜR HÄNGERKLEID

einreihen

N 1
VORDERTEIL FÜR HÄNGERKLEID

N 2
RÜCKTEIL FÜR HÄNGERKLEID

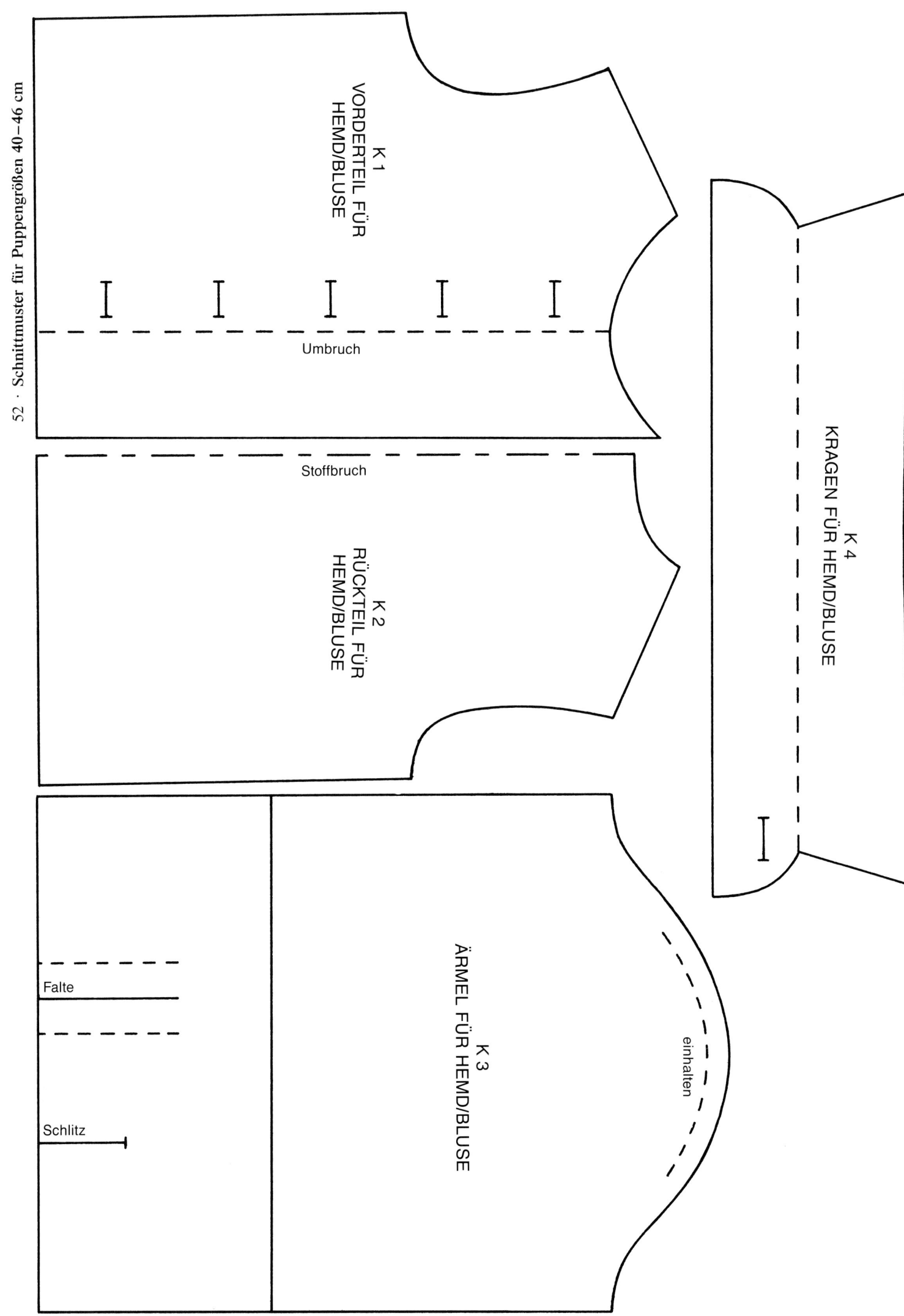

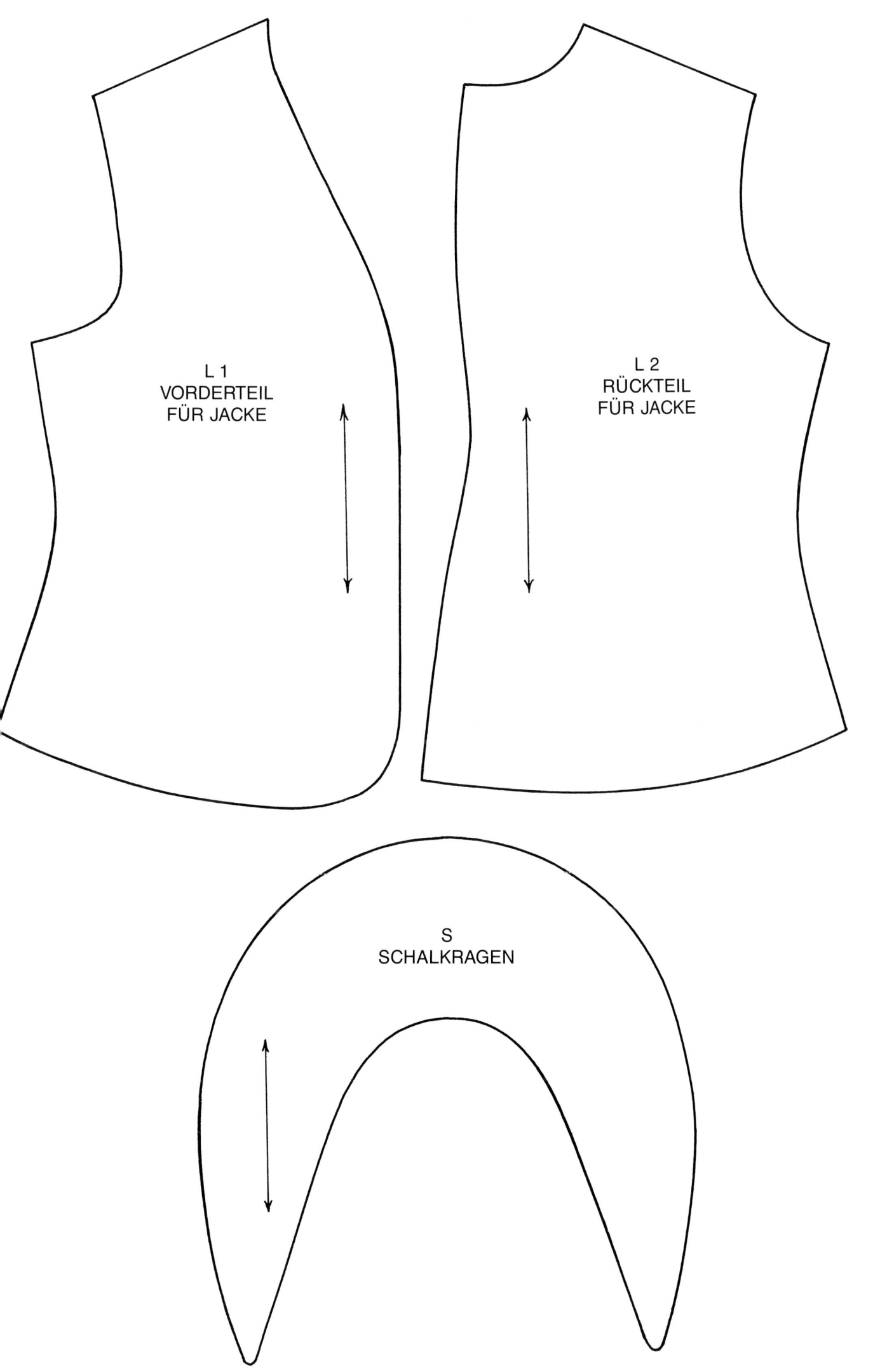

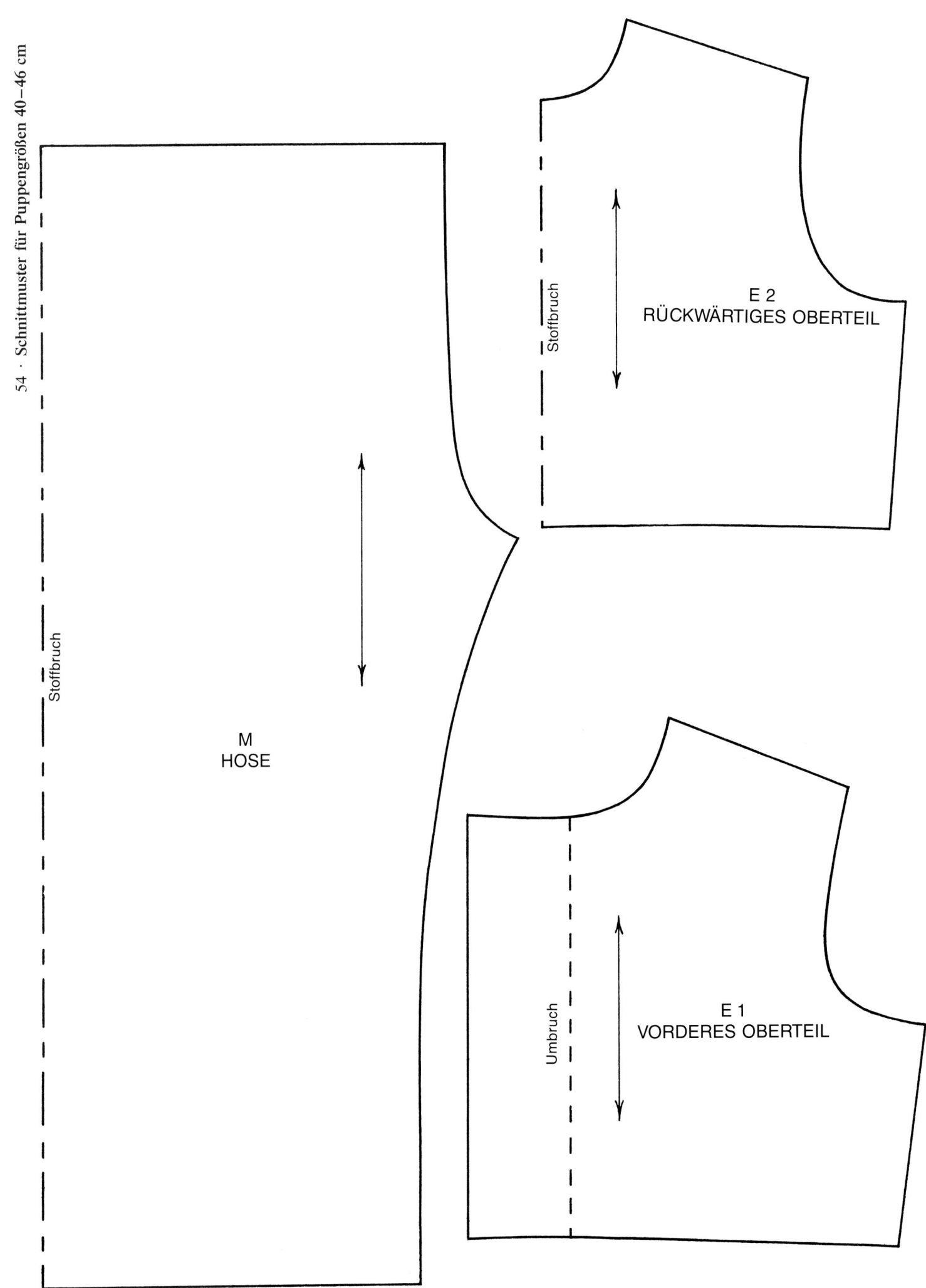

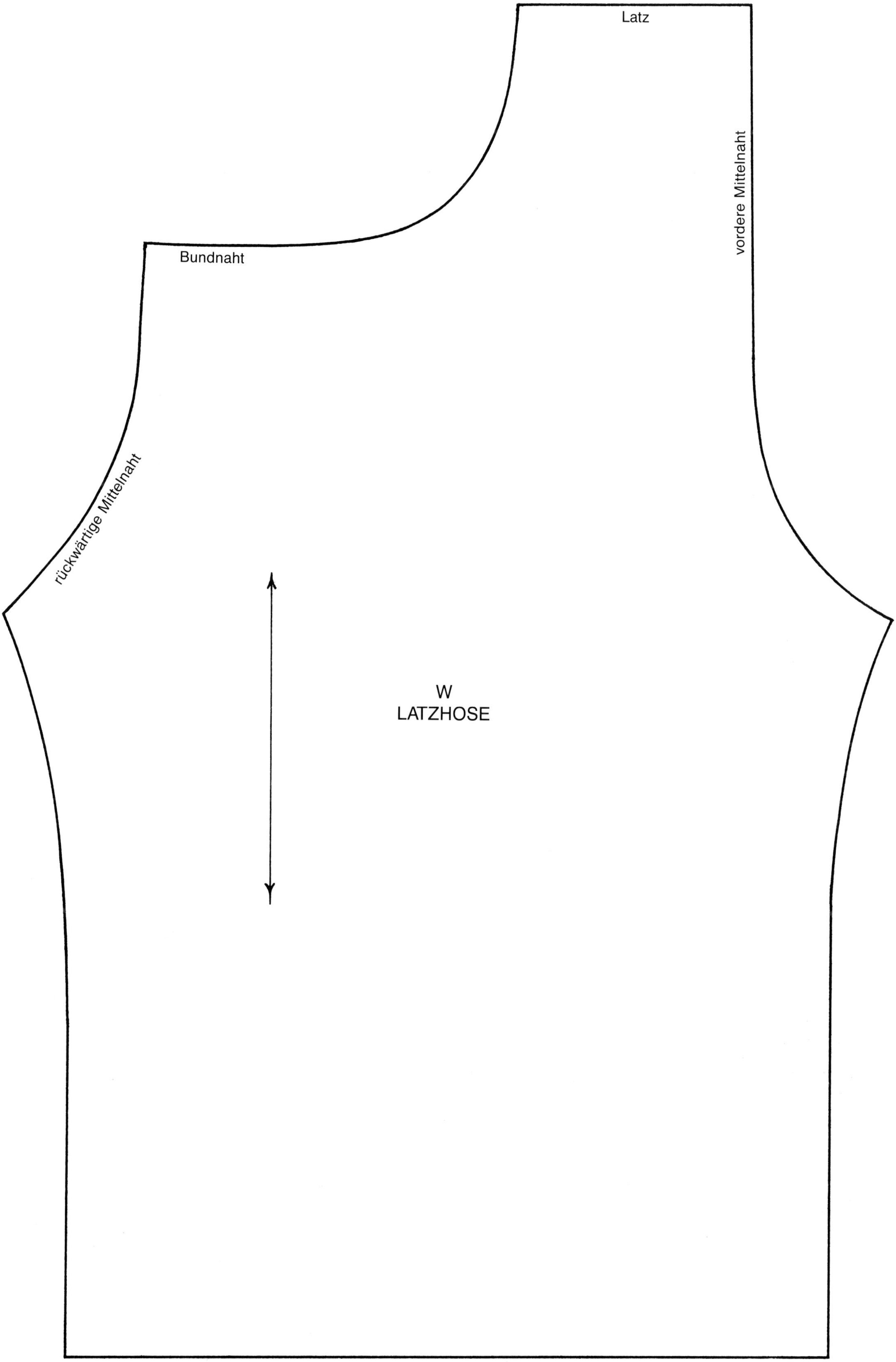

55 · Schnittmuster für Puppengrößen 40–46 cm

Latz

vordere Mittelnaht

Bundnaht

rückwärtige Mittelnaht

W
LATZHOSE

3 KLEIDER

Einfache Kleider ohne Schnitt

Schlichte Puppenkleider ohne Schnitt zu nähen, ist gar nicht schwer. Das wichtigste dabei ist das korrekte Ausmessen der Puppe (der Länge wegen!). Nach diesen Maßen werden Rechtecke aus Stoff zugeschnitten. der Stoff wird eingereiht und zusammengenäht. Diese Methode ist einfach, aber wirkungsvoll, wie Sie an dem Sommerkleid aus Abb. 10a sehen können, das nach dieser Methode entstand. Der Stoff wird etwa zweieinhalb- bis dreimal solang wie breit zugeschnitten (Nahtzugabe nicht vergessen!), danach wird die Oberkante mit einem schmalen Saum versäubert. Bei diesem Kleid entsteht die Fältelung durch Gummifäden (Smokeffekt). Dazu zeichnen Sie sich die Abstände der Gummifäden mit einem Lineal auf dem Stoff an, anschließend wird auf diesen Linien gesmokt, am besten mit der Maschine. Die Länge der Gummifäden richtet sich natürlich nach dem Brustumfang der Puppe. Danach wird die rückwärtige Naht geschlossen, und die Unterkanten werden gesäumt. Für die Schulterträger verwenden Sie Bänder beliebiger Qualität oder selbstgefertigte aus dem Kleiderstoff. Die Träger werden einfach auf der linken Seite des Kleides vorn und hinten aufgesteppt und zu Schleifen gebunden. Noch einfacher und schneller geht es mit vorgesmoktem Stoff. Auf den Rock kann man Taschen aufsetzen.

Das Sommer- oder Schürzenkleid aus Abb. 10c ist ähnlich schnell genäht. Zuerst muß natürlich wieder Maß genommen werden, in diesem Fall die Länge (plus Nahtzugabe) und das Brustmaß. Anschließend ein Band in der Länge des Brustmaßes zuschneiden (etwa wie einen Bund). Der Rock besteht aus einem rechteckigen Stück Stoff, ca. zweieinhalbmal so breit wie lang. Dieses Rechteck wird auf die Brustbandlänge eingereiht und am Brustband festgesteppt. Anschließend wird

Abb. 10: Einfache Kleider für größere und kleinere Puppenkinder

a Sommerkleid ohne Schnitt. Ein Stoffrechteck wird am Rücken geschlossen, das Oberteil gesmokt. Als Schulterträger dienen Bänder oder Träger aus dem Kleiderstoff. Für leichten Baumwollstoff oder vorgesmoktes Material (siehe Farbtafel 6).

b Pluderhose. Schnittmusterteil B (knielange Unterhose) wird an der Taillie und an den Beinen verlängert. Das Oberteil wird gesmokt, durch die Beinabschlüsse wird ein Gummi gezogen. Als Schulterträger dienen Bänder oder Träger aus dem Hosenstoff. Vor allem für leichte Baumwollstoffe.

c Sommerkleid ohne Schnitt. Ein Stoffrechteck wird gereiht und an einem Brustband festgesteppt. Das Kleid hat einen Rückenverschluß. Als Schulterträger dienen Bänder aus dem Kleiderstoff, die Träger werden vorne geknöpft. Vor allem für leichte Baumwollstoffe.

d Latzhose. Schnittmusterteil B (knielange Unterhose) wird an der Taille und an den Beinen verlängert. Das Oberteil wird gereiht und an einem Brustband mit Rückenverschluß festgesteppt. Als Träger dienen Bänder aus dem Kleiderstoff; sie werden vorne geknöpft. Für leichte, aber auch für etwas festere Baumwollstoffe oder für Feincord. Hübsch zur Latzhose: eine Bluse aus bedruckter Baumwolle oder Flanell.

e Latzrock aus Schnittmusterteil AA. Als Träger dienen Bänder aus dem Rockstoff; sie werden hinten gekreuzt und vorne geknöpft. Für festere Stoffe, etwa Jeansstoff oder Feincord. Hübsch zum Latzrock: eine Bluse aus bedruckter Baumwolle oder Flanell. Wer möchte, kann Taschen (Schnittmusterteil T) auf den Rock aufsetzen.

f Latzhose aus Schnittmusterteil W. Als Träger dienen Bänder aus dem Hosenstoff; sie werden hinten gekreuzt und vorne geknöpft. Für festere Stoffe, etwa Feincord, Jeansstoff oder Veloursamt. Hübsch zur Latzhose: ein Hemd aus einem leichten Baumwollstoff oder aus Flanell. Wer möchte, kann eine Tasche (Schnitt T) auf den Latz setzen (siehe Farbtafel 3).

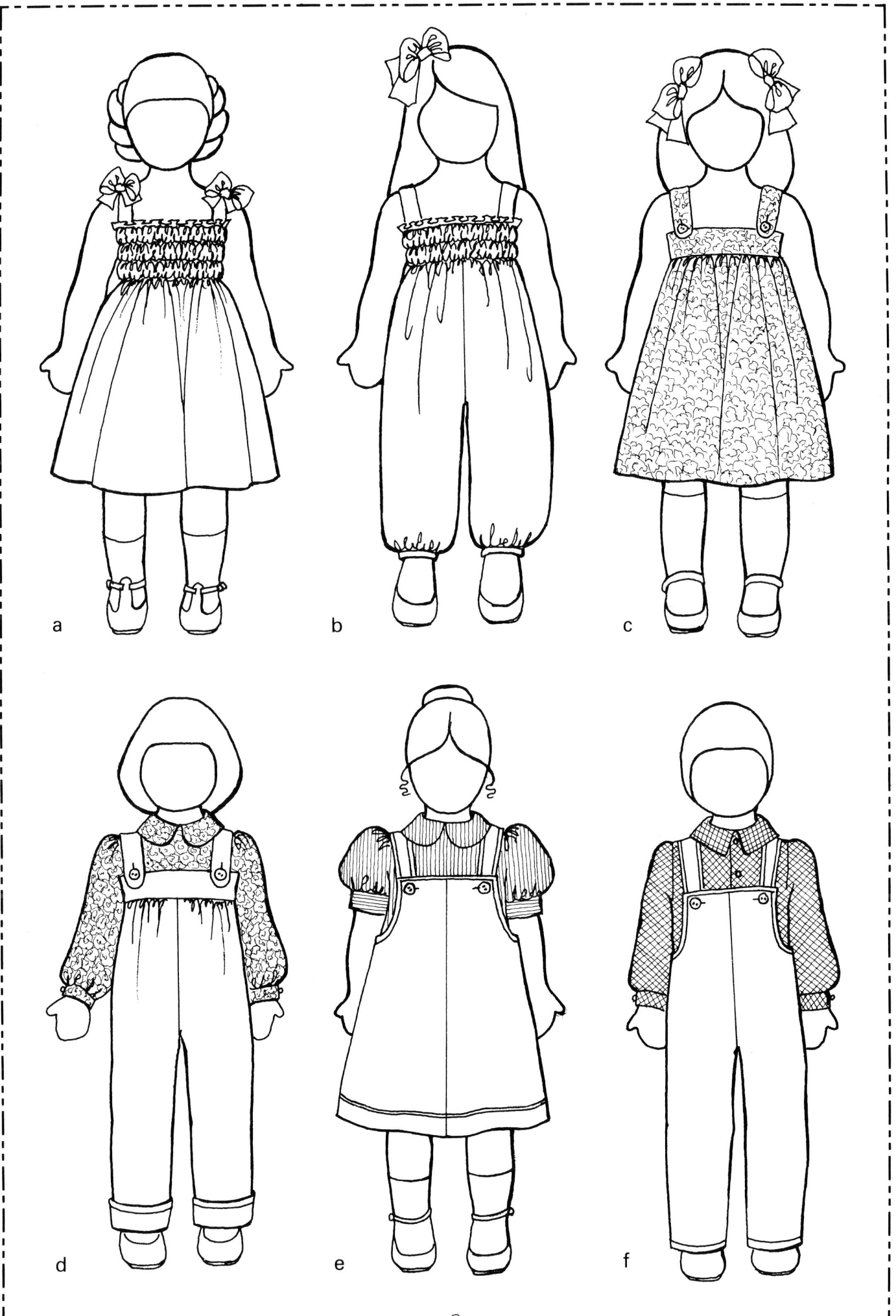

Abb. 11: Einfaches Hängerkleidchen im Raglanstil

Abb. 12: Einfache Kleiderschürze

Kleider

die rückwärtige Naht bis etwa 5 cm unter dem Brustband geschlossen. Die Schulterträger werden nur hinten am Kleid aufgesteppt, vorne arbeiten Sie Knopf und Knopfloch als Verschluß.

Paßform: Soll das Kleid als Kleiderschürze getragen werden, müssen Sie die Puppe über einem Kleid messen.

Auch ein Hängerkleidchen im Raglanschnitt läßt sich ganz schnell und ohne Schnittmuster arbeiten. Genäht wird es aus einem rechteckigen Stück Stoff, dreimal so breit wie lang (auch hier gilt: Puppe sorgfältig ausmessen und Nahtzugabe nicht vergessen). Das Rechteck zur Mitte falten, danach jede Hälfte noch einmal zur Mitte falten und die Knickstellen markieren. Anschließend an diesen Markierungen die Ärmellöcher V-förmig ausschneiden (siehe Abb. 11). Den Arm vom Hals bis zu den Handgelenken ausmessen und ein Stück Stoff in der entsprechenden Länge und beliebiger Breite zuschneiden. Die Ärmel entsprechend den Armausschnitten abschrägen, die Ärmelnähte schließen und die Ärmel einsetzen. Dann die gesamte Oberkante einreihen (mit zwei Zugfäden wird es gleichmäßiger) und zusammenziehen. Die rückwärtige Naht bis auf etwa 5 cm unter dem Halsausschnitt schließen (achten Sie auf die Größe des Puppenkopfes), die offenen Kanten einschlagen und versäubern. Der Halsausschnitt wird mit Schrägstreifen (gekauft oder selbst zugeschnitten) versäubert. Jetzt werden die Ärmelkanten gesäumt. Sehr weite Ärmel werden mit einem Gummifaden eingereiht – so sitzen sie besser, und die entstehende Rüsche ist zugleich ein hübscher Ärmelabschluß. Als Verschluß Knopf und Knopfschlinge arbeiten. Zuletzt die Unterkante säumen. Babypuppen steht dieses Kleid am besten. Besonders hübsch ist das Hängerchen auch als kurzes Kittelchen mit passenden Strumpfhosen.

Eine einfache Kleiderschürze entsteht auf die gleiche Weise, nur eben ohne Ärmel (siehe Abb. 12). Auch hier wird die Puppe wieder von der Brust bis zum Saum gemessen (plus Nahtzugabe) und ein Rechteck, eineinhalbmal so breit wie lang, zugeschnitten. Für die Arme wird diesmal nur ein kleiner Keil ausgeschnitten und mit einem schmalen Rollsaum versäubert. Anschließend die rückwärtigen Kanten säumen und das Oberteil einreihen; die gereihten Kanten werden mit Schrägstreifen versäubert. Als Passe macht sich ein Streifen Lochstickerei, vielleicht mit gleichen Rüschchen an den Ärmeln, besonders gut. Die Passe wird an der Puppe gearbeitet. Legen Sie die Lochstickereiborte zu einer viereckigen Passe und stecken Sie die Ecken fest. Dann werden die überstehenden Enden abgschnitten, die rückwärtigen Kanten versäubert und die Ecken festgenäht. Die Passe am Schürzenteil feststeppen, an die rückwärtige Passe Knopf und Knopfschlinge als Verschluß arbeiten und die Unterkante des Kleides säumen. Ein Volant aus dem Passenstoff, am Saum aufgesteppt, gibt eine sehr effektvolle Verzierung. Anstelle der Viereckpasse können Sie auch einfach vorne und hinten einen Streifen Lochstickereiband aufsteppen. Die Ärmelrüschen arbeiten Sie separat. Sie werden mit Besatz versäubert und an den Seitenkanten festgesteppt. Für ein etwas aufwendigeres Schürzenkleid wird zusätzlich die Taille ein wenig eingereiht und mit einem Lochstickereiband verziert, dessen lose Enden am Rücken zur Schleife gebunden werden (siehe Abb. 12). So eine Kleiderschürze war schon für antike Puppen sehr beliebt. Verwenden Sie alte Lochstickerei und weißen Baumwollbatist, dann haben Sie eine Kleiderschürze aus der guten, alten Zeit.

Oberteile für Kleider

Sämtliche Entwürfe für Kleideroberteile sind zum Unterlegen mit Futterstoffen gedacht. Meiner Meinung nach ist es nämlich viel einfacher, ein Oberteil abzufüttern als die Kanten zu säumen, einzufassen oder zu besetzen. Außerdem gewinnt ein Oberteil durch das Abfüttern an Volumen, es sitzt also einfach besser und sieht auch viel attraktiver aus. Der Futterstoff darf auf keinen Fall zu schwer sein – Baumwollbatist etwa eignet sich hervorragend zu fast allen Materialien, nur Seide und Brokat sollten Sie vielleicht mit Seide, Spitzenkleider dagegen mit Netzgeweben abfüttern. Für Abendkleider, bei denen das Oberteil ruhig ein wenig steif sein darf, arbeiten Sie ein Zwischenfutter aus Rohleinen ein; Zwischenfutter und Futter werden in diesem Fall wie ein Teil verarbeitet.

Jegliche Art von Falten oder Biesen an einem Oberteil nähen Sie noch vor dem Zuschneiden des Stoffes, das erleichtert die Arbeit enorm. Schneiden Sie ein ausreichend großes, quadratisches Stück Stoff zu und markieren Sie die Falten oder Biesen. Und glauben Sie mir, es geht wirklich einfacher, wenn Sie zuerst heften und dann nähen! Der so bearbeitete Stoff wird sorgfältig auf den Schnitt aufgelegt und zugeschnitten (siehe Abb. 15). Futter und Zwischenfutter werden übrigens grundsätzlich ohne Falten und Biesen verarbeitet.

Oberteil mit Rückenverschluß *Schnittmuster D1 und D2*

Aus Stoff und Futterstoff je ein Vorderteil und zwei Rückteile zuschneiden. Die Schulternähte von Stoffteil und Futter schließen. Stoff und Futter rechts auf rechts entlang der rückwärtigen Kanten und des Halsausschnitts zusammennähen, Nahtkanten einschneiden, Oberteil wenden und dämpfen. Soll der Halsausschnitt mit Schrägstreifen versäubert werden, nur die rückwärtigen Kanten zusammennähen, anschließend wenden und dämpfen. Danach den Halsausschnitt mit Schrägstreifen versäubern. Bei Oberteilen mit Biesen wirkt der eingefaßte Halsausschnitt besonders ansprechend. Ein Kleid mit Stehkragen entsteht nach demselben Schema, natürlich ist in diesem Fall der Besatz entsprechend breiter, außerdem wird er im Fadenlauf zugeschnitten.

Ist dieser Arbeitsgang abgeschlossen, werden Stoff und Futter wie ein Teil weiterverarbeitet. Zur Arbeitserleichterung sollten Sie Stoff und Futter entlang der Kanten heften.

Die Ärmel (siehe «Ärmel») werden noch vor dem Schließen der Seitennähte eingesetzt, weil das Arbeiten an einem flachen Stück Stoff einfacher ist als das Einsetzen eines Ärmels in ein bereits geschlossenes Oberteil. Danach werden die Seiten- und Ärmelnähte in einem Arbeitsgang geschlossen.

Oberteil mit Vorderverschluß *Schnittmuster E1 und E2*

Aus Stoff und Futterstoff je ein Rückteil und zwei Vorderteile zuschneiden. Die Webkanten (sofern vorhanden) bilden die vorderen Kanten. Die Schulternähte am Stoffteil und am Futter schließen. Stoff und Futter rechts auf rechts entlang des Halsausschnitts zusammennähen, Nahtkanten einschneiden, Ober-

Kleider

teil wenden und dämpfen. Ab jetzt werden Stoff und Futter wie ein Teil weiterverarbeitet. Erleichtern Sie sich die Arbeit, indem Sie Stoff und Futter zusammenheften. Das Einsetzen der Ärmel und das Schließen der Seitennähte erfolgt nach demselben Schema wie für das Oberteil mit Rückenverschluß.

Sobald der Rock angenäht ist, werden die Vorderkanten des Oberteils (gegebenenfalls auch des Rocks) zur Knopfleiste eingeschlagen und versäubert.

Oberteil für Wickelkleid *Schnittmuster F und E2*

Aus Stoff und Futterstoff je ein Rückteil und zwei Vorderteile zuschneiden. Die Schulternähte an Stoffteil und Futter schließen. Stoff und Futter rechts auf rechts entlang den Vorderkanten und des Halsausschnitts zusammennähen, die Nahtkanten einschneiden, das Oberteil wenden und dämpfen. Stoff und Futter werden diesmal nicht zusammengeheftet. Die Ärmel nur in den Stoff, nicht in das Futter einsetzen. Dann die Ärmel- und Seitennähte des Stoffteils, danach die Seitennähte des Futterstoffs schließen. Der Futterstoff sitzt jetzt schön locker; sobald Sie den Rock angenäht haben, können Sie das lose Futter umschlagen und so die Taillennaht sauber verblenden.

Passe *Schnittmuster G1 und G2*

Die Passe arbeiten Sie genau wie das Oberteil mit Rückenverschluß.

Paßform für alle Oberteile: Brustumfang sorgfältig ausmessen. Achten Sie darauf, daß die rückwärtigen bzw. vorderen Kanten für die Knopfleiste großzügig überlappen. Schauen Sie auf die Größe des Halsausschnitts – der Halsausschnitt eines gefütterten Oberteils fällt immer etwas größer aus als ein eingefaßter Halsausschnitt. Länge sorgfältig ausmessen (Nahtzugabe für Taillennaht nicht vergessen). Den Schnitt nach Bedarf verkürzen oder verlängern. Denken Sie an die Nahtzugaben für die Seitennähte. Bei einer Puppendame mit schmaler Taille sind wahrscheinlich Abnäher erforderlich. Zeichnen Sie die Abnäher auf dem Schnitt an und übertragen Sie die Markierungen auf Oberteil und Futterstoff.

Ärmelloses Oberteil

Bei einem ärmellosen Oberteil, etwa für eine Kleiderschürze, werden zuerst die Seitennähte geschlossen und dann die Armausschnitte mit Schrägstreifen (gekauft oder selbstzugeschnitten) eingefaßt. Der Besatz wird immer am Futter festgesäumt.

Schnittvarianten für Oberteile

Halsausschnitte

Die Halsausschnitte der Oberteile lassen sich beliebig abändern, einmal tiefausgeschnitten, viereckig oder V-förmig, dann wieder herzförmig (siehe Abb. 17). Sie falten den entsprechenden Schnitt einfach genau in der Mitte (die Kanten müssen exakt aufeinanderliegen) und schneiden den Halsausschnitt entsprechend aus. Danach werden die Schnitte für Vorder- und Rückteil aufeinandergelegt. Das Rückteil muß dem neuen Halsausschnitt angeglichen werden (Schulterlinie!). Zur Kontrolle sollten Sie Ihrer Puppe den Schnitt vor dem Zuschneiden noch einmal anhalten.

Abb. 13: Taillierte Kleider mit Rückenverschluß aus den Schnittmusterteilen D1 und D2

a Kleid und Kleiderschürze aus Baumwoll- oder Flanellqualität. Das Kleid mit «Peter Pan»-Kragen (Schnittmusterteil J) mit gerüschtem Abschluß. Der Rock ist an der Taille gereiht. Die Kleiderschürze ohne Ärmel, mit relativ weitem Halsausschnitt und aufgesetzten Taschen (Schnittmusterteil T). Der Rock ist etwas kürzer als das Kleid und ebenfalls gereiht. Hübsch ist die Kombination von unifarbenen und bedruckten Stoffen des gleichen Farbtons, etwa bedrucktes Kleid mit einfarbiger Kleiderschürze oder umgekehrt. Ebenfalls eine interessante Kombination: unifarbene Stoffe in Kontrastfarben, etwa marineblaues Kleid mit scharlachroter Kleiderschürze oder braunes Kleid mit crèmefarbener Kleiderschürze (Farbtabel 3).

b Kleid mit eingefaßtem Halsausschnitt und langen Puffärmeln (Schnittmusterteil J) mit gerüschtem Abschluß. Der Rock ist an der Taille gereiht und mit einem Volant verziert, auf das Oberteil sind ebenfalls Volants im Viereck aufgesteppt. Beide Volants sind extra mit Bändern abgesetzt. Dazu passend eine Schärpe. Für leichte Baumwoll- und seidenähnliche Stoffe, einfarbig oder mit kleinem Musterdruck. Hübsch als Verzierung: Bänder Ton in Ton oder in Kontrastfarben, etwa blaßrosa Batist und Bänder in kräftigem Pink oder Baumwollstoff mit Blumenmuster und Bänder in der entsprechenden Grundfarbe.

c Kleid aus Baumwoll- oder Flanellqualität mit «Peter Pan»-Kragen (Schnittmusterteil O), langen, geraden Ärmeln (Schnittmusterteil I) und Oberteil mit Biesen. Der Rock ist an der Taille gereiht und mit einem Volant verziert. Kragen, Oberteil, Ärmelabschlüsse und Rock sind mit schmaler Spitze geschmückt. Die Schärpe ist aus dem Kleiderstoff. Für einfarbige Stoffe oder für Stoffe mit kleinem Musterdruck, etwa einfarbig Blau oder Grau mit weißer Spitze oder pastellfarbenes Muster mit cremefarbener Spitze. Hübsch für das Vorderteil: kleine Knöpfe in der Mitte (Farbtafel 3).

d Kleid aus steifer Baumwolle mit «Peter Pan»-Kragen (Schnittmusterteil O) und kurzen Puffärmeln (Schnittmusterteil J) mit Manschetten. Der Rock ist an der Taille gereiht, über dem Saum sind Biesen eingearbeitet. Die Taschen sind aufgesetzt (Schnittmusterteil T). Kragen, Manschetten und Taschen sind mit schmaler Spitze eingefaßt. Schärpe und Gürtel sind aus dem Kleiderstoff. Für einfarbige, karierte oder gemusterte Stoffe, etwa braunkariert mit weißem Kragen und weißer Spitze oder rot mit weißen Tupfen, dazu ein weißer Kragen und weiße Spitze. Paßt zu antiken Charakterpuppen aus Deutschland.

e Kleid aus leichten, weichen Stoffen wie Batist oder Seide mit eingefaßtem Halsausschnitt und Biesen im Oberteil. Raffinierte «Regency»-Ärmel, oben wie Puffärmel, nach unten eng zulaufend, an den Ärmelabschlüssen Biesen (Schnittmusterteile J und I). Halsausschnitt, Oberteil und Ärmelabschlüsse sind mit weißer Spitze verziert, die Schärpe wird aus dem Kleiderstoff oder aus einem Band gearbeitet. Wer möchte, näht auf das Vorderteil kleine Knöpfe auf. Für einfarbige Stoffe (die Biesen kommen besser zur Geltung) in weichen Farben, etwa rosa, hellblau, seegrün, milchkaffebraun u. ä. Hübsch für die Schärpe: entweder eine Nuance dunkler als das Kleid oder eine Kontrastfarbe, etwa ein milchkaffefarbenes Kleid mit dunkelbrauner Schärpe.

f Kleid aus einem schweren, aber weichen Stoff wie Samt oder Feincord mit langen, geraden Ärmeln (Schnitt I) und langem, gereihtem Rock. Kragen und Manschetten werden aus alten Spitzen- oder Häkeldeckchen gearbeitet. Für einfarbige Stoffe in satten, dunklen Farben, etwa Karmesin, Dunkelbraun oder Blau mit crèmefarbener oder weißer Spitze (Farbtafel 3).

Kleider

a   b   c

Abb. 14: Ausgeschnittene Kleider für Puppendamen aus den Schnittmusterteilen D1 und D2 (siehe auch Abb. 17)

a Ausgeschnittenes Kleid mit langem, gereihtem Rock, halblangen Puffärmeln (Schnittmusterteil J) und Rüschen aus dem Kleiderstoff oder aus Spitze. Hübsch für die Schärpe: Satin mit künstlichem Blumenschmuck. Für leichte Stoffe in Pastelltönen oder gedeckten Farben, dazu die Schärpe Ton in Ton, etwa ein blaßrosa Batistkleid mit Rüschen aus dem Kleiderstoff, pinkfarbener Schärpe und Blume oder ein blaßgraues Seidenkleid mit grauen Spitzenrüschen und grauer Schärpe mit pinkfarbener Blume.

b Ausgeschnittenes Kleid mit halblangen, geraden Ärmeln und langem, ausgestelltem Rock. Der Halsausschnitt ist mit Spitze besetzt, ebenso die Ärmelabschlüsse. Auf den Schultern sitzen große Schleifen. Für kostbare Stoffe, etwa Satin, schwere Seide oder Brokat in kräftigen Farben. Zum Beispiel ein schwarzes Satinkleid, abschnittweise mit schwarzer Spitze besetzt, dazu schwarze Satinschleifen, oder weißgoldener Brokat mit weißer Spitze und weißen Schleifen. Paßt zu Puppendamen von 1900 bis 1910 (Farbtafel 16).

c Ausgeschnittenes Kleid mit verkürzter Taille, langem, gereihtem Rock und «Regency»-Ärmeln (Schnittmusterteile I und J). Halsausschnitt und Ärmelabschlüsse sind mit schmaler Spitze besetzt, die Schärpe aus dem Kleiderstoff wird am Rücken zur Schleife gebunden. Für leichte einfarbige oder gemusterte Stoffe, etwa Schweizer Batist in Weiß mit weißer Spitze und kirschroter Schärpe oder Baumwolle mit Blumenmuster in Grün und Blau mit elfenbeinfarbener Spitze und einer Schärpe aus dem Kleiderstoff.

Farbtafel 6
Die Puppe in der Mitte, eine 51 cm große Kestner-Replik von Recollect trägt eine Kleiderschürze aus weißem Baumwollbatist mit einer Passe. Passe, Ärmelrüschen und Bund sind aus alter Lochstickerei.
   Sasha-Junge und -Mädchen sind je 40 cm groß. Er trägt ein Ringelhemd aus blau-weiß gestreiftem Baumwollstretch und blaue Jeans-Shorts. Für das Hemd wurde ein altes Babyjäckchen verarbeitet. Das Mädchen trägt ein einfaches Sommerkleid aus rosa Baumwolle mit gesmoktem Oberteil und Trägerschleifen. Ihr Kranz ist aus künstlichen Blumen.
   Das Baby ist eine 38 cm große Recollect-Replik des «Baby Gloria». Es trägt ein Hängerkleidchen mit Rundpasse aus crèmefarbenem Seidenkrepp und ein passendes Häubchen. Beide Teile sind mit Spitzen und Blumenapplikationen verziert.

Kleider

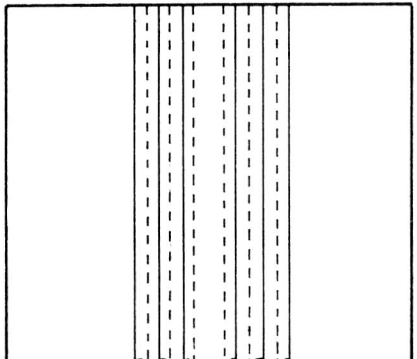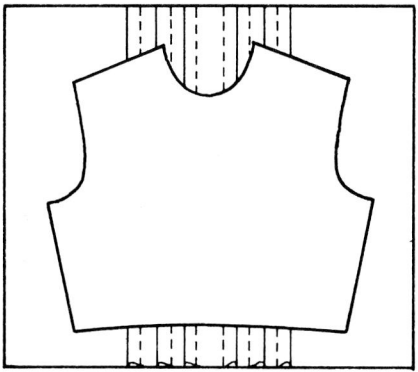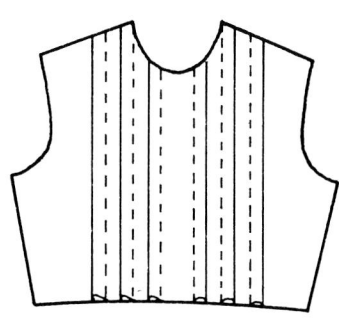

Abb. 15: Biesen vor dem Zuschneiden arbeiten!

Abb. 16: Taillierte Kleider mit Rückenverschluß aus den Schnittmusterteilen D1 und D2

a Leichtes Baumwollkleid mit «Peter Pan»-Kragen (Schnittmusterteil O), kurzen Puffärmeln (Schnittmusterteil J) mit Manschetten sowie Biesen im Oberteil. Auf den gereihten Rock sind Taschen aufgesetzt. Kragen, Oberteil, Manschetten und Taschen sind mit Bogenspitze verziert. Hübsch für das Vorderteil: kleine Knöpfe. Für einfarbige Stoffe (die Biesen kommen besser zur Geltung), etwa Jeansblau mit weißer Spitze oder Braun mit crèmefarbener Spitze.

b Kleid aus Lochstickereistoff mit «Peter Pan»- Kragen (Schnittmusterteil O), kurzen Puffärmeln (Schnittmusterteil J) mit gerüschtem Abschluß sowie gereihtem Rock. Rock und Ärmel sind so zugeschnitten, daß die abgerundeten Kanten der Lochstickerei den Saum und die Ärmelabschlüsse bilden. Dazu eine Satinschärpe in einer Pastellfarbe oder auch in einer besonders kräftigen Farbe. Eine interessante Variante: dasselbe Kleid in Spitze, dazu bunte Schuhe und eine Schärpe in der gleichen Farbe (eine nach diesem Vorschlag eingekleidete Puppe zeigt Farbtafel 11).

c Kleid aus schwerem, aber weichem Stoff, etwa Velour, Wollmischgewebe oder Flanellqualität, mit langem, gereihtem Rock, langen Puffärmeln (Schnittmusterteil J), Spitzenmanschetten und «Peter Pan»-Kragen aus schwerer Spitze. Dazu eine Satinschärpe in passendem Farbton. Für einfarbige Stoffe in Pastelltönen oder kräftigen Farben, etwa schwarzer Kunstsamt mit crèmefarbenem Spitzenkragen und schwarzer Satinschärpe oder in Blaßrosa mit crèmefarbenem Spitzenkragen und Satinschärpe in dunklem Rosa oder Pink.

d Bluse und Schürzenkleid in Kontrastfarben. Die Bluse aus Baumwoll- oder Flanellqualität hat einen «Peter Pan»-Kragen (Schnittmusterteil O) und lange Puffärmel (Schnittmusterteil J) mit Manschetten. Das ärmellose Schürzenkleid besteht aus einem Oberteil mit tiefem, rundem Halsausschnitt und einem gereihten Rock mit zwei aufgesetzten Taschen. Für schwerere Stoffe, etwa Bluse aus gemustertem Flanell mit einfarbigem Feincordschürzenkleid oder karierte Bluse mit blauem Schürzenkleid aus Jeansstoff.

e Kleid aus steifer, gemusterter Baumwolle mit Passe und Manschetten aus einfarbiger Baumwollqualität. Das Kleid hat lange, gerade Ärmel (Schnittmusterteil I), einen einfachen, runden Halsausschnitt, einen langen, gereihten Rock und einen Gürtel aus dem Kleiderstoff. Passe und Manschetten werden zusätzlich verziert. Für Stoffe mit kleinem geometrischen Muster, dazu eine Passe Ton in Ton oder kontrastierend. Am hübschesten in «schlichten» Farben, etwa Grau, Sand, Rost oder Braun mit weißer und schwarzer Spitze.

f Leichtes Baumwollkleid mit eingefaßtem Halsausschnitt und Spitzenrüsche, halblangen Puffärmeln (Schnittmusterteil J) mit gerüschten Abschlüssen, einem dreistufigen Rüschenrock und Satinschärpe mit künstlicher Rose. Für pastellfarbene Stoffe mit passender oder kontrastierender Schärpe, etwa ein apfelgrünes Seidenkleid mit dunkelgrüner Satinschärpe und rosa Rosenknospen oder ein weißes Voilekleid mit karmesinroter Satinschärpe und weißen Blumen. Paßt zu antiken Puppen von 1910 bis 1930.

Kleider

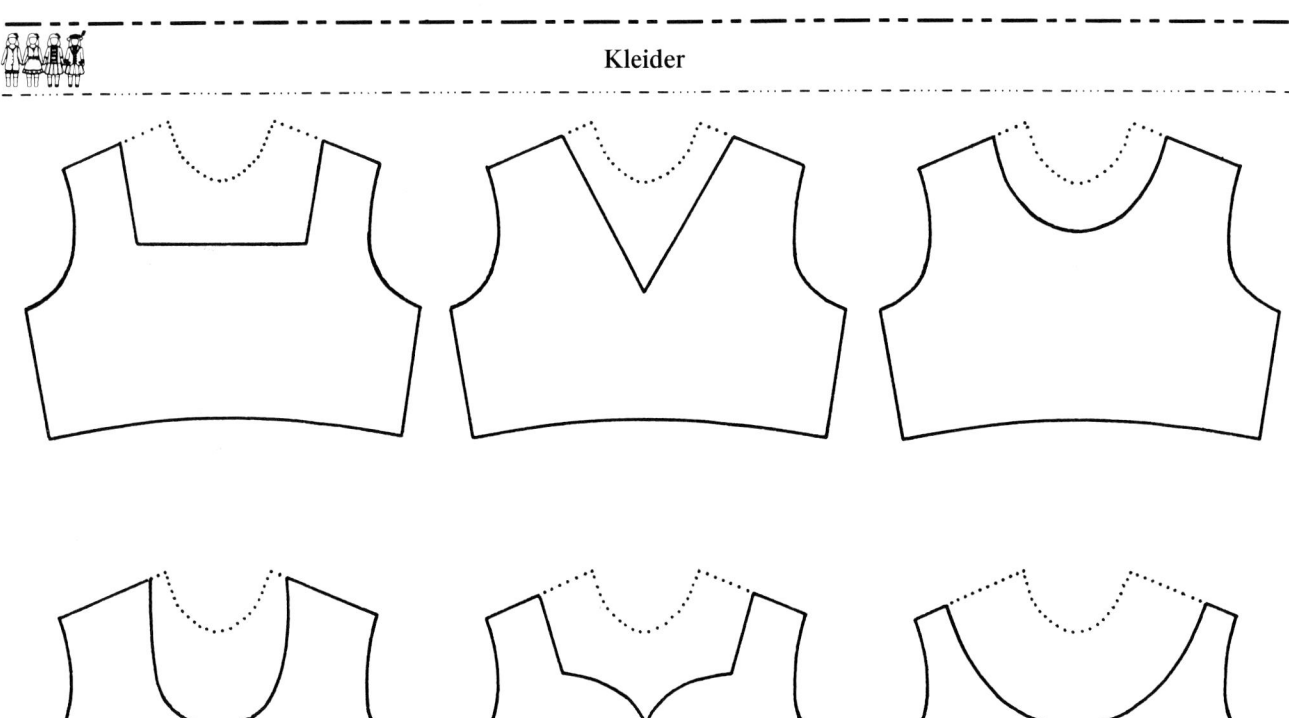

Abb. 17: Varianten von Halsausschnitten

Abb. 18: Kleider mit Rückenverschluß und viereckigem Halsausschnitt (siehe Abb. 17) aus den Schnittmusterteilen D1 und D2

a Kleid mit viereckigem Halsausschnitt, langem Rock und kurzen Puffärmeln (Schnittmusterteil J) mit gerüschten Abschlüssen. Der Entwurf ist für Lochstickereistoffe gedacht. Ärmel und Rock sind so zugeschnitten, daß die abgerundeten Kanten der Lochstickerei den Saum und die Ärmelabschlüsse bilden. Um die Taille eine Schärpe mit künstlichem Blumenschmuck. Eine hübsche Variation: dasselbe Kleid aus Spitze mit bunten Schuhen und einer Schärpe in der gleichen Farbe. Dieses Schnittmuster steht auch Puppendamen sehr gut; weiße oder elfenbeinfarbene Spitze über Seide oder weichem Satin getragen, macht aus diesem Schnitt das idealer Hochzeitskleid (Farbtafel 8).

b Kleid mit viereckigem Halsausschnitt, gereihtem Rock und kurzen Puffärmeln (Schnittmusterteil J). Als Ärmelabschlüsse dienen bestickte Bänder. Für steife Baumwollstoffe in kräftigen oder leuchtenden Farben, uni oder mit kleinem Muster. Halsausschnitt, Ärmelabschlüsse und Rock werden mit bestickten Bändern oder Borten verziert, etwa ein grünes Baumwollkleid mit grün-gelb-weiß bestickten Bändern oder ein blau-weiß kariertes Kleid mit blau-weiß bestickten Bändern. Paßt zu antiken Puppen von 1920 bis 1930.

c Kleid mit viereckigem Halsausschnitt, gereihtem Rock und langen Puffärmeln (Schnittmusterteil J) mit kleinen Manschetten. Der Entwurf eignet sich insbesondere für leichte oder etwas festere Stoffe wie Baumwolle oder Flanell mit kleinem Muster. Oberteil und Manschetten werden mit Bändern und Schleifen, mit Spitze oder mit Rüschen aus dem Kleiderstoff verziert, etwa zartrosa, gemusterter Flanell, dazu Bänder in kräftigem Rosa oder crèmefarbene Spitzenrüschen, oder bedruckte Baumwolle in Schwarz und Crème mit schwarzen Bändern und Rüschen aus dem Kleiderstoff.

d Ärmelloses Schürzenkleid mit viereckigem Halsausschnitt und gereihtem Rock. Hübsch für den Rock: Aufgesetzte Taschen. Für etwas festere Stoffe wie Wolle, Feincord oder schwere Baumwolle in kräftigen Farben, jedoch ohne Muster. Dazu eine Bluse aus einem bedruckten Stoff im selben Farbton, etwa ein Feincordschürzenkleid in Rost über einer großkarierten Flanellbluse oder ein marineblaues Schürzenkleid aus Wollstoff über einer weißen Baumwollbluse. Wer möchte, näht auf das Vorderteil kleine Knöpfe auf und bestickt Taschen und Halsausschnitt (Farbtafel 1).

e Kleid mit viereckigem Halsausschnitt, langem gereihtem Rock, «Regency»-Ärmeln (Schnitte I und J) mit Biesen an den Ärmelabschlüssen und im Oberteil. Halsausschnitt und Ärmelabschlüsse sind mit schmaler Spitze besetzt. Die Schärpe aus dem Kleiderstoff wird am Rücken zur Schleife gebunden. Für leichte einfarbige Stoffe wie Seide oder Batist, etwa ein blaues Batistkleid mit weißer Spitze und weißen Knöpfchen am Vorderteil oder schwarze Seide mit schwarzer Spitze. Auch dieses Kleid eignet sich gut für Puppendamen; aus elfenbeinfarbener, crèmefarbener oder weiße Seide genäht, wird aus diesem Schnitt ein reizendes Hochzeitskleid.

f Kleid mit viereckigem Halsausschnitt und doppeltem Rock. Hübsch dazu: eine Bluse mit kurzen Puffärmeln und gereihtem Halsausschnitt. Für steife, einfarbige Baumwollstoffe oder Mischgewebe, etwa ein schwarzes Samtoberteil mit Spitzeneinsatz im Vorderteil, dazu ein scharlachroter Überrock mit bestickten Borten und ein Unterrock aus schwarzer Baumwolle über einer weißen Batistbluse getragen, oder Überrock und Oberteil aus mittelblauer Baumwolle über einem blau-weiß gestreiften Rock und einer gelben Bluse. Paßt zu deutschen Puppen von 1910 bis 1930.

Kleider

Abb. 19: Kleider mit Rückenverschluß aus den Schnittmusterteilen D1 und D2
(herzförmiger oder V-förmiger Halsausschnitt siehe Abb. 17; ausgestelltes Oberteil siehe Abb. 35)

a Kleid mit herzförmigem Halsausschnitt, gereihtem Rock und kurzen Puffärmeln (Schnittmusterteil J). Als Ärmelabschlüsse dienen Bänder. Halsausschnitt, Rocksaum und Ärmelabschlüsse sind mit breiten Bändern in einer Kontrastfarbe besetzt, der Halsausschnitt ist zusätzlich mit Blumenapplikationen verziert. Hübsch zum Kleid: eine Schärpe aus einem Band oder aus dem Kleiderstoff. Für steife Baumwollstoffe Ton in Ton oder in Kontrastfarben, etwa ein lila-weiß kariertes Kleid mit weißen Bändern und lila Blumenapplikationen oder ein braunes Baumwollkleid mit crèmefarbenen Bändern und Blumenapplikationen in Pink. Paßt zu antiken Puppen von 1920 bis 1930.

b Kleid mit herzförmigem Halsausschnitt, langem gereihtem Rock und langen Puffärmeln (Schnittmusterteil J) mit schmalen Manschetten. Manschetten und Halsausschnitt sind mit schmaler Spitze verziert, am Ausschnitt sitzt eine künstliche Blume. Die Schärpe wird am Rücken zur Schleife gebunden. Für leichte Stoffe wie Seide oder Batist in blassen Farben oder mit pastellfarbenem Muster, dazu Schärpe und Blume Ton in Ton oder in Kontrastfarben, etwa ein weißes Kleid aus Schweizer Batist mit weißer Spitze, dazu eine grüne Satinschärpe und eine gelbe Blume, oder ein pastellfarbener Stoff mit rosa Muster und crèmefarbener Spitze, dazu eine crèmefarbene Schärpe und eine Bluse in Pink. Ein hübsches Kleid für Puppendamen; aus weißer oder elfenbeinfarbener Seide oder weichem Satin wird dieser Schnitt zum Hochzeitskleid.

c Für die kleine Ballerina: Tutu mit schulterfreiem Oberteil (als Träger dienen schmale Bänder) und stark gereihtem doppeltem Rock. Das Oberteil wird aus Satin (mit Batist gefüttert), das Röckchen aus Netztüll genäht. Die Träger sind ebenfalls aus Satin. Hübsch für den Ausschnitt: eine kleine Stoffblume.

d Kleid mit ausgestelltem Oberteil, verlängerter Taille, halblangen geraden Ärmeln (Schnittmusterteil I), V-förmigem Smokeinsatz (Schnittmusterteil N3) im Vorderteil und Faltenrock. Der V-förmige Halsausschnitt und die Ärmelabschlüsse sind mit Spitze besetzt. Das Kleid wird aus nur einem Stoff, etwa Seide oder Taft, oder aus gemischtem Material, zum Beispiel Smokeinsatz aus Seide, Samtoberteil und Taftrock, gearbeitet. Am hübschesten sind einfarbige Stoffe in kräftigen Farben oder gemusterte Stoffe in Brokatart, etwa ein dunkelgrünes Samtoberteil mit einem mittelgrünen Smokeinsatz aus Taft und ebensolchem Rock, dazu crèmefarbene Spitze, oder ein mittelblaues Brokatoberteil und dazu passender Rock und ein blauer Smokeinsatz aus Seide, dazu beige Spitze. Paßt zu antiken französischen «Bébés» um 1880.

e Kleid mit ausgestelltem Oberteil, verlängerter Taille, langen geraden Ärmeln (Schnittmusterteil I), gereihtem Rock und langen V-Ausschnitt mit gefüttertem Spitzeneinsatz. Die breite Schärpe wird schräg vorne zur Schleife gebunden. Halsausschnitt und Ärmelabschlüsse werden mit schwarzer Spitze oder mit Borten verziert. Das Kleid wird aus nur einem Stoff, etwa Veloursamt oder feiner Wollstoff und Spitzeneinsatz mit passendem Futter, oder aus gemischtem Material, zum Beispiel Samtoberteil, Seidenrock und Spitzeneinsatz mit Seidenfutter, gearbeitet. Für die Schärpe eignen sich Seide oder ein breites Band am besten. Eine Möglichkeit wäre ein Kleid mit braunem Samtoberteil und ebensolchem Rock, dazu ein crèmefarbener Spitzeneinsatz über einem braunen Seidenfutter, eine braune Seidenschärpe und schwere crèmefarbene Spitze, oder ein karmesinrotes Brokatoberteil, ein gleichfarbiger Taftrock, dazu ein crèmefarbener Spitzeneinsatz mit karmesinrotem Seidenfutter, eine ebensolche Seidenschärpe und schwarze Borten. Paßt zu antiken französischen «Bébés» um 1880.

f Ärmelloser Kleiderrock mit ausgestelltem Oberteil, verlängerter Taille, V-förmigem Halsausschnitt und Faltenrock. Für etwas schwere Stoffe wie reine Wolle, Feincord oder schwere Baumwolle, am besten uni. Hübsch zum Kleiderrock: ein Hemd (Schnittmusterteile K1, K2, K3) mit Rundkragen (Schnittmusterteil P). Vorschläge: Grauer Flanell-Kleiderrock über einem rosa-weiß gestreiften Baumwollhemd oder ein brauner Feincord-Kleiderrock über einem crèmefarbenem Flanellhemd.

Kleider

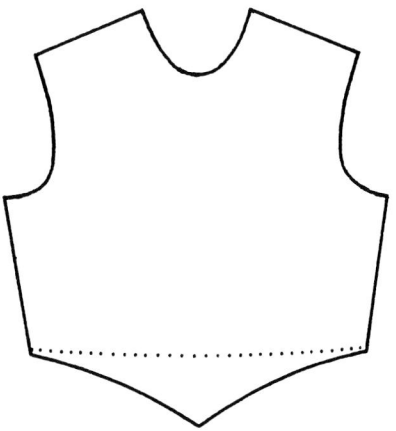

Abb. 20: Oberteil mit Bundspitze

Abb. 21: Kleider mit Bundspitze (siehe Abb. 20) für Puppendamen aus den Schnittmusterteilen D1 und D2 – Rock und Oberteil werden getrennt gearbeitet.

a Ausgeschnittenes Kleid mit halblangen Puffärmeln (Schnittmusterteil J) mit Abschlüssen aus gerüschter Spitze, langem gereihtem Rock und kurzem gerafftem Überrock mit Spitzenkante. Oberteil und Rock sind mit Schleifen und künstlichen Blumen verziert. Für leichte Stoffe wie Batist und Seide oder als Spitzenkleid mit Seidenfutter in Pastelltönen, etwa ein blaßrosa Batistkleid mit weißer Spitze, hellblauen Schleifen und Blumen in Blau und Rosa, oder ein crèmefarbener Spitzenüberrock über einem Seidenkleid mit crèmefarbenen Seidenschleifen und Blumen in Rosatönen (Farbtafel 16).

b Kleid mit hochgeschlossenem Oberteil, langen geraden Ärmeln (Schnittmusterteil I) und langem gereihtem Rock. Dazu gehört ein Tuch – es wird über die Schultern gelegt und vorne verknotet. Ärmelabschlüsse und Saum werden mit Bändern oder Borten, Halsausschnitt und Ärmelabschlüsse zusätzlich mit schmaler Spitze besetzt. Für etwas festere Stoffe wie Flanell, Wollstoffe oder Baumwolle in kräftigen oder gedeckten Farben, uni oder gemustert. Das Schultertuch ist aus einem leichten Material in einer gleichtonigen oder kontrastierenden Farbe. Vorschläge: Ein graues Flanellkleid mit schwarzen Bändern und weißer Spitze, dazu ein Schultertuch aus weißem Musselin, oder ein kastanienbraunes Wollkleid mit braunen Samtbändern und crèmefarbener Spitze, dazu ein Schultertuch aus brauner Seide. Paßt zu antiken Puppen von 1850 bis 1860.

c Hochgeschlossenes Kleid mit «Peter Pan»-Kragen (Schnittmusterteil O) mit Spitzenrüschen, langen Puffärmeln (Schnittmusterteil J) mit spitzenbesetzten Manschetten, langem greihtem Rock und abschließendem Volant. Am Kragen sitzt eine große Schleife. Für leichte oder etwas festere Stoffe, einfarbig oder gemustert, etwa ein beiges Flanellkleid mit beiger Spitze und rosafarbener Schleife, oder ein dunkles Baumwollkleid mit heller Musterung, dazu elfenbeinfarbene Spitze und eine schwarze Schleife.

a b c

Kleider

Abb. 22: Kleidervarianten mit Wickeleffekt aus den Schnittmusterteilen F und E2

a Kleid mit Wickeloberteil, Schalkragen (Schnittmusterteil S), angenähtem Gürtel aus dem Kleiderstoff und kurzen Puffärmeln (Schnittmusterteil J) mit Manschetten. Kragen und Manschetten sind mit Bogenspitze verziert. Für steife Baumwollstoffe, einfarbig oder gemustert, dazu gleichtonige oder kontrastierende Stoffe für Kragen und Manschetten, etwa ein marineblaues Baumwollkleid mit weißem Kragen, weißen Manschetten und weißer Bogenspitze, oder ein Baumwollkleid mit kleinem, geometrischem Musterdruck, dazu Manschetten, Kragen und Spitze Ton in Ton.

b Kleid mit Wickeloberteil, glattem Rock, vorne gebundener Schärpe und halblangen Puffärmeln (Schnittmusterteil J). Als Ärmelabschlüsse dienen schmale Bänder. Halsausschnitt und vordere Kante sind mit einem schmalen Band eingefaßt, der Halsausschnitt ist zusätzlich mit einem Spitzeneinsatz versehen, und auch an den Ärmelabschlüssen sitzt eine Spitzenrüsche. Für etwas festere Stoffe wie Veloursamt oder Wolle, dazu Zierat Ton in Ton oder in einer Kontrastfarbe, etwa ein karmesinrotes Samtkleid mit ebensolchem Besatz aus Satin, dazu eine karmesinrote Satinschärpe sowie Spitzenrüschen und -einsatz in Crème, oder ein dunkelgrünes Wollkleid mit blaßgrünem Besatz aus Seide, dazu eine ebensolche Schärpe und weiße Spitzen.

c Ärmelloses Schürzenkleid mit Wickeloberteil, vorne geknöpft, dazu ein gereihter Rock. Für etwas festere Stoffe wie Feincord oder Wollmischgewebe, am besten uni. Hübsch zum Schürzenkleid: langärmlige Bluse mit «Peter Pan»-Kragen. Vorschläge: Feincord-Schürzenkleid in Rost über einer großkarierten Bluse oder graues Schürzenkleid aus Wollmischgewebe über einer rosa-weiß gestreiften Bluse.

d Mantel (Schnitt wird zur ausgestellten Form abgeändert – siehe Abb. 35) mit Schalkragen (Schnittmusterteil S), langen geraden Ärmeln (Schnittmusterteil I) und geknöpftem Vorderteil. Für etwas schwerere Stoffe wie Veloursamt oder Wollmischgewebe in kräftigen oder gedeckten Farben ohne Muster. Der Mantel wird mit Borten verziert; wer möchte, faßt die Kanten mit Schlingstich ein. Vorschläge: Ein marineblauer Mantel mit blauen Knöpfen und roten Borten oder ein grauer Samtmantel mit silbernen Metallknöpfen und einer in Grau eingefaßten Kante. Paßt zu antiken Puppen von 1900 bis 1910.

Kleider

Abb. 22 (Fortsetzung)

e Kleid mit Wickeloberteil, Schalkragen (Schnittmusterteil S) und halblangen Puffärmeln (Schnittmusterteil J). Als Ärmelabschlüsse dienen Spitzenrüschen. Der Kragen wird mit dazu passender Spitze besetzt. Der lange Rock ist gereiht, der Gürtel ist aus dem Kleiderstoff. Für leichte und etwas festere Stoffe wie Seide, Satin oder Veloursamt in kräftigen oder gedeckten Farben ohne Musterung. Hübsch für den Kragen: Kontrastfarben. Vorschläge: Ein Kleid aus schwerer goldfarbener Seide mit crèmefarbenem Satinkragen und crèmefarbenen Spitzen oder ein braunes Samtkleid mit weißem Musselinkragen und weißen Spitzen. Ein idealer Schnitt auch für Puppendamen und Hochzeitskleider, dann natürlich aus weißer oder elfenbeinfarbener Seide oder Satin (Farbtafel 11).

f Morgenrock (Schnitt wird zur ausgestellten Form abgeändert) mit langen geraden Ärmeln (Schnittmusterteil I), aufgesetzten Taschen, eingefaßten Kanten und einem Gürtel aus dem Mantelstoff. Für alle Stoffe geeignet, am besten aber für Frottee, Molton oder Baumwolle.

Abb. 23: Hängerkleidchen mit einfacher Passe aus den Schnittmusterteilen G1 und G2

a Hängerkleidchen mit gereihtem Rock, «Peter Pan»-Kragen (Schnittmusterteil O), großer Schleife am Halsausschnitt und langen Puffärmeln (Schnittmusterteil J) mit Manschetten. Hübsch für den Rock: aufgesetzte Taschen. Für leichte und etwas festere Stoffe wie Baumwolle, Flanell oder Wollstoffe in kräftigen oder gedeckten Farben ohne Musterung. Manschetten, Kragen und Schleife entweder Ton in Ton oder in einer Kontrastfarbe. Vorschläge: Ein marineblaues Baumwollkleid, dazu Kragen und Manschetten aus weißer Baumwolle und eine rot-weiß getupfte Schleife, oder ein dunkelgrünes Flanellkleid, dazu Manschetten und Kragen aus crèmefarbenem Flanell und eine dunkelgrüne Satinschleife.

b Hängerkleidchen mit eingefaßtem Halsausschnitt, gereihtem Rock und kurzen Puffärmeln (Schnittmusterteil J). Als Ärmelabschlüsse dienen schmale Bänder. Für leichte, einfarbige Stoffe wie Seide oder Batist in Pastelltönen. Das Kleid ist mit einer Blumenborte, Ton in Ton oder in Kontrastfarben, verziert. Vorschläge: Ein silbergraues Seidenkleid mit rosa Blumenborte oder ein hellblaues oder rosafarbenes Kleid mit rosa bzw. hellblauer Blumenborte. Paßt zu antiken Puppen von 1910 bis 1930.

c Hängerkleidchen mit Biesenpasse, eingefaßtem Halsausschnitt, langen geraden Ärmeln (Schnittmusterteil I) und gereihtem Rock. Ärmelabschlüsse und Saum sind mit Biesen verziert, Halsausschnitt, Ärmelabschlüsse und Oberteil sind zusätzlich mit schmaler Spitze besetzt. Hübsch für das Vorderteil: kleine Knöpfe. Für leichte, einfarbige Stoffe wie Baumwolle, Batist oder Schweizer Batist in gedeckten Farben, etwa ein weißes Kleid aus Schweizer Batist mit weißer Spitze und weißen Knöpfen oder ein graues Baumwollkleid mit schwarzer Spitze und schwarzen Knöpfen. Paßt zu antiken Puppen von 1900 bis 1910 (Farbtafel 16).

d Hängerkleidchen mit Biesenpasse, Stehkragen, langen Puffärmeln (Schnittmusterteil J) mit Manschetten und langem geradem Rock mit Volant. Kragen und Manschetten sind mit schmaler Spitze besetzt, um die Passe läuft eine schmale Rüsche aus dem Kleiderstoff, eventuell auch aus Spitze. Für leichte Stoffe in Pastelltönen, einfarbig oder gemustert, etwa Batist Baumwolle oder Seide: Vorschläge: Blaßrosa oder hellblaues Batistkleid mit weißer Spitze oder pastellfarbenes, gemustertes Batistkleid mit crèmefarbener Spitze.

e Hängerkleidchem mit rundem Halsausschnitt, gereihtem Rock, abnehmbarem Matrosenkragen (Schnittmusterteil R) und langen Puffärmeln (Schnittmusterteil J) mit Manschetten. Für steife, einfarbige Baumwollstoffe in kräftigen oder leuchtenden Farben, dazu Bänder oder Borten in Kontrastfarben, etwa ein rostfarbenes Baumwollkleid mit ebensolchem Kragen und schwarzen Bändern oder ein weißes Baumwollkleid mit mittelblauem Kragen und weißen Borten.

f Hochgeschlossenes Hängerkleidchen mit langem gereihtem Rock, langen Puffärmeln (Schnittmusterteil J) mit gerüschten Abschlüssen und Schulterrüschen. Halsausschnitt, Ärmel- und Schulterrüschen sind mit schmaler Spitze besetzt. Für leichte Stoffe wie Baumwolle, Batist oder Seide in Pastelltönen, einfarbig oder mit Musterung. Als Zierat dienen Bänder und Rosetten, entweder Ton in Ton oder in Kontrastfarben. Vorschlag: Ein pastellrosa gemustertes Kleid mit rosa Bändern. Eine hübsche Variante: Einfarbiges Kleid mit bunten Schuhen, dazu passende Bänder und Rosetten, etwa ein Kleid aus weißem Organza mit dunkelgrünen Seidenschuhen und ebensolchen Bändern.

Kleider

Taillen

Für eine verkürzte Taille wird einfach der Oberkörperschnitt um den gewünschten Betrag verkürzt.

Entsprechendes gilt für eine verlängerte Taille. Sie sollten den Schnitt jedoch nicht gerade, sondern zur leicht ausgestellten Form verlängern.

Rock und Oberteil für ein Kleid mit Bundspitze werden getrennt gearbeitet. Der Schnitt für das Vorderteil wird entsprechend Abbildung 20 abgeändert. Das Oberteil wird nach der Anleitung genäht, die Unterkante mit Schrägstreifen versäubert. Das gleiche gilt für den Rock; auch hier wird die Taille mit Schrägstreifen versäubert. Danach werden an das Futter des Oberteils kleine Haken, an den Rock entsprechend kleine Schlingen oder Ösen gearbeitet. Ziehen Sie Ihrer Puppe Rock und Oberteil an und haken Sie das Oberteil am Rock fest. (Gearbeitet wird nach den Schnittmusterteilen D1 und D2.)

Blousonoberteil

Für ein Blousonoberteil mit verlängerter Taille (siehe Abb. 24) werden die Schnittmusterteile D1 und D2 zur ausgestellten Form verlängert. Anschließend wird die Unterkante des Vorderteils abgerundet (Abb. 24) und der Stoff zugeschnitten. Die abgerundete Unterkante wird eingereiht und am Futter festgesteppt – so entsteht der gebauschte Fall des Oberteils.

Schürzenoberteil

Abbildung 25 zeigt, wie man den Grundschnitt Oberteil zu einem Schürzenoberteil abändert. Zusammen mit einem ein-

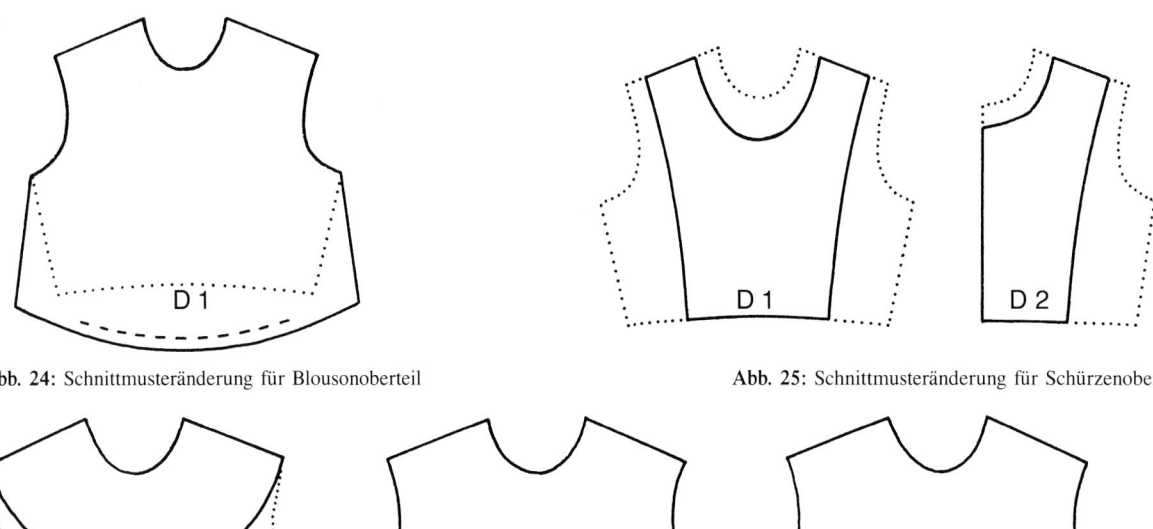

Abb. 24: Schnittmusteränderung für Blousonoberteil

Abb. 25: Schnittmusteränderung für Schürzenoberteil

Abb. 27: Variationen für aufgenähte Passen

Abb. 26 Gereihte Röcke

a Einfacher gereihter Rock mit Bund. Die Länge des Bundes richtet sich nach der Taillenweite der Puppe. Die Weite des Rocks entspricht dreimal der Länge des Bundes, und bei der Rocklänge muß die Nahtzugabe einkalkuliert werden. Der Rock wird nach dem Einreihen am Bund festgesteppt. Für alle leichten Stoffe oder für etwas festere Stoffe mit schönem Fall.

b Gereihter Rock mit Bund und Volant. Die Länge des Bundes richtet sich nach der Taillenweite der Puppe. Die Weite des Rocks entspricht zweimal der Länge des Bundes, die Weite des Volants der eineinhalbfachen Länge des Rocksaumes. Rock und Volant müssen mit Nahtzugabe zugeschnitten werden. Nach dem Einreihen wird der Volant an den Rocksaum und der Rock an den Bund gesteppt. Für alle leichten Stoffe oder für etwas festere Stoffe mit schönem Fall.

c Gereihter Rock mit Bund und Trägern. Der Rock wird nach Abb. 26a gearbeitet. Die Träger sind aus dem Rockstoff, sie werden hinten am Bund festgesteppt, gekreuzt und vorne geknöpft. Wer möchte, setzt Taschen an den Rock. Für alle leichten Stoffe und für etwas festere Stoffe mit schönem Fall.

d Kleiderschürze für Lochstickereistoffe. Der Rock wird, ohne Nahtzugabe, so zugeschnitten, daß die abgerundeten Kanten der Lochstickerei den Saum bilden. Der Rock wird nach Abb. 26a gearbeitet, die rückwärtigen Kanten werden nicht geschlossen, sondern gesäumt. Die Träger sind ebenfalls aus der Kante der Lochstickerei, der Latz wird zwischen den Trägern festgesteppt. Träger und Latz werden innen am Bund festgesteppt, die Träger laufen gerade über den Rücken (Farbtafel 5).

e Kleiderschürze mit gereihtem Rock, Latz mit Trägern und Schulterflügeln. Der Rock wird nach Abb. 26a gearbeitet, die rückwärtige Naht bleibt jedoch offen. Der Latz wird nach dem Schnitt D1 (siehe Abb. 25), die Träger werden passend zu den Latzschultern geschnitten. Die Schulterflügel werden an ihrer Rundung eingesäumt und an der Vorderseite des Latzes sowie an den Trägern über die Schultern hinweg angenäht. Die Träger werden hinten am Bund angeknöpft. Für fast alle leichten Stoffe.

f Schürzenkleid mit gereihtem Rock, Bund sowie Schürzenlatz vorne und hinten. Der Rock wird nach Abb 26a gearbeitet. Das Schürzenoberteil entsteht aus den Schnittmusterteilen D1 und D2 (siehe Abb. 25). Das Oberteil wird innen am Bund festgesteppt und am Rücken geknöpft. Wer möchte, näht Zierknöpfe an die Schultern. Für alle leichten Stoffe oder festere Stoffe mit schönem Fall.

75

Kleider

Abb. 28: Kleider mit Rückenverschluß aus den Schnittmusterteilen D1 und D2
Schnittänderung Blousonoberteil siehe Abb. 24; Schnittvariationen Passe siehe Abb. 27)

a Kleid mit hüftlangem Blousonoberteil, halblangen Puffärmeln (Schnittmusterteil J) und gereihtem Rock. Als Ärmelabschlüsse dienen schmale Bänder. Über Oberteil, Ärmeln und Rock liegt breite Spitze, um die verlängerte Taille läuft eine Schärpe. Für leichte, einfarbige Stoffe wie Seide oder weicher Satin in kräftigen Farben oder Pastelltönen, dazu die Schärpe Ton in Ton oder in einer Kontrastfarbe. Vorschläge: Ein dunkelgrünes Seidenkleid, dazu weiße Spitze und eine dunkelrosa Schärpe, oder ein blaßrosa Satinkleid mit crèmefarbener Spitze, dazu eine Schärpe in Pink. Paßt zu antiken Puppen von 1900 bis 1910 (Farbtafel 13).

b Kleid mit hüftlangem Blousonoberteil, kurzen Puffärmeln (Schnittmusterteil J) und gereihtem Rock mit Biesen und Spitze am Saum. Als Ärmelabschlüsse dienen Bänder, das Oberteil ist mit Spitzenbändern abgesetzt, über die Schultern laufen Rüschen. Dazu eine breite Schärpe, die am Rücken zur Schleife gebunden wird. Für leichte Stoffe wie Seide, Batist oder Schweizer Batist in Weiß oder in Pastelltönen. Die Schärpe entsprechend Ton in Ton oder in einer Kontrastfarbe. Vorschläge: Ein weißes Kleid aus Schweizer Batist, dazu weiße Spitze und eine hellblaue Schärpe, oder ein blaßlila Kleid mit elfenbeinfarbener Spitze, dazu eine Schärpe in sattem Lila. Paßt zu antiken Puppen von 1895 bis 1910.

c Hochgeschlossenes Kleid mit hüftlangem Blousonoberteil, langen geraden Ärmeln (Schnittmusterteil I), Faltenrock und abnehmbarem Matrosenkragen (Schnittmusterteil R). Halsausschnitt, Ärmelabschlüsse und Kragen werden mit Bändern oder Borten in einer Kontrastfarbe abgesetzt. Für etwas festere Stoffe wie Wolle oder schwere Baumwolle, dazu einen Kragen Ton in Ton oder in kontrastierender Farbe. Vorschläge: Ein dunkelrotes Wollkleid mit ebensolchem Kragen und schwarzen Borten oder ein marineblaues Baumwollkleid, dazu ein weißer Piquékragen mit marineblauen Bändern. Paßt zu antiken Puppen von 1890 bis 1910.

d Hochgeschlossenes, tailliertes Kleid mit gereihtem Rock, langen geraden Ärmeln (Schnittmusterteil I) und aufgesetzter Passe mit Schulterrüschen. Schulterrüschen und Ärmel in Kontrastfarben. Für leichte und etwas festere Stoffe wie Flanell, Baumwolle oder Wolle in kräftigen Farben. Hübsch für die Passe: Spitze oder Lochstickerei. Vorschläge: Ein Flanellkleid in Schottenkaro, dazu eine weiße Lochstickereipasse und ensprechende Manschetten, oder ein dunkelgrünes Baumwollkleid mit Spitzenpasse und Spitzenmanschetten in Crème (Farbtafel 10).

e Tailliertes Kleid mit gereihtem Rock, langen Puffärmeln (Schnittmusterteil J) mit Manschetten, Stehkragen und aufgesetzter herzförmiger Passe aus Spitzen mit Spitzenrüschen. Dazu eine breite Schärpe. Für leichte Stoffe wie Seide oder Batist, Schärpe und Spitzen entweder Ton in Ton oder in Kontrastfarben. Vorschläge: Ein crèmefarbenes Seidenkleid mit Passe und Manschetten aus crèmefarbener Spitze, dazu eine milchkaffeefarbene Satinschärpe, oder ein blaßgrünes Batistkleid mit Passe und Manschetten aus weißer Spitze, dazu eine dunkelgrüne Satinschärpe.

f Tailliertes Kleid mit gereihtem Rock, kurzen Puffärmeln (Schnittmusterteil J) und aufgesetzter Rundpasse mit Rüschen. Rüschen, Passe und die Bänder der Ärmelabschlüsse in Kontrastfarben. Für leichte oder etwas festere Stoffe wie Baumwolle oder Flanell mit Musterung, dazu Passe und Manschetten uni, entweder Ton in Ton oder in einer Kontrastfarbe. Vorschläge: Blau-rot gemusterte Baumwolle für das Kleid, dazu weiße Baumwolle für Passe und Manschetten, oder ein pastellfarbenes Flanellkleid mit Musterdruck, dazu Passe und Manschetten im selben Farbton.

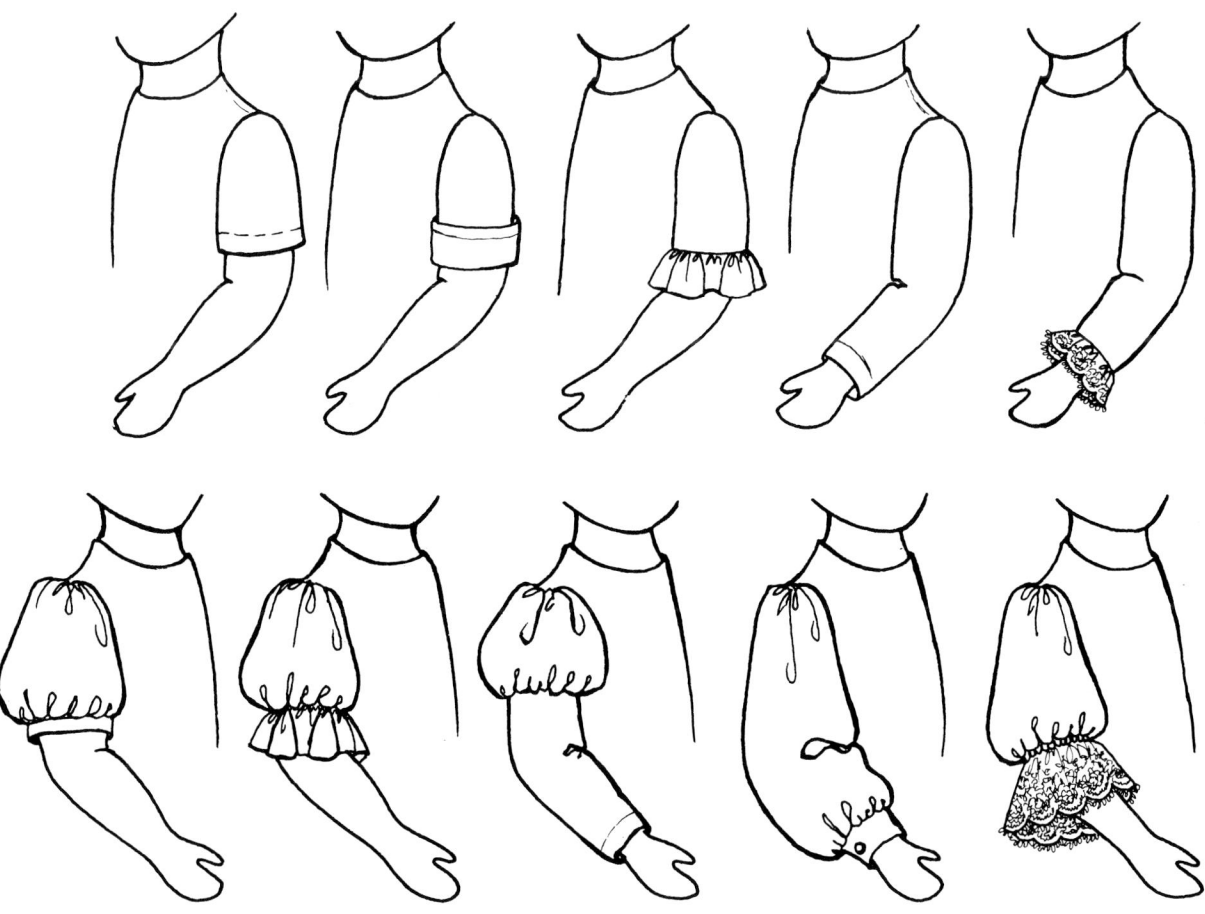

Abb. 29: Ärmelvariationen

Kleider

fachen Rock nähen Sie damit eine schlichte Kleiderschürze oder ein Trägerkleid. Ob das Kleid Träger oder ein richtiges Rückteil bekommen soll, bleibt ganz Ihrem persönlichen Geschmack überlassen. Also: Für die Kleiderschürze aus Stoff und Futterstoff je ein Vorderteil und zwei Rückteile zuschneiden. Die Schulternähte am Stoffteil und am Futter schließen. Stoff und Futter rechts auf rechts entlang der rückwärtigen Kanten, des Halsausschnitts und der Seiten zusammennähen, die Nahtkanten einschneiden, das Oberteil wenden und dämpfen. Anschließend das Oberteil auf Mitte ausrichten und entsprechend an der Innenseite des Bundes feststeppen.

Aufgenähte Passen

Abbildung 27 zeigt, wie man vom Oberteil-Grundschnitt eine Passe abnimmt. Für die Passe wählen Sie am besten einen Stoff in einer zum Kleid kontrastierenden Farbe oder Sie nehmen Spitze. Die Passe wird entweder gleich während des Zusammennähens verarbeitet oder auf das bereits fertige Kleid aufgenäht. Spitze, Rüschen und ähnlichen Zierat arbeiten Sie noch vor dem Aufsteppen der Passe.

Ärmel

Gerader Ärmel *Schnittmusterteil I*

Gerade Ärmel passen zu jedem Kleideroberteil und können in jeder beliebigen Länge zugeschnitten werden. Normalerweise werden Ärmel nicht abgefüttert, für gefütterte Ärmel aber verwenden Sie auf jeden Fall den gleichen Futterstoff wie für das Oberteil. Ärmel und Futter werden wie ein Teil verarbeitet. Zuerst muß natürlich wieder Maß genommen werden, und zwar von der Achselhöhle bis zum Handgelenk (oder bis zum Ellbogen etc.) – plus Nahtzugabe, das ist wichtig. Danach werden die Ärmel entsprechend zugeschnitten (vergewissern Sie sich, daß die Schnitte für die beiden Ärmeln gegengleich sind!). Dann die Armkugel mit zwei Zugfäden im Abstand von ca. 1 cm einreihen, dabei den Faltenwurf schön gleichmäßig verteilen. Die Falten fixieren und den Ärmel ins Armloch stecken oder heften. Gegebenenfalls die Paßform korrigieren. Nun erst wird der Ärmel festgenäht. Die Zugfäden herausziehen. Die Naht wird mehrere Male genäht und knapp abgeschnitten oder mit Schlingenstich, durch Einzackeln mit der Maschine oder mit einem Einfaß versäubert. Seiten- und Ärmelnähte in einem Arbeitsgang schließen. Danach werden die unteren Kanten gesäumt und nach Bedarf verziert. (Wer Bänder aufsteppen will, macht das am besten noch am offenen Ärmel.)

Paßform: Länge und Weite des Ärmels genau ausmessen, vor allem die Weite am Oberarm ist wichtig. Achten Sie darauf, daß sich die Ärmel problemlos über die Puppenhände ziehen lassen!

Puffärmel *Schnittmusterteil J*

Auch Puffärmel passen zu allen Kleideroberteilen und können in jeder beliebigen Länge zugeschnitten werden. Für das Abfüttern gelten die gleichen Regeln wie beim geraden

Farbtafel 7
In der Mitte eine 51 cm große Replik einer AM-Puppe aus dem Jahre 1894 von GP Ceramics. Sie trägt ein besticktes Kleid aus blaßrosa Batist mit «Peter Pan»-Kragen, langen Puffärmeln und langem Rock. Die Schärpe ist links und rechts am Vorderteil festgenäht und am Rücken zur Schleife gebunden. Die Krempe des mit künstlichen Blumen verzierten Schutenhutes ist mit Rüschen eingefaßt.

Links eine selbstgemachte Puppe aus einem Set von Hello Dolly. Das 35 cm große Puppenmädchen trägt ein aufwendiges Kleid aus rosa Batist mit halblangen Puffärmeln, gereihtem Rock und elfenbeinfarbenen Spitzenbesätzen sowie rosa Schleifen. Die farblich passende Haube sieht beinahe aus wie ein Schutenhut und wird mit einer großen Schleife unter dem Kinn gebunden.

Die 40 cm große Puppe rechts stammt ebenfalls aus einem Set von Hello Dolly. Sie trägt ein gemustertes Batistkleid mit verkürzter Taille, langem gereihtem Rock und «Regency»-Ärmeln. Ärmelabschlüsse und Halsausschnitt sind mit weißer Spitze besetzt, auf der Schärpe steckt eine künstliche Blume. Der Hut hat eine Krempe wie ein Schutenhut; als Kopfteil wurde ein Kreis eingereiht und an der Krempe festgenäht. Den kleinen Pompadour hält sie an einer Kordel.

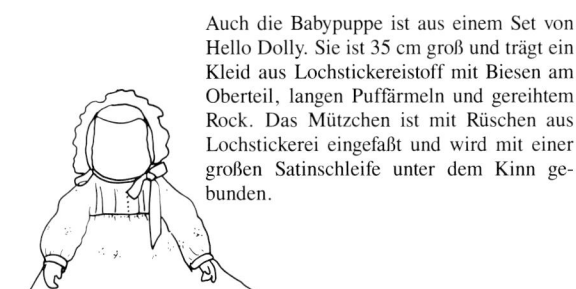

Auch die Babypuppe ist aus einem Set von Hello Dolly. Sie ist 35 cm groß und trägt ein Kleid aus Lochstickereistoff mit Biesen am Oberteil, langen Puffärmeln und gereihtem Rock. Das Mützchen ist mit Rüschen aus Lochstickerei eingefaßt und wird mit einer großen Satinschleife unter dem Kinn gebunden.

Kleider

Ärmel. Der Fülle wegen werden Puffärmel immer mit Rüschen oder Manschetten gearbeitet. Für Puffärmel mit gerüschten Abschlüssen müssen Sie natürlich eine ausreichende Nahtzugabe mit einkalkulieren. Maß genommen wird auch hier von der Achselhöhle zum Handgelenk (oder zum Ellbogen etc.). Danach werden die Ärmel entsprechend zugeschnitten, aber achten Sie darauf, daß die Schnitte für beide Ärmel gegengleich sind. Dann die Armkugel mit zwei Zugfäden im Abstand von ca. 1 cm einreihen und dabei den Faltenwurf schön gleichmäßig verteilen. Die Falten fixieren und den Ärmel ins Armloch stecken oder heften. Paßform korrigieren und Ärmel festnähen. Seitennähte und Ärmelnaht werden wieder in einem Arbeitsgang geschlossen. Anschließend an den Unterkanten einen sehr breiten Saum arbeiten. Direkt über dem Saum werden zwei Gummifäden eingearbeitet und dem Puppenarm entsprechend gezogen. Der pludrige Effekt der Puffärmel kommt noch besser zur Geltung, wenn Sie zusätzlich zwei Gummifäden durch die Zugfäden an der Armkugel ziehen (siehe Abb. 3).

Paßform: Beachten Sie die Länge! Die Ärmel sollten etwas nach oben geschoben werden, das ist hübscher; zu weit heruntergezogene Puffärmel sehen dagegen nur wenig attraktiv aus, da sich durch den starken Zug der pludrige Effekt völlig verliert.

Für Puffärmel mit Manschetten zuerst dem Puppenarm entsprechend lange Manschetten zuschneiden. Die Manschette darf nicht zu eng sein, die Puppenhände müssen leicht durch die Manschetten schlüpfen können. (Sollten Sie Schwierigkeiten haben, sehen Sie einfach unter «Hemdärmel», Kapitel 5 «Hemden», nach.) Die Länge der Ärmel wird wieder von der Achselhöhle aus gemessen. Also: Die Unterkanten einreihen und an den Manschetten feststeppen. Anschließend die Armkugel einreihen, die Ärmel einsetzen und Seiten- und Ärmelnähte in einem Arbeitsgang schließen. Die Manschette nach innen umschlagen und an die Manschetten-Ärmelnaht ansäumen. Nach Belieben Verzierungen aufsteppen.

Paßform: Die Manschetten dürfen auf keinen Fall zu eng sein; lieber einmal öfter mit der Puppenhand durch die Manschetten schlüpfen!

Für den «Regency»-Ärmel (siehe Abb. 29, untere Reihe Mitte) werden die Schnittmusterteile I und J miteinander kombiniert. Arbeiten Sie mit dem oberen Drittel von Schnittmusterteil J und den unteren zwei Dritteln von Schnittmusterteil I und vergessen Sie die Nahtzugaben nicht. Die untere Kante des Puffärmelteils wird eingereiht und an die obere Kante des geraden Ärmels gesteppt. Wenn Sie diese Naht versäubert haben, stellen Sie den Ärmel entsprechend der Anleitung «gerader Ärmel» fertig.

Röcke

Schnittmuster für Röcke werden Sie in diesem Buch vergeblich suchen – zum einen, weil so ein Schnitt viel zu groß für eine Seite wäre, zum anderen, weil sowohl gereihte Röcke als auch Faltenröcke aus einfachen Rechtecken genäht werden. Ein Schnitt ist also völlig unnötig. Das gleiche gilt übrigens für Bahnenröcke, die ohnehin für jede Puppe wieder neu bemessen und zugeschnitten werden. Die folgenden Anleitungen beziehen sich immer auf Kleider, für Röcke mit Bund gelten jedoch dieselben Regeln. Auch Röcke können natürlich gefüttert werden; in diesem Fall verarbeiten Sie Rock und Futter wie ein Teil. Vor allem bei langen Röcken für Puppendamen ist das Abfüttern von Vorteil.

Gereihter Rock

Die benötigte Rocklänge sowie die Taillenweite des Kleides (oder die Länge des Rockbundes) ausmessen. Nach diesen

Abb. 30: Überröcke

Kleider

Maßen ein Rechteck zuschneiden (bei der Länge Nahtzugaben für Taillennaht und Saum nicht vergessen). Die Breite entspricht zweieinhalb- bis dreimal der Taillenweite (bzw. der Bundlänge). Zuerst versäubern und die rückwärtigen Kanten etwa 1 cm einschlagen. Die obere Kante mit zwei Zugfäden im Abstand von ca. 1 cm einreihen, gleichmäßig ziehen und den Rock am Oberteil (oder am Bund) feststeppen. Zum Versäubern genügt eine Zickzacknaht mit der Maschine eigentlich völlig. Wer möchte, kann natürlich auch hier mit Einfaß oder Schlingstich arbeiten. Zuletzt die rückwärtige Naht bis auf 5 cm unter der Taille schließen und den Saum arbeiten (siehe hierzu auch die Anmerkungen zu Abbildung 26).

Volants für Röcke

Volants sehen an gereihten Röcken besonders hübsch aus. Wenn Sie mit besonders leichten Stoffen (z. B. Batist oder Seide) arbeiten, sollten Sie den Stoff für den Volant doppelt (zusammengelegt) nehmen – der Umbruch erspart Ihnen das Säumen. Bei festeren Stoffen empfiehlt sich diese Methode nicht, der Volant wirkt sonst zu wuchtig. Hier muß gesäumt werden. Beim Zuschneiden müssen Sie sich überlegen, wie breit Ihr Volant eigentlich werden soll. Als Faustregel gilt: Volantbreite höchstens ein Drittel der Rocklänge. Für einen doppelten Volant wird natürlich der Stoff auch doppelt breit zugeschnitten, beim einfachen Volant müssen Sie eine Zugabe für den Saum miteinkalkulieren. Die Länge des Volants entspricht ungefähr der eineinhalbfachen Länge des Rocksaums. Beim doppelten Volant wird der Stoff noch vor dem Einreihen gefaltet und gedämpft. Danach wird der doppelte Volant genau wie der einfache Volant weiterverarbeitet. Ob Sie den Volant nun gleich an den zugeschnittenen Rockstoff oder erst an den fertigen Rock (ungesäumt) arbeiten, bleibt Ihnen überlassen. Einen einfachen Volant sollten Sie aber erst nach dem Schließen der rückwärtigen Naht säumen. Also: Für den Volant die Oberkante mit zwei Zugfäden im Abstand von ca. 1 cm einreihen und die Falten gleichmäßig verteilen. Den Volant an der Rockkante feststeppen. Versäubert wird mit Hilfe von Zierat, durch Einzackeln mit der Maschine, mit Schlingstich oder eventuell auch mit Einfaß.

Überröcke

Wenn Sie ein Kleid mit Überrock nähen wollen, sollten Sie Rock und Oberteil getrennt arbeiten, sonst trägt die Taillennaht zu dick auf. Je nach Kleid wird der Überrock am Oberteil oder am Rockbund festgesteppt. Der Überrock wird mindestens so weit wie der Rock, unter Umständen sogar etwas weiter zugeschnitten, die Länge ist je nach Modell unterschiedlich (Saum oder Volant müssen einkalkuliert werden). Einige Beispiele für Überröcke finden Sie in Abbildung 30: vorne geöffnet, «Schürzen»-Überrock und Spitzenüberrock. Sie werden nach demselben Schema wie der gereihte Rock gearbeitet. Wenn man Überröcke an der Seite einreiht und nach oben rafft, dann fallen sie schön bauschig. So ein Überrock wird am besten an der Puppe gearbeitet, so sehen Sie gleich, wieviel Sie raffen müssen, um den besten Effekt zu erzielen. Also: Die Oberkante des Überrocks einreihen und am Oberteil oder – zusammen mit

Abb. 31: Abnehmbare Schleppe

dem Rock – am Bund feststeppen. Dann ziehen Sie Ihre Puppe an und markieren mit Stecknadeln die Position der Zugfäden – die Zugfäden sind normalerweise die gedachte Verlängerung der Seitennähte. Den Rock wieder ausziehen und entlang der Markierungen die Zugfäden arbeiten; je kleiner die Stiche, desto schöner der Fall. Nadel und Faden bleiben vorerst im Stoff. Den Rock wieder anziehen und den Überrock raffen, bis der gewünschte Effekt erreicht ist. Erst dann wird der Zugfaden ordentlich vernäht und verknotet.

Schleppe

Zu Königin Viktorias Zeiten war eine Schleppe nichts anderes als ein hinten verlängerter Rock – erst später kamen abnehmbare Schleppen in Mode. Ganz grob ausgedrückt ist die abnehmbare Schleppe einfach eine hinten getragene Schürze. Ob rechteckig oder oval, sie ist auf jeden Fall ein ganzes Stück länger als der Rock. Eine Schleppe sieht aber erst wirklich gut aus, wenn ihr Material mit dem Kleid har-

Kleider

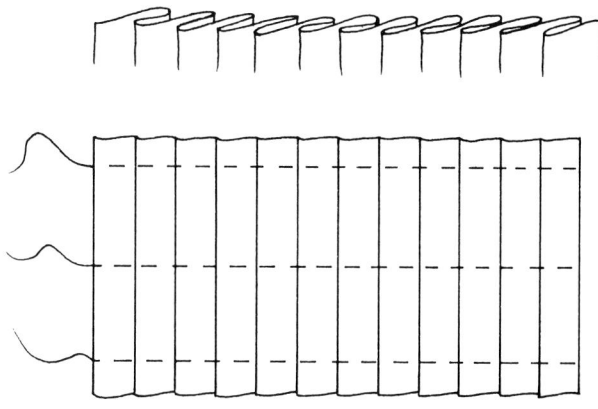

Einfache gerade Falten

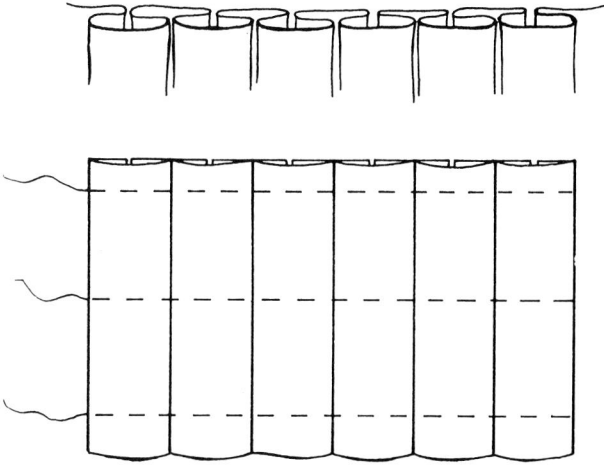

Zusammenhängende Quetschfalten

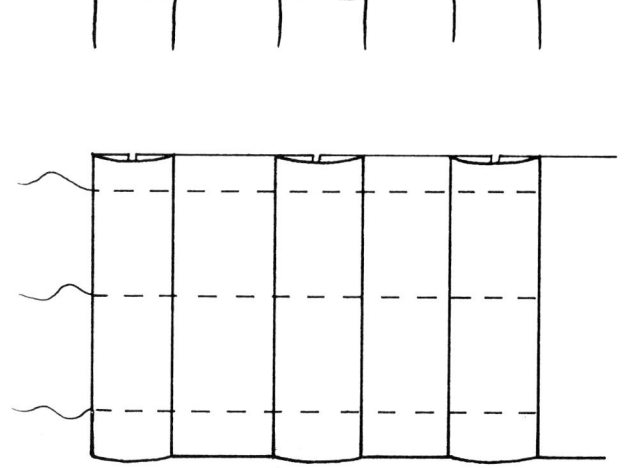

Einzelne Quetschfalten

Abb. 32: Verschiedene Falten

Abb. 33: Kleider mit verlängerter Taille aus den Schnittmusterteilen D1 und D2

a Kleid mit verlängerter Taille, «Peter Pan»-Kragen (Schnittmusterteil O), kurzen Puffärmeln (Schnittmusterteil J) und gereihtem Rock. Als Ärmelabschlüsse dienen Bänder. Dazu ein vorne geknöpfter Stoffgürtel. Für steife Baumwollstoffe, dabei Kragen, Ärmelabschlüsse und Gürtel in Kontrastfarben, etwa ein braunkariertes Kleid mit Ärmelabschlüssen, Kragen und Gürtel in Weiß oder ein blaues Baumwollkleid mit Ärmelabschlüssen, Kragen und Gürtel in Crème. Paßt zu antiken Puppen von 1920 bis 1930.

b Ausgestelltes Hängerkleid mit Smokeinsatz aus den Schnittmusterteilen N1, N2 und N3. Der Smokeinsatz kann auch separat gearbeitet werden. Die halblangen geraden Ärmel (Schnittmusterteil I) und das Vorderteil sind mit Spitze eingefaßt. Dazu paßt ein gerader Rock oder ein Faltenrock. Für leichte Stoffe wie Batist oder Seide oder für gemischte Materialien, etwa ein dunkelgrünes Samtoberteil mit silbergrauem Seidenrock und crèmefarbener Spitze oder ein blaßblaues Batistkleid mit Smokeinsatz aus demselben Stoof, dazu weiße Spitze. Paßt zu französischen «Bébés» um 1880 (Farbtafel 13).

c Hochgeschlossenes Kleid mit verlängerter Taille, kurzen Puffärmeln (Schnittmusterteil J) mit gerüschten Abschlüssen und gereihtem Rock. Für Lochstickereistoffe; die abgerundeten Kanten der Lochstickerei bilden Saum und Ärmelabschlüsse. Als Verzierung werden schmale Bänder durch aufgesetzte Streifen aus Lochstickerei gezogen. Vorschlag: Ein weißes Lochstickereikleid mit rosa oder hellblauen Bändern.

d Hochgeschlossenes Kleid mit verlängerter Taille, halblangen, geraden Ärmeln (Schnittmusterteil I) und Faltenrock. Für etwas festere Stoffe wie schwere Baumwolle oder Taft. Hübsch als Verzierung: Bänder in Kontrastfarben und Spitzenaufsätze an Vorderteil und Ärmeln. Vorschläge: Ein milchkaffefarbenes Baumwollkleid, dazu blaßblaue Satinbänder und crèmefarbene Spitze, oder ein dunkelgrünes Taftkleid, dazu rosa Seidenbänder und crèmefarbene Spitze. In kräftigen oder gedeckten Farben paßt das Kleid zu französischen «Bébés» von 1885 bis 1895.

e Hochgeschlossenes Kleid mit verlängerter Taille, Faltenrock und langen geraden Ärmeln (Schnittmusterteil I). Für etwas festere einfarbige Stoffe wie Wolle, Kunstsamt oder schwere Baumwolle in kräftigen Farben. Der Umlegekragen (Schnittmusterteil Q) ist aus schwerer Spitze, ebenso die Ärmelabschlüsse. Hübsche Kombinationen: Karmesinrotes Wollkleid mit crèmefarbenem Spitzenkragen oder ein schwarzes Kleid aus schwerer Baumwolle, dazu ein weißer Spitzenkragen. Paßt zu antiken Puppen von 1895 bis 1910.

f Hochgeschlossenes Kleid mit verlängerter Taille, halblangen Puffärmeln (Schnittmusterteil J) und zweistufigem Faltenrock. Ärmelausschnitte und Halsausschnitt sind mit schmaler Spitze besetzt, die erste Stufe des Rocks ist mit Spitze belegt, die Schärpe wird schräg vorne zur Schleife gebunden. Für leichte Stoffe, z. B. Seide, oder gemischte Materialien, etwa ein Taftoberteil mit Seidenrock. Uni in kräftigen oder gedeckten Farben oder aus Stoffen mit eingewebten Mustern. Weitere Vorschläge: Ein Oberteil aus mittelblauem Brokat, dazu Rock und Schärpe aus mittelblauer Seide und elfenbeinfarbener Spitze, oder Oberteil und Rock aus milchkaffefarbenem Taft und ebensolcher Spitze, dazu eine braune Schärpe. Paßt zu antiken Puppen von 1890 bis 1910.

Kleider

Abb. 34: Verschiedene Bahnenröcke

moniert. Sie wird entweder gesäumt, gefüttert oder mit einer Verzierung eingefaßt. Die Oberkante ist leicht eingereiht und mit einem Streifen aus dem Kleiderstoff versäubert. Befestigt wird sie mit kleinen Haken und Ösen; die Haken sitzen an beiden Seiten der Schleppe, die Ösen oder Schlaufen sitzen gegengleich am Oberteil (sehen Sie sich dazu auch das schwarze Kleid auf Farbtafel 16 an). Die abnehmbare Schleppe macht ein Kleid natürlich variabel, die kleinen Schlaufen am Oberteil sind gar nicht zu sehen, wenn die Puppe ohne Schleppe «geht». Schleppen passen nicht zu jedem Kleid, vornehme Ballkleider für Puppendamen aber gewinnen durch diesen Schmuck enorm (Abb. 31).

Faltenrock

Die Taillenweite des Kleides (oder des Rockbundes) abmessen und ein Rechteck in der dreifachen Weite und ausreichender Länge (plus Nahtzugabe) zuschneiden. Leichte Stoffe sollten Sie doppelt (zusammengelegt) nehmen – der Umbruch erspart Ihnen den Saum. Bei etwas festeren Stoffen müssen Sie eine Zugabe für den Saum einkalkulieren. Den Saum umschlagen und heften, dann dämpfen. Die Falten – einfache gerade Falten oder Quetschfalten – werden mit Lineal und Schneiderkreide angezeichnet. Die Falten legen und feststecken. Taillenweite überprüfen und darauf achten, daß die rückwärtige Naht unter einer Falte verschwindet; gegebenenfalls korrigieren. Damit die Falten nicht verrutschen, werden sie dreimal über die ganze Breite festgeheftet. Den Rock dämpfen und die rückwärtige Naht schließen. Den Heftfaden an beiden Seiten ein Stückchen auftrennen, dann geht's leichter. (Bei einem Rock bleibt die

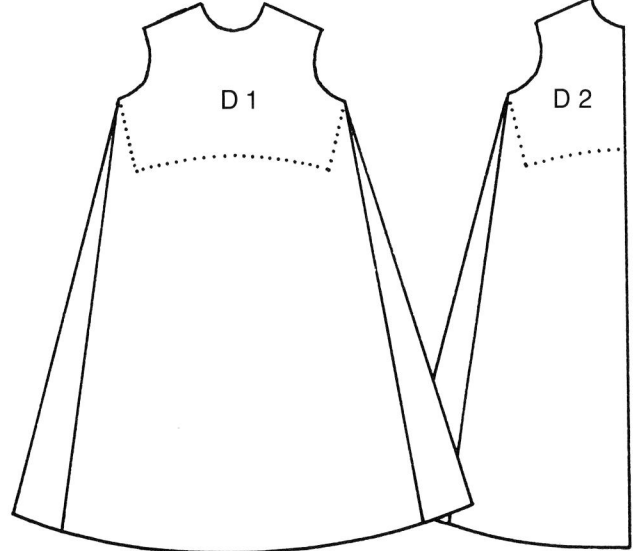

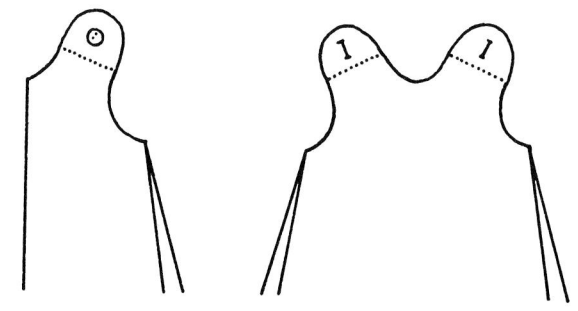

Abb. 35: Schnittvergrößerungen für ausgestelltes Hängerkleid mit genöpften Schultern

Kleider

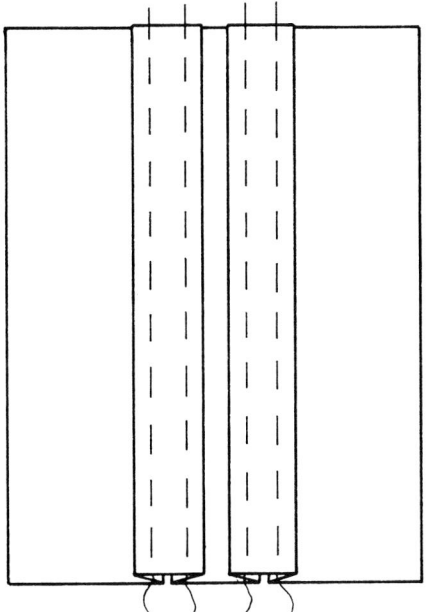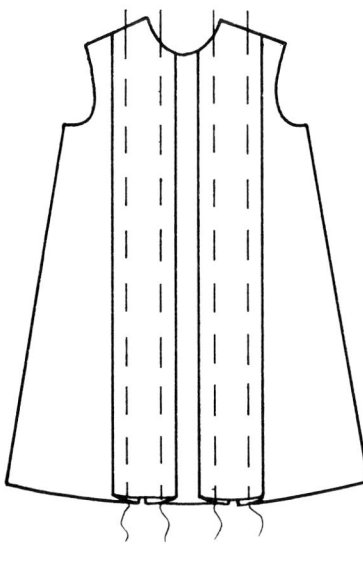

Abb. 36: Zuschnitt eines ausgestellten Hängerkleids mit Quetschfalten

rückwärtige Naht oben etwa 5 cm offen.) Den Rock am Oberteil (bzw. am Bund) feststeppen, die Heftfäden herausziehen und den Rocksaum nähen. Am besten sitzt so ein Faltenrock an einem Kleid mit verlängerter Taille.

Bahnenrock

Ein Bahnenrock wird immer speziell auf die Maße der jeweiligen Puppe zugeschnitten, er kann eng anliegen, gereiht oder ausgestellt werden. Die Taillenweite messen, Nahtzugabe nicht vergessen! Die Länge von der Taille bis zum Saum abmessen und eine Nahtzugabe für Taillennaht und Saum miteinkalkulieren. Zwei Rückteile und ein Vorderteil (umgekehrt, wenn der Verschluß vorne sein soll) entsprechend Abbildung 34 zuschneiden. Für einen glatten Rock wird die Taille auf Paßform zugeschnitten, für einen gereihten Rock muß natürlich mehr Stoff gerechnet werden. Eine interessante Variante: Nur das Rückteil wird gereiht, das Vorderteil bleibt glatt. Der Saum des Bahnenrocks ist immer leicht abgerundet, niemals gerade. Deshalb ist es oft einfacher, anstatt eines einfachen Saums einen Besatz zu arbeiten.

Paßform: Achten Sie darauf, daß sich die Seiten an Vorder- und Rückteil im gleichen Winkel nach unten verbreitern.

Der Latzrock, Schnittmusterteil AA, macht sich das Prinzip des Bahnenrocks zunutze. Er wird immer mit einer vorderen und einer rückwärtigen Mittelnaht gearbeitet. Rund um die Oberkante erhält er einen schmalen, als Rocksaum einen etwas breiteren Saum. Der Rock sitzt ganz locker. Die Träger werden hinten an der Innenseite des Bundes festgesteppt und vorne mit Knöpfen geschlossen (Abb. 10e).

Schößchen

Schößchen sind eine Verlängerung des Oberteils, eigentlich wie ein angenähtes Miniröckchen. Sie werden genau wie ein Bahnenrock gearbeitet und in Taillenhöhe am Oberteil (oder an einer Jacke) festgesteppt. Die Schößchenkanten können Sie je nach Geschmack abrunden, abschrägen oder auch einfach gerade lassen (Abb. 49).

Ausgestelltes Hängerkleid
Schnittmusterteile V1 und V2

Den Schnitt für das ausgestellte Hängerkleid finden Sie nur in kleinen Größen. Für größere müssen die Schnitte D1 und D2 nach Abbildung 35 abgeändert und verlängert werden.

Das Hängerkleidchen bietet enorm viele Variationsmöglichkeiten – glatt und gerade oder mit Biesen und Falten zaubern Sie jedem Kleid seinen eigenen Stil (siehe Abb. 37). Wählen Sie als Futter einen besonders leichten Stoff, z. B. Batist. Das Futter wird, unabhängig von etwaigen Biesen oder Falten, immer wie ein einfaches Hängerkleid zugeschnitten.

Für das einfache, gerade Hängerkleidchen aus Stoff und Futterstoff je ein Vorderteil und zwei Rückteile zuschneiden (Ärmel nach Bedarf). Die Schulternähte am Stoff und am Futter schließen. Stoff und Futter rechts auf rechts entlang des Halsausschnitts und eines Drittels der rückwärtigen Kanten zusammennähen, die Nahtkanten einschneiden, das Kleid wenden und dämpfen. Nach diesem Arbeitsgang werden Stoff und Futter wie ein Teil weiterverarbeitet. Die beiden Teile werden aufeinandergeheftet, das erleichtert die Arbeit. Die Ärmel einsetzen und Ärmel- und Seitennähte schließen. Die letzten zwei Drittel der rückwärtigen Naht schließen. (Stoff und Futter werden getrennt genäht.) Die Unterkante säumen. Als Verschluß dienen Knopf und Knopfschlingen, Haken und Ösen oder, bei größeren Größen, ein Reißverschluß.

Für ein Hängerkleid mit Biesen oder Falten auf einem Stück Stoff im Fadenlauf Biesen oder Falten einarbeiten, festheften und dämpfen. Erst danach wird der Schnitt sorgfältig über dem bearbeiteten Stoff ausgerichtet und der Stoff zugeschnitten. Zuletzt den Futterstoff (ohne Biesen und Falten) zuschneiden und nach Anleitung weiterverarbeiten.

Paßform: Die Seiten an Vorder- und Rückteil müssen sich im gleichen Winkel verbreitern. Das Kleid muß ohne Zurechtziehen hinten exakt Kante auf Kante abschließen.

Hinweis: Als Ärmel sind die Schnittmusterteile I und J geeignet. (Beachten Sie auch Kapitel 4 «Krägen»).

Kleider

Abb. 37: Ausgestellte Hängerkleidchen (für die Größen 35–38 cm und 40–45 cm aus den Schnittmusterteilen V1 und V2; für größere Puppen sind die Schnittmusterteile D1 und D2 entsprechend Abb. 35 abzuändern)

a Ausgestelltes Hängerkleid mit zwei großen Quetschfalten an Vorder- und Rückteil, langen geraden Ärmeln (Schnittmusterteil I), Umlegekragen (Schnittmusterteil Q) und Stoffgürtel. Für etwas festere, einfarbige Stoffe wie Wolle, Velour oder schwere Baumwolle in kräftigen oder gedeckten Farben. Dazu Kragen und Gürtel Ton in Ton oder in Kontrastfarben. Vorschläge: Ein schwarzes Baumwollkleid mit crèmefarbenem Kragen oder ein Wollkleid in Rost mit ähnlichfarbigem Kragen. Ein hübscher Schmuck: Gürtel, Kragen und Ärmelabschlüsse mit Stickerei. Paßt zu antiken Puppen von 1900 bis 1920.

b Das Oberteil dieses Hängerkleidchens hat in Passenhöhe eingearbeitete Biesen. Das Kleid ist hochgeschlossen, als Abschlüsse für die kurzen Puffärmel dienen Bänder. Halsausschnitt und Ärmelabschlüsse sind mit schmaler Spitze besetzt. Für leichte, einfarbige oder gemusterte Stoffe wie Seide oder Baumwolle, etwa ein gelbes Seidenkleid mit weißen Spitzen oder ein rosa Kleid mit Blumenmuster und crèmefarbener Spitze.

Farbtafel 8
Die 51 cm große Bru-Replik von Recollect trägt Mantel und Hut aus weißem Webpelz. Als Verschluß für den Mantel dienen Knöpfe und Knopfschlingen. Der Hut ist nach Art der «Pillbox»-Hüte geschnitten.

Der 40,5 cm große Sasha-Bub trägt ein einfaches, kragenloses Jackett mit passenden Hosen aus dunkelgrünem Samt, dazu ein weißes Smokinghemd mit Spitzenrüschen. Die Halsschleife ist aus altrosa Satin, am Revers steckt eine Stoffblume.

Das 40 cm große Sasha-Mädchen trägt ein Kleid aus Lochstickereistoff mit viereckigem Ausschnitt, kurzen Puffärmeln und langem, gereihtem Rock. Die Schärpe ist aus dunkelgrünem Satin, in der Hand hält es ein Sträußchen künstlicher Blumen.

Die 38 cm große Babypuppe ist eine «Dream-Baby»-Replik von Recollect. Sie trägt ein langes Taufkleid aus elfenbeinfarbenem Baumwollbatist. Besonders auffällig ist das aufwendig verzierte Vorderteil, abwechselnd abgesetzt mit Biesen, Spitzeneinsätzen und blauen Satinbändern. Die ebenso verzierte Haube hat eine winzige Krempe und ein pludrig geschnittenes Kopfteil.

Kleider

Abb. 37: Ausgestellte Hängerkleidchen (für die Größen 35–38 cm und 40–45 cm aus den Schnittmusterteilen V1 und V2; für größere Puppen sind die Schnittmusterteile D1 und D2 entsprechend Abb. 35 abzuändern)

c Ausgestelltes Hängerkleidchen mit kombinierten Falten (Quetschfalten in der Mitte, eingerahmt von einfachen Falten) an Vorder- und Rückteil, langen geraden Ärmeln (Schnittmusterteil I) und Stehkragen. Auf das Vorderteil werden Borten und Spitze aufgesteppt, die Verzierungen wiederholen sich an den Ärmelabschlüssen. Für etwas festere einfarbige Stoffe wie schwere Baumwolle oder Wolle in gedeckten Farben, dazu Borte oder Spitze Ton in Ton oder in Kontrastfarben. Vorschläge: Ein mittelgraues Baumwollkleid mit weißer Spitze oder ein grünes Wollkleid mit grün-gelb bestickten Borten. Hübsch für das Kleid: In Hüfthöhe einen Stoffgürtel durch die Verzierungen ziehen. Paßt zu antiken Puppen von 1900 bis 1920 (Farbtafel 2).

d Das Oberteil dieses Hängerkleidchens hat bis auf Hüfthöhe eingearbeitete Biesen, eine aufgenähte Bundspitze und kurze Puffärmel (Schnittmusterteil J). Als Ärmelabschlüsse dienen Bänder. Für leichte oder etwas festere Stoffe wie Baumwolle, Flanell oder Wolle in gedeckten Farben ohne Muster. Wer möchte, näht kleine Knöpfe auf das Vorderteil und bestickt Ärmelabschlüsse und Bundspitze. Vorschläge: Ein lila Baumwollkleid, ein hellblaues Flanellkleid oder ein braunes Wollkleid (Farbtafel 2).

e Einfaches, ausgestelltes Hängerkleid mit langen Puffärmeln (Schnittmusterteil J) und Manschetten, aufgesetzten Taschen und abnehmbarem Matrosenkragen (Schnittmusterteil R). Für etwas festere Stoffe wie schwere Baumwolle oder Wolle, dazu Kragen und Manschetten Ton in Ton oder in Kontrastfarben. Vorschläge: Kleid und Kragen in Scharlachrot, dazu als Verzierungen blaue Bänder, oder ein braunes Kleid mit crèmefarbenen Bändern und crèmefarbenem Kragen mit braunen Bändern.

f Einfaches, ausgestelltes Hängerkleid mit «Peter Pan»-Kragen (Schnittmusterteil O) und langen Puffärmeln (Schnittmusterteil J) mit Manschetten. Für etwas festere Stoffe wie schwere Baumwolle oder Wolle mit kleinem Muster auf leuchtender oder kräftiger Grundfarbe, dazu Kragen und Manschetten in einer Kontrastfarbe. Hübsch als Verzierung: Rundspitze. Vorschläge: Ein rotes Baumwollkleid mit weißen Tupfen, dazu Kragen, Manschetten und Spitze in Weiß, oder ein gemustertes Wollkleid mit Kragen und Ärmelabschlüssen aus Seide in der vorherrschenden Farbe des Musters.

Kleider

Hängerkleid mit Smokeinsatz
Schnittmusterteile N1, N2 und N3

Das Besondere an diesem Kleid ist ein gesmokter Einsatz im Vorderteil (Abb. 33b). Er wird entweder gleich mit dem Oberteil in einem Stück wie bei dem Schnitt für 35–38 cm oder, für größere Puppen, separat gearbeitet. Zu diesem Kleid paßt sowohl ein gereihter als auch ein Faltenrock, der an der verlängerten Taille festgesteppt wird. Das Kleid nähen Sie ganz normal aus einem leichten Stoff oder, wenn Sie ein wenig Extravaganz wünschen, im Materialmix. Wegen des Smokeffekts muß der Smokeinsatz aber immer aus relativ leichtem Stoff sein.

Wenn Oberteil und Smokeinsatz in einem vearbeitet werden sollen (bei größeren Größen die Schnittmusterteile an den Ecken A–B vor dem Zuschneiden zusammenheften), dann müssen Sie ein Vorderteil und zwei Rückteile aus dem Stoff sowie zwei Rückteile und ein ausgestelltes Vorderteil aus dem Futterstoff zuschneiden. Dann: Die Schulternähte an Stoff und Futter schließen. Entlang der angezeichneten Linien das Vorderteil einreihen und den Smokeffekt herausarbeiten. Die Fäden müssen fest verknotet werden. Stoff und Futter rechts auf rechts entlang der rückwärtigen Kanten zusammennähen, das Oberteil wenden und dämpfen. Den Halsausschnitt mit Schrägstreifen versäubern. Nach diesem Arbeitsgang werden Stoff und Futter wie ein Teil weiterverarbeitet (eventuell die Teile aufeinanderheften). Die Ärmel einsetzen und Seiten- und Ärmelnähte schließen. Die rückwärtigen Kanten sollen überlappen und müssen entsprechend fixiert werden. Den Rock arbeiten und an der Taille feststeppen. Als Verschluß dienen Druckknöpfe oder Knopf und Knopfloch.

Für das Hängerkleid im Materialmix beim Schnitt für 35–38 cm den Smokeinsatz von A nach B abschneiden. Den

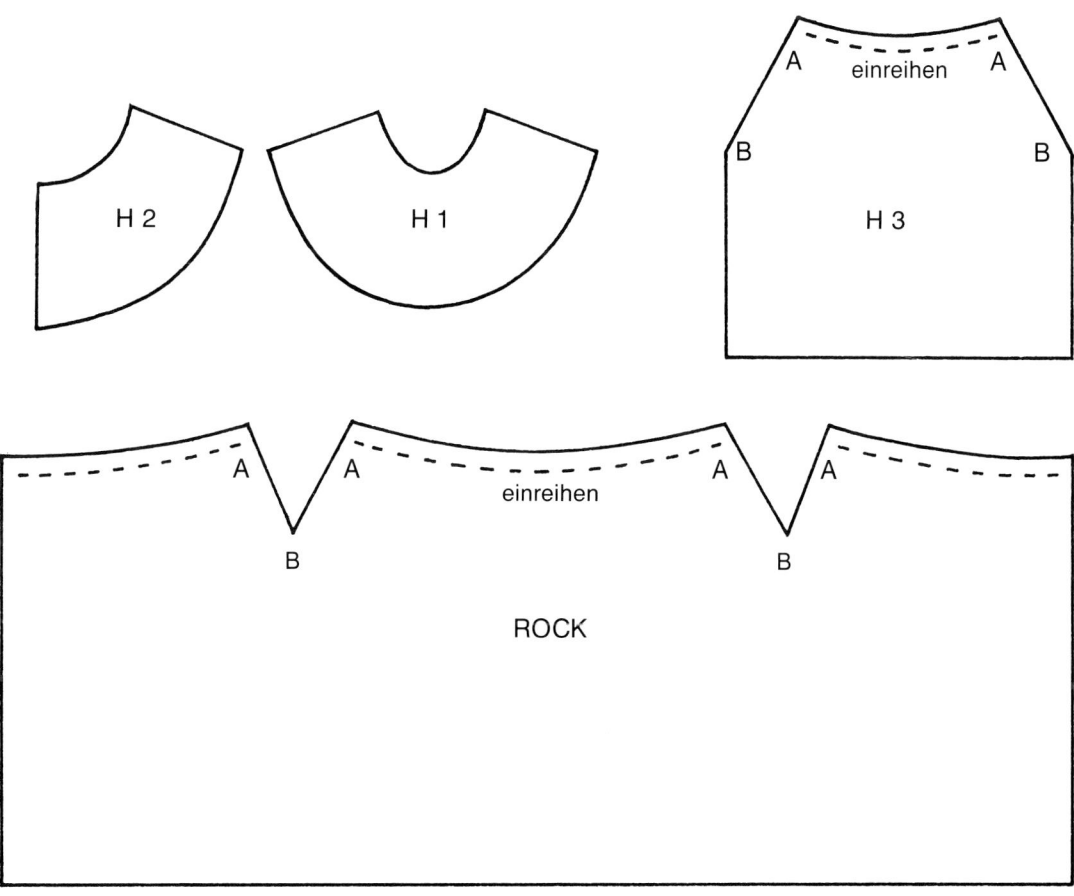

Abb. 38: Zuschneiden eines Rundpassenkleids

Kleider

Abb. 39: Rundpassenkleider aus den Schnittmusterteilen H1, H2 und H3

a Hochgeschlossenes Kleid mit kurzen Puffärmeln. Als Ärmelabschlüsse dienen Bänder. Passe, Kragen und Ärmelabschlüsse kommen in Kontrastfarben am besten zur Geltung; sie werden mit Bogenspitze besetzt. Hübsches Detail: eine aufgesetzte Tasche. Für bedruckte Baumwolle oder Flanell, dazu Passe, Kragen und Ärmelabschlüsse uni. Vorschläge: Marineblau oder Braun mit winzigen geometrischen Mustern, dazu eine weiße Passe, oder Pink, auch Blau, mit Blumendruck in Pastellfarben, dazu eine Passe in Pink bzw. Blau.

b Rundpassenkleid mit spitzenbelegter Passe und langen Puffärmeln mit Spitzenmanschetten. Die Passe ist mit einem breiten Spitzenvolant verziert. Für leichte Stoffe wie Seide, weicher Satin oder Batist in Pastelltönen oder gedeckten Farben, etwa ein Kleid in Rosa, Zitronengelb, Crème oder Blau mit weißer, crèmefarbener oder elfenbeinfarbener Spitze. Paßt zu antiken Puppen von 1890 bis 1900 (Farbtafel 13).

c Hochgeschlossenes Kleid mit langen Puffärmeln mit Manschetten. Die Passe ist mit einer überbreiten Stoffbordüre besetzt. Kragen, Manschetten und Volants werden mit Bändern oder Borten verziert. Für einfarbige, etwas festere Stoffe wie Flanell oder Wolle in gedeckten Farben. Hübsch dazu: Bänder oder Borten in Kontrastfarben. Vorschläge: Ein marineblaues Wollkleid mit roten Bändern, ein schwarzes Kleid mit Bändern in Crème oder ein crèmefarbenes Kleid mit marineblauen Borten. Paßt zu antiken Puppen von 1900 bis 1910.

d Hochgeschlossenes Kleid mit Biesenpasse und kurzen Puffärmeln mit gerüschten Abschlüssen. Am Rocksaum sitzt ein Volant; Passe, Ärmelrüschen und Volant sind außerdem mit einer Blumenborte verziert. Für leichte Stoffe wie Seide oder Batist in Pastelltönen, dazu Borten Ton in Ton oder in Kontrastfarben. Vorschläge: Ein blaßgelbes Seidenkleid mit einer Blumenborte in Rosa und Grün oder ein blaßblaues Kleid mit einer Blumenborte in Blau und Grün. Paßt zu antiken Puppen von 1900 bis 1920.

e Rundpassenkleid mit rundem Halsausschnitt, aufgesetzten Schulterknöpfen und halblangen Puffärmeln mit gerüschten Abschlüssen. Das Kleid wird extra etwas länger zugeschnitten und über einer Schärpe aus dem Kleiderstoff hochgeschoppt. Für leichte Stoffe, z. B. Seide, oder etwas festere Stoffe, z. B. Flanell, in gedeckten Farben, uni oder gemustert, etwa ein Seidenkleid in Rost oder ein Flanellkleid mit kleinem Musterdruck auf marineblauem Grund. Die Knöpfe haben dieselbe Farbe wie das Kleid. Paßt zu antiken Puppen von 1900 bis 1910.

f Ärmellose Kleiderschürze aus Lochstickereistoff. Die Stoffkanten bilden den Saum. Die Ärmel werden durch Rüschen aus Lochstickereistoff ersetzt. Hübsch zur Kleiderschürze: Ein bedrucktes Kleid mit «Peter Pan»-Kragen (siehe Abb. 13).

Einsatz einreihen und an die beiden Vorderteile heften. Das Vorderteil an die Puppe halten, gegebenenfalls mit Hilfe der Zugfäden die Paßform korrigieren und den Faltenwurf fixieren. Den Smokeinsatz an den Vorderteilen feststeppen und das Kleid nach Anleitung beenden.

Paßform: Achten Sie auf die Länge des Oberteils – die verlängerte Taille reicht bis zur Hüfte. der Rock ist entsprechend kürzer. Achten Sie auch auf korrekten Sitz des Oberteils – es sollte auf keinen Fall zu eng anliegen. Die rückwärtigen Kanten des Oberteils müssen großzügig überlappen.

Hinweis: Als Ärmel sind die Schnittmusterteile I und J gleichermaßen geeignet. (Siehe auch Kapitel 4 «Krägen».)

Rundpassenkleid *Schnittmuster H1, H2 und H3*

Die Schnittanleitung für den Rock des Rundpassenkleides entnehmen Sie der Abbildung 38. Messen Sie Ihre Puppe von der Brust bis zum Saum (Nahtzugabe nicht vergessen!) und schneiden Sie nach diesen Maßen den Rock zu, zwei- bis dreimal so breit wie lang. Auch die Armausschnitte werden gemäß Abbildung 38 zugeschnitten, als Maßstab dient die Ärmelschräge von Schnittmusterteil H3. Anschließend werden die Oberkanten des Rocks leicht ausgerundet.

Für das Kleid je ein Vorderteil und zwei Rückteile aus Stoff und Futterstoff zuschneiden, dazu einen Rock und zwei Ärmel ohne Futter. Die Schulternähte an Stoff und Futter schließen. Stoff und Futter rechts auf rechts entlang der rückwärtigen Kanten und des Halsausschnitts zusammennähen, die Nahtkanten einschneiden, die Passe wenden und dämpfen. Die Ärmelnähte schließen und die Ärmel einsetzen. Die rückwärtigen Rockkanten versäubern und ca. 1 cm einschlagen. Anschließend die gesamte Oberkante (Rock und Ärmel) mit zwei Zugfäden im Abstand von ca. 1 cm einreihen, den Faltenwurf gleichmäßig verteilen und den Rock an die Passe steppen. Die rückwärtige Naht bis auf 5 cm unterhalb der Passe schließen. Zuletzt den Saum arbeiten und die Ärmelenden nach Bedarf verzieren. Als Verschluß dienen Knopf und Knopfloch oder Druckknöpfe.

Paßform: Die Ärmel können ganz nach Belieben kürzer, länger, enger oder weiter als der eigentliche Schnitt sein (für Manschetten, Rüschen etc. siehe «Ärmel», S. 78–80).

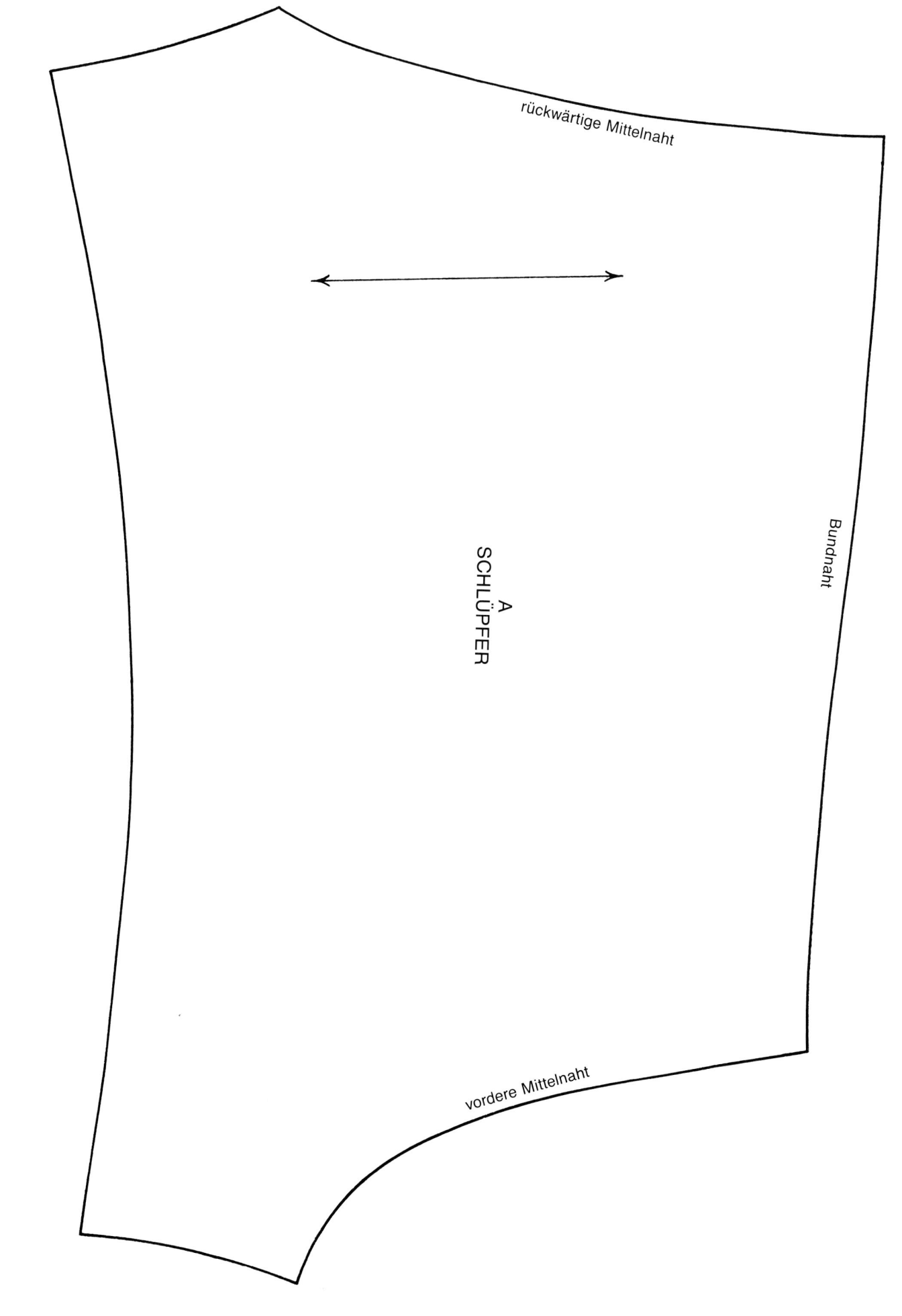

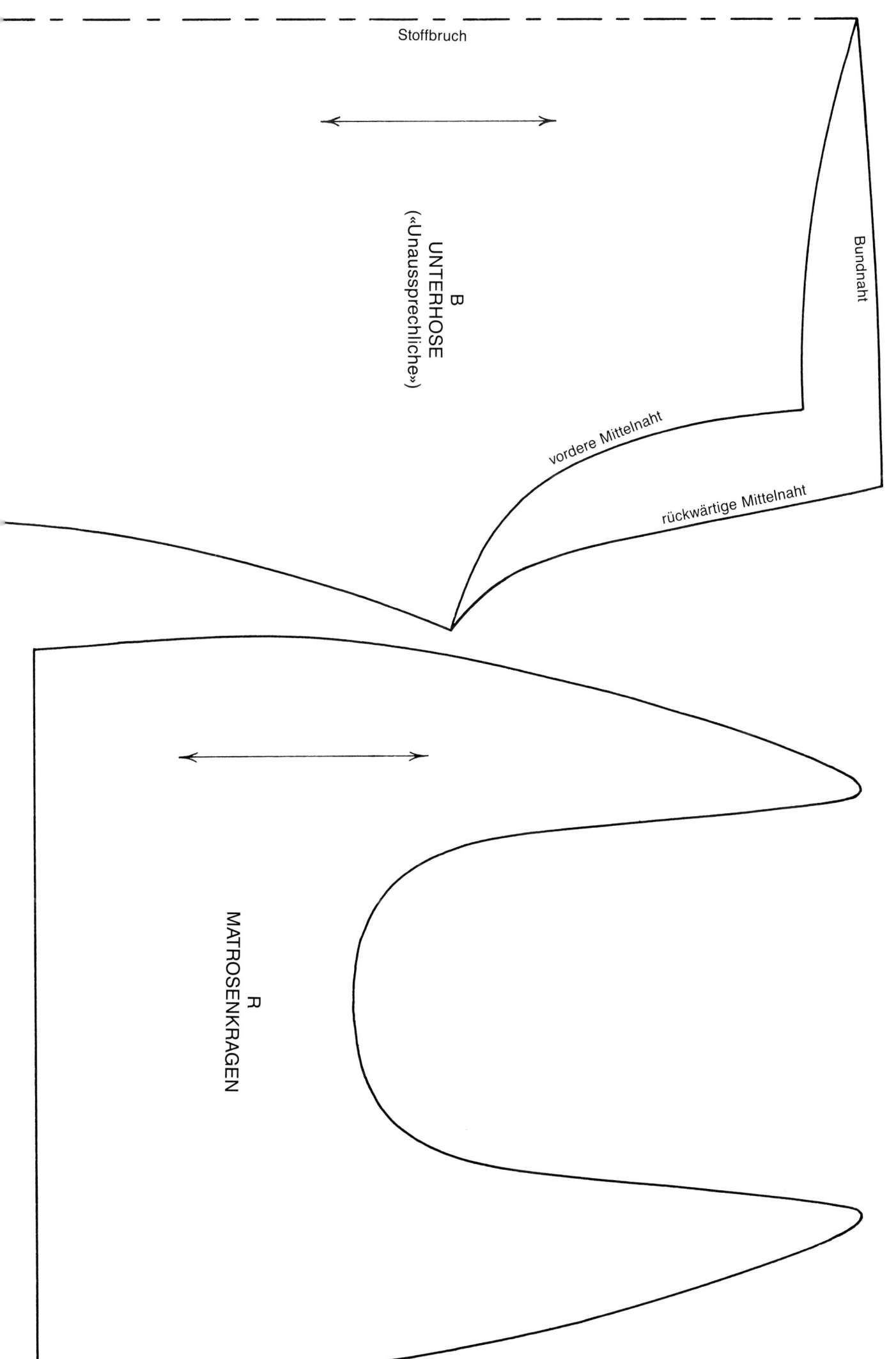

93 · Schnittmuster für Puppengrößen 46–51 cm

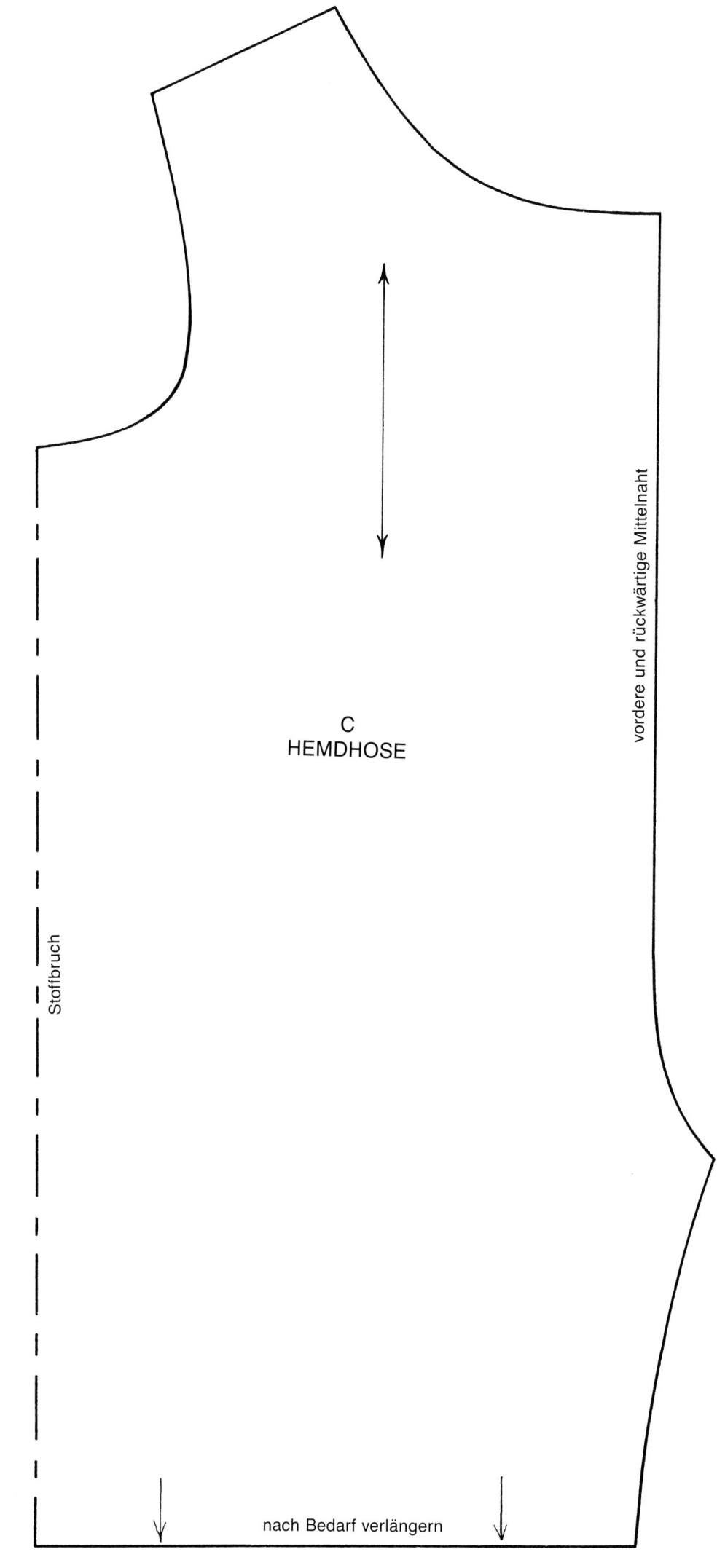

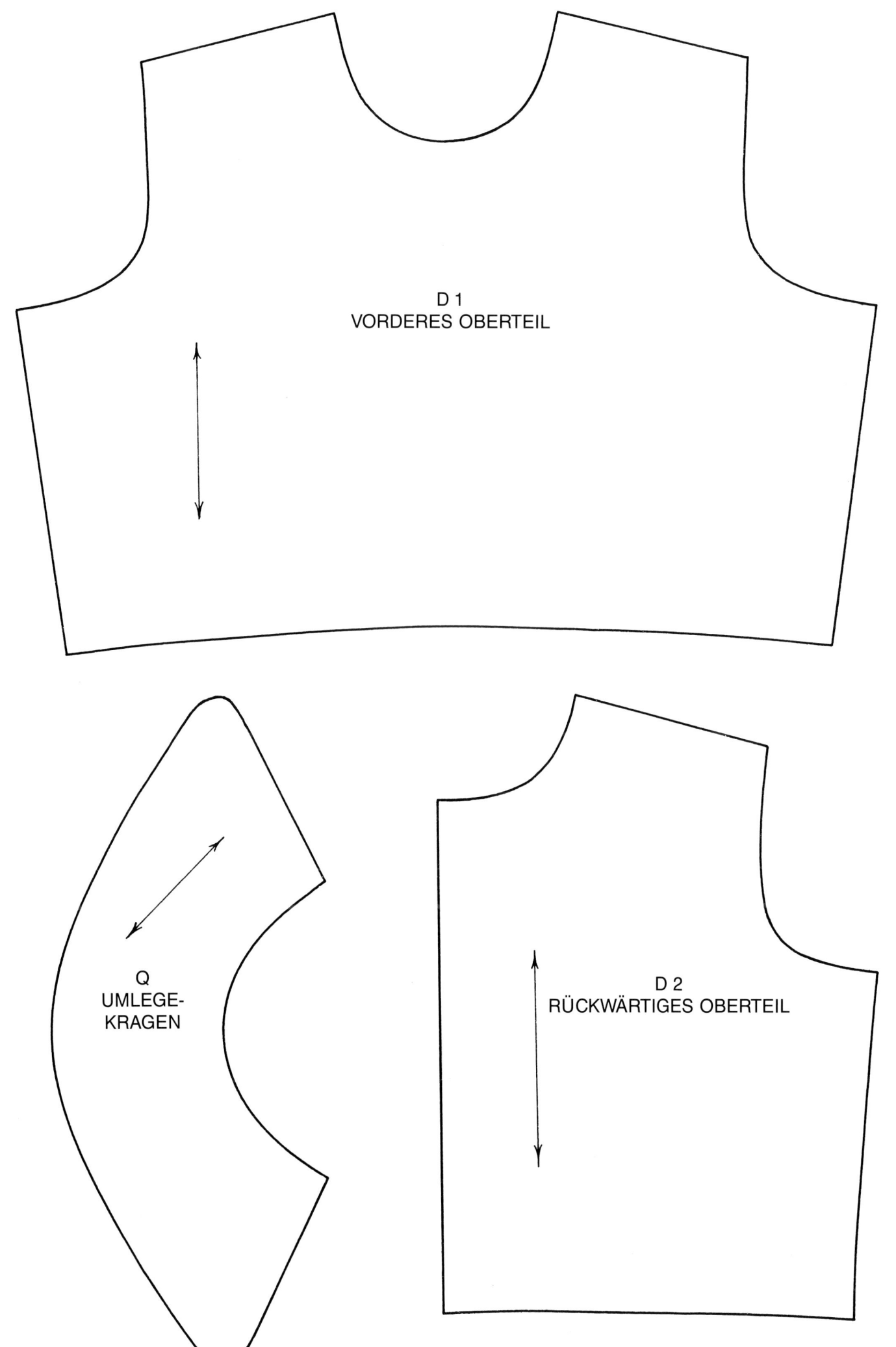

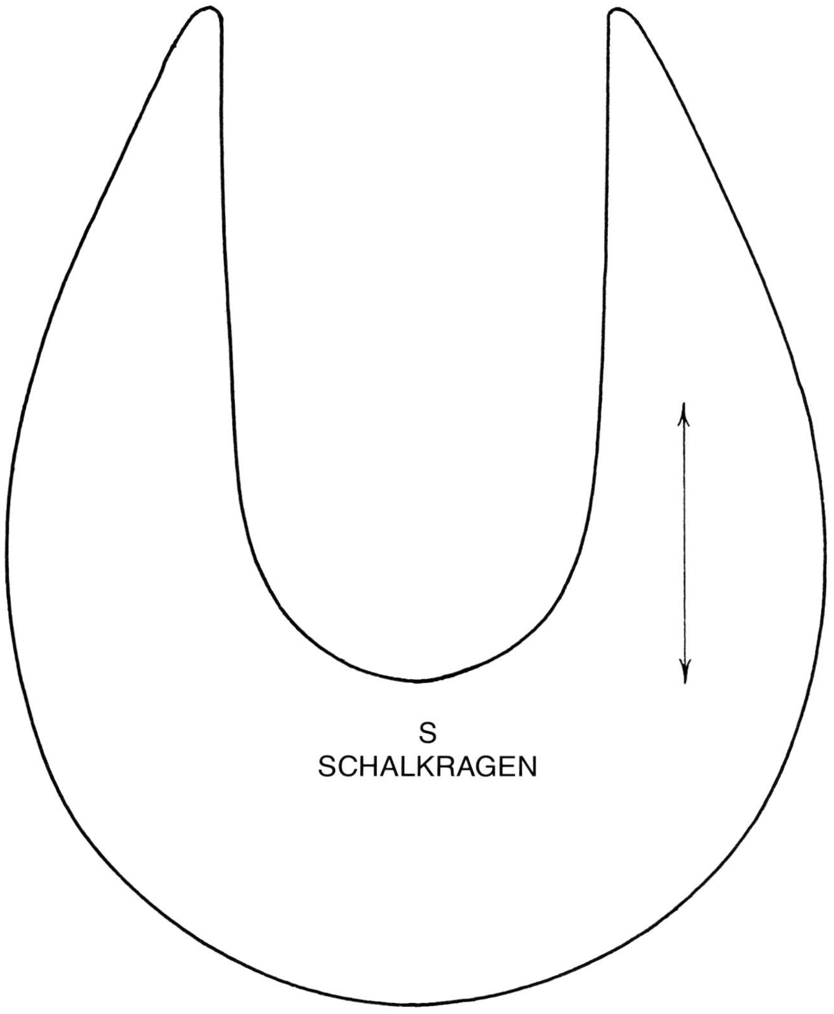

96 · Schnittmuster für Puppengrößen 46–51 cm

II
GERADER ÄRMEL

einhalten

S
SCHALKRAGEN

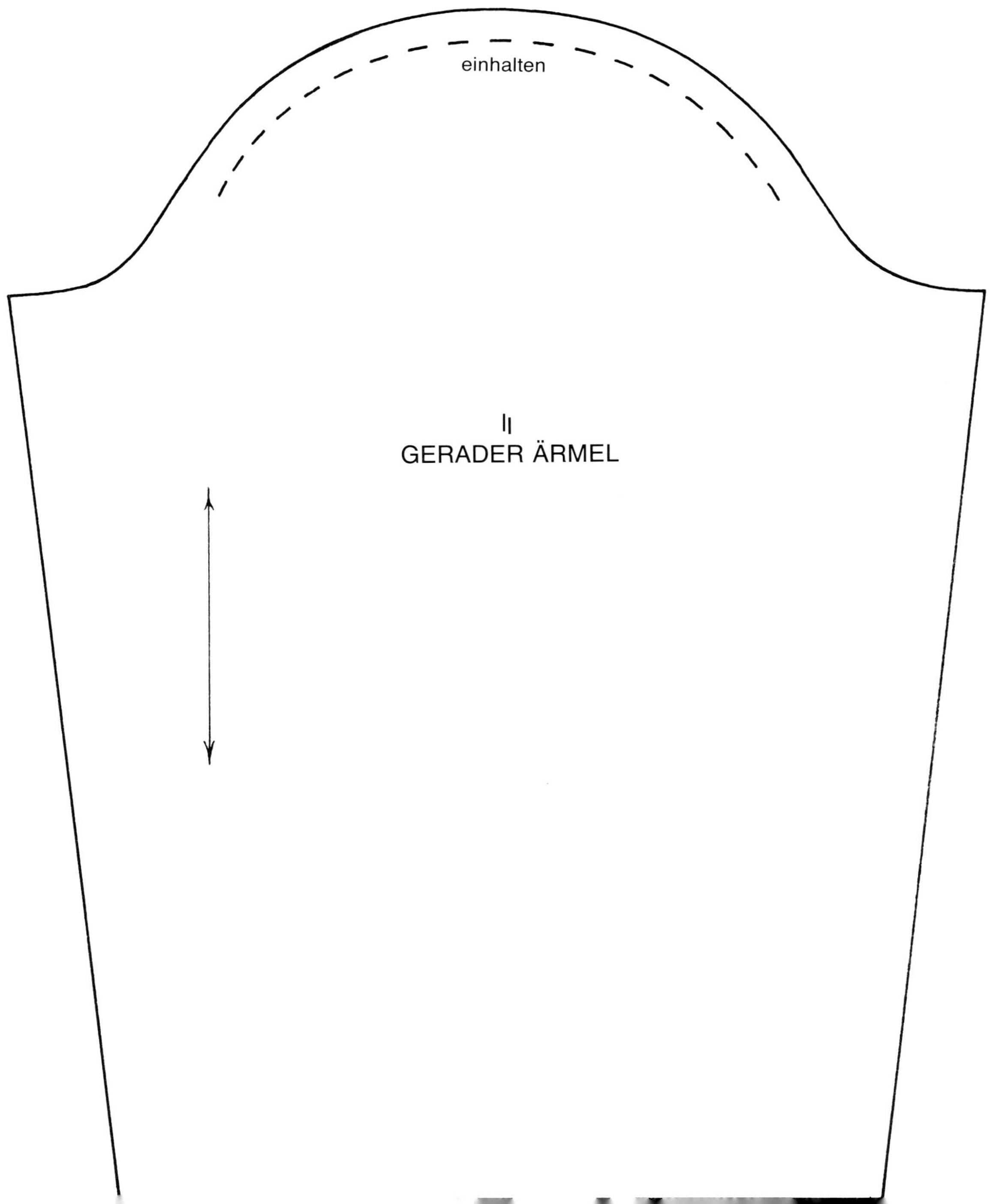

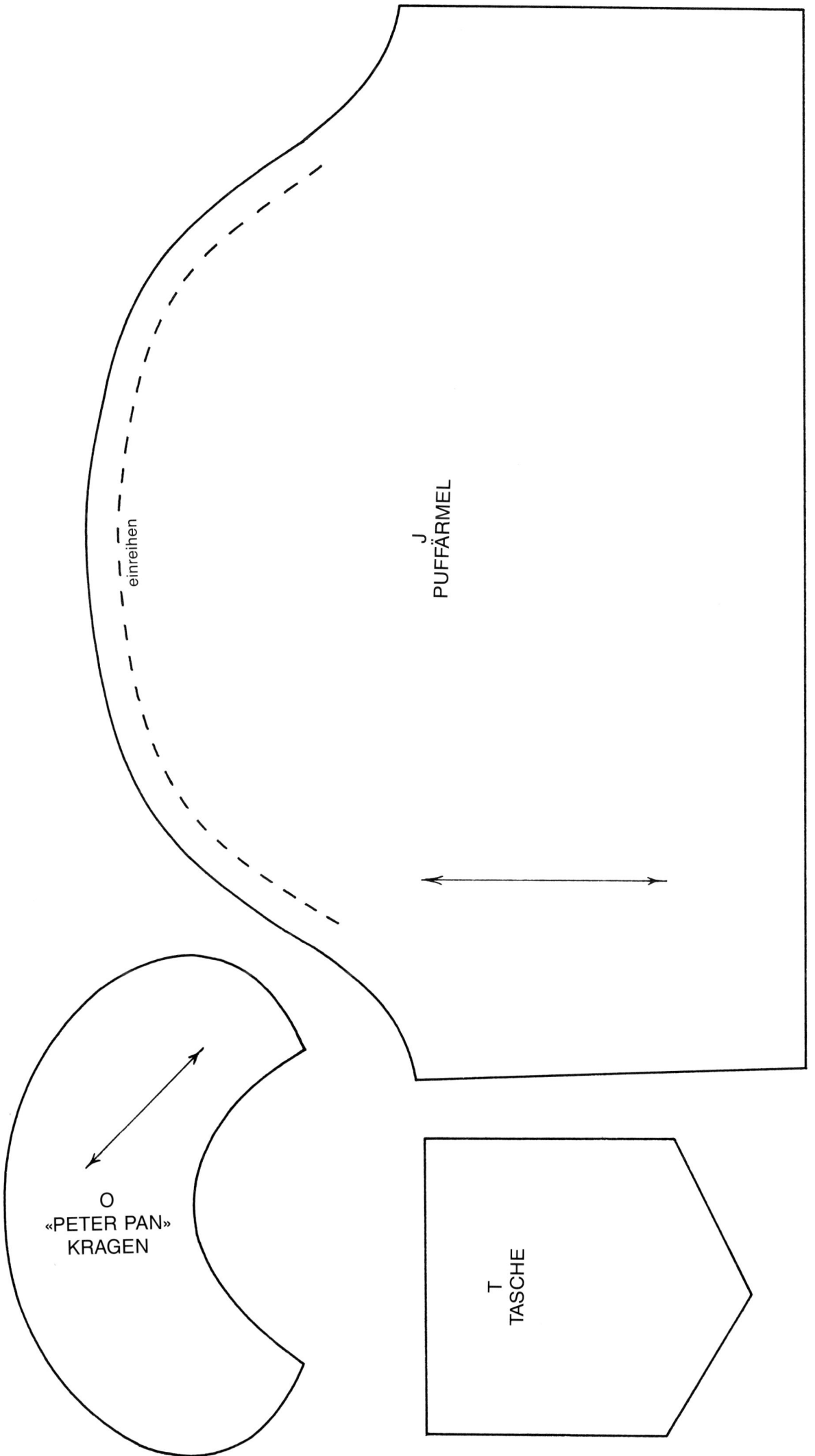

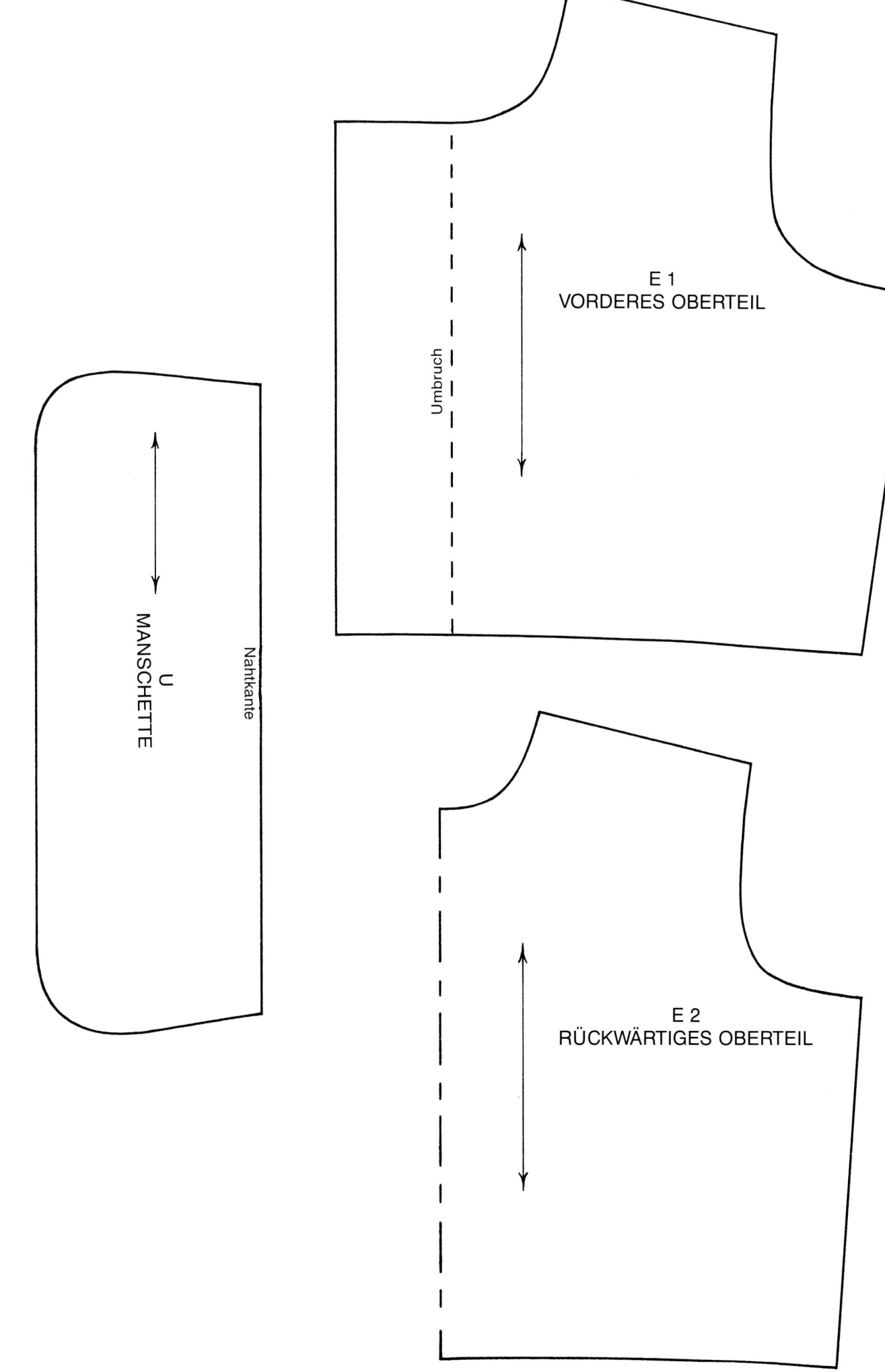

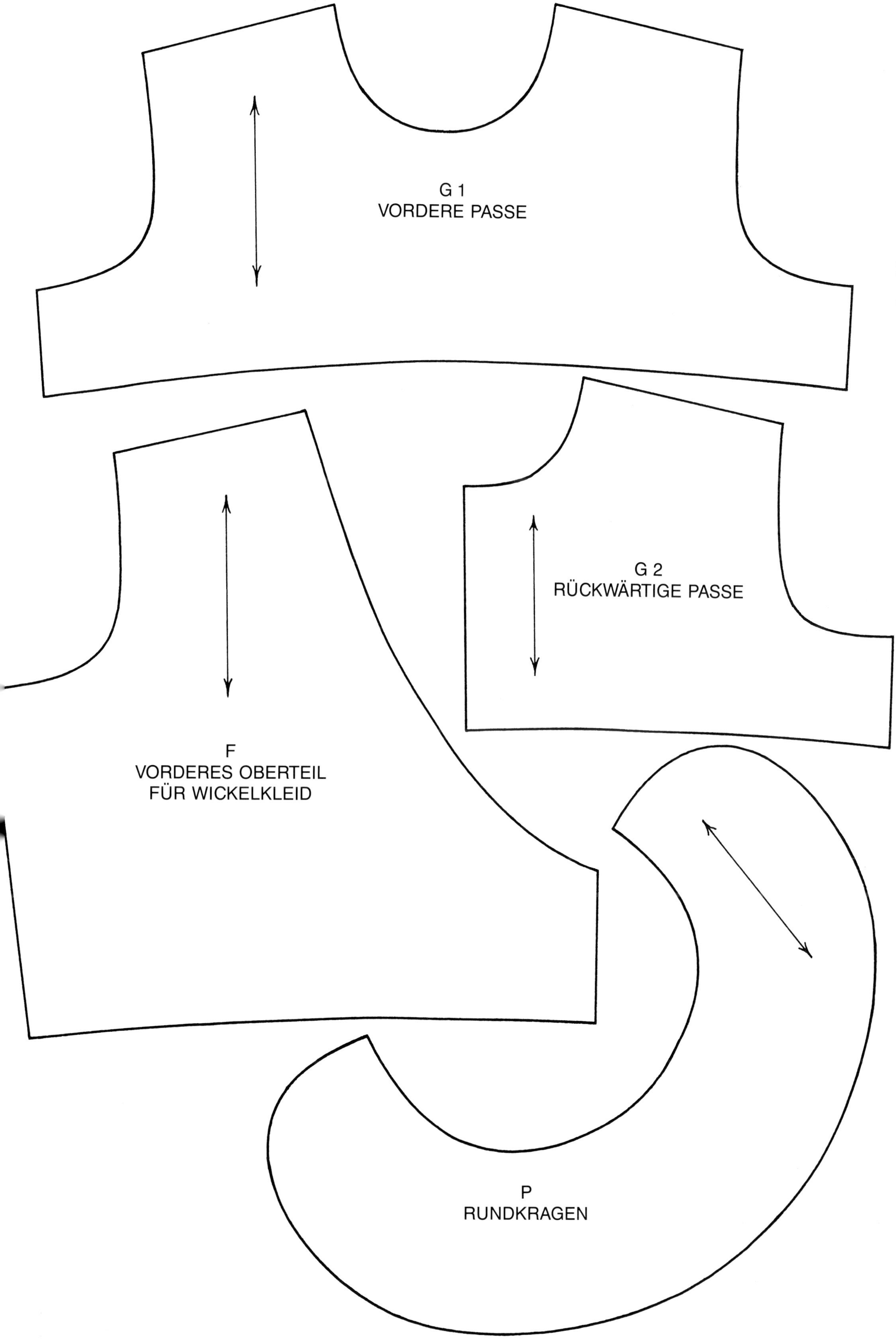

G 1
VORDERE PASSE

G 2
RÜCKWÄRTIGE PASSE

F
VORDERES OBERTEIL
FÜR WICKELKLEID

P
RUNDKRAGEN

99 · Schnittmuster für Puppengrößen 46–51 cm

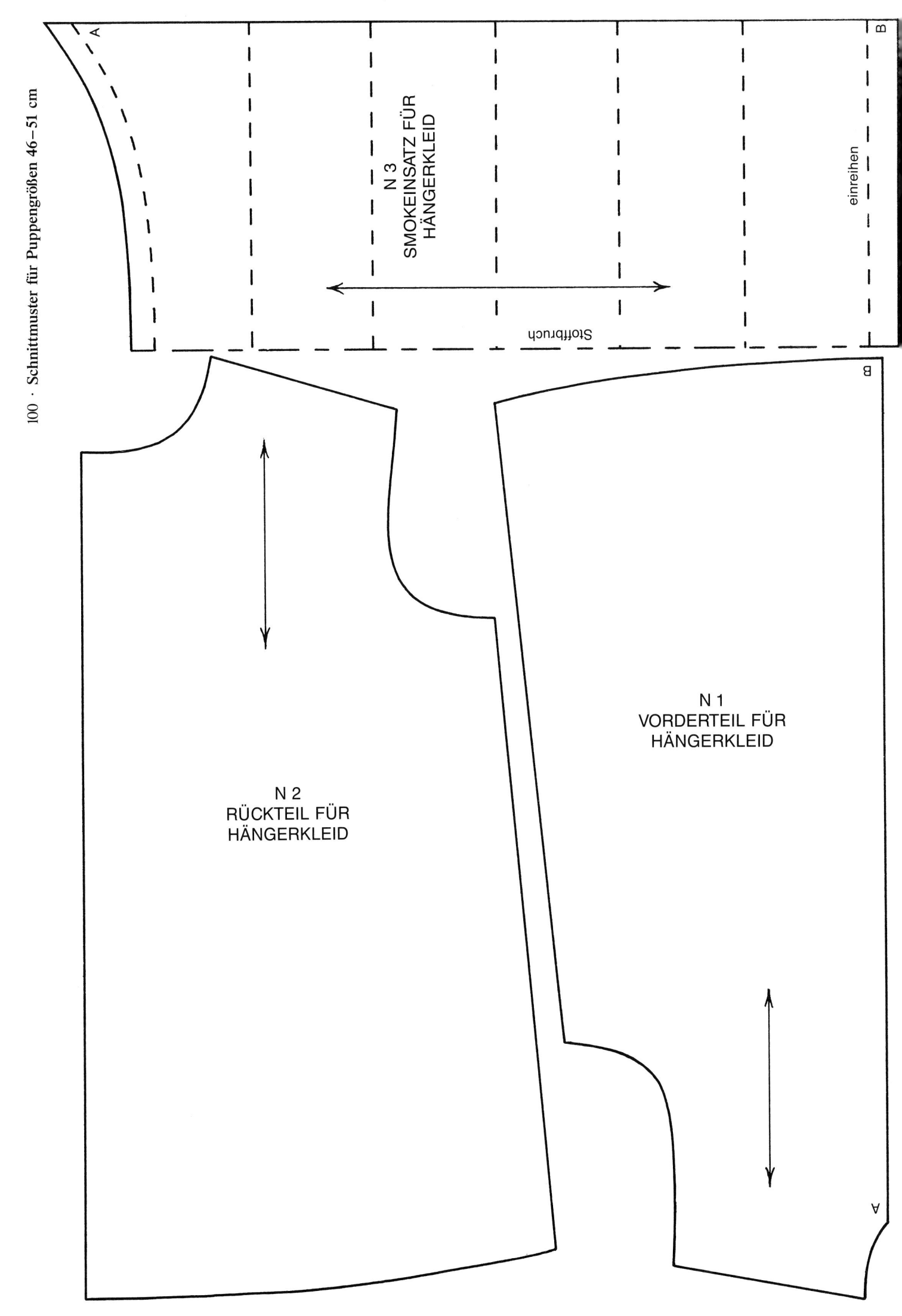

101 · Schnittmuster für Puppengrößen 46–51 cm

H 2 RÜCKWÄRTIGE RUNDPASSE
rückwärtige Mitte

H 3 ÄRMEL FÜR RUNDPASSENKLEID
einreihen

H 1 VORDERE RUNDPASSE

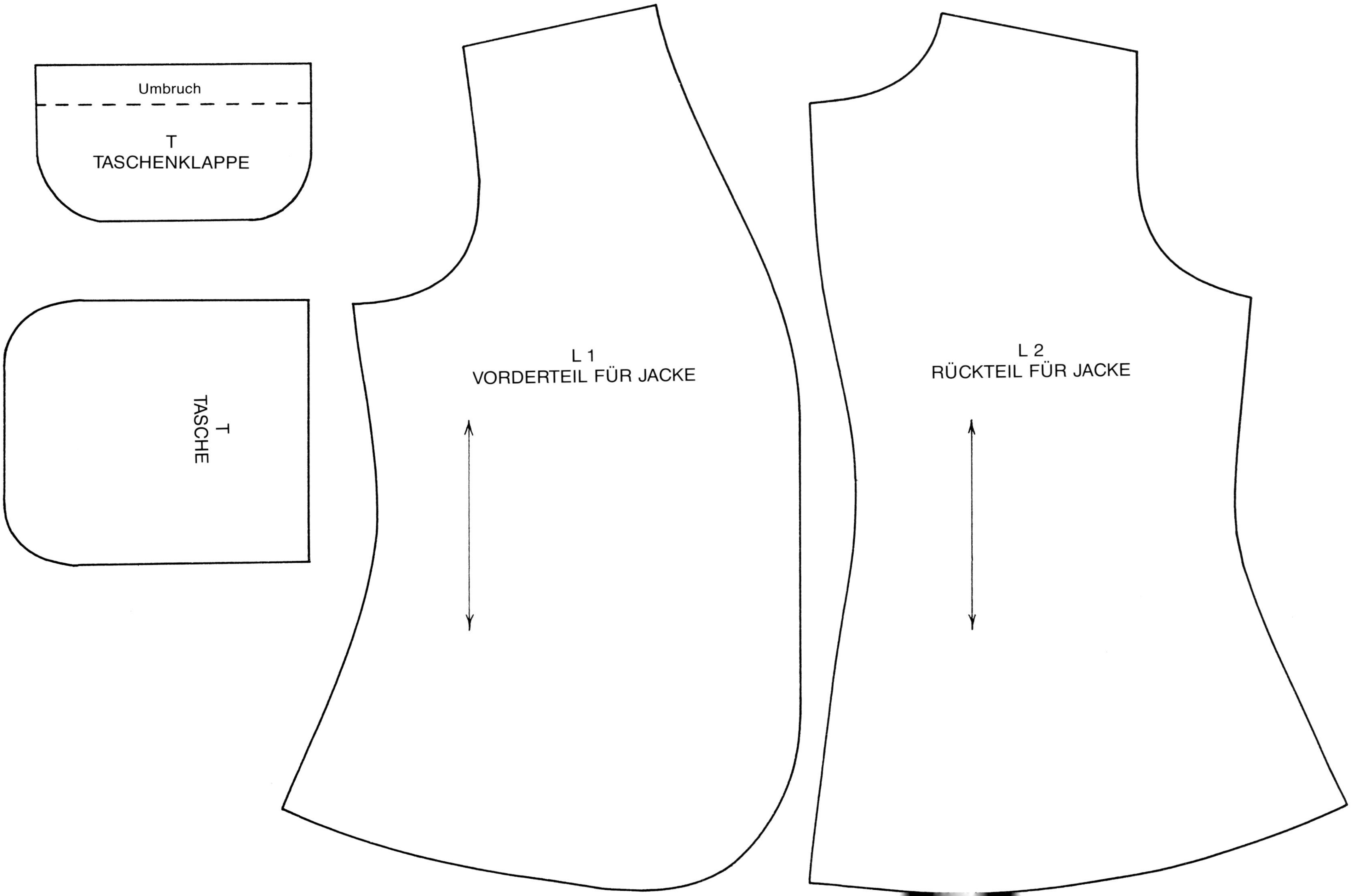

102 · Schnittmuster für Puppengrößen 46–51 cm

L 2
RÜCKTEIL FÜR JACKE

L 1
VORDERTEIL FÜR JACKE

Umbruch
T
TASCHENKLAPPE

T
TASCHE

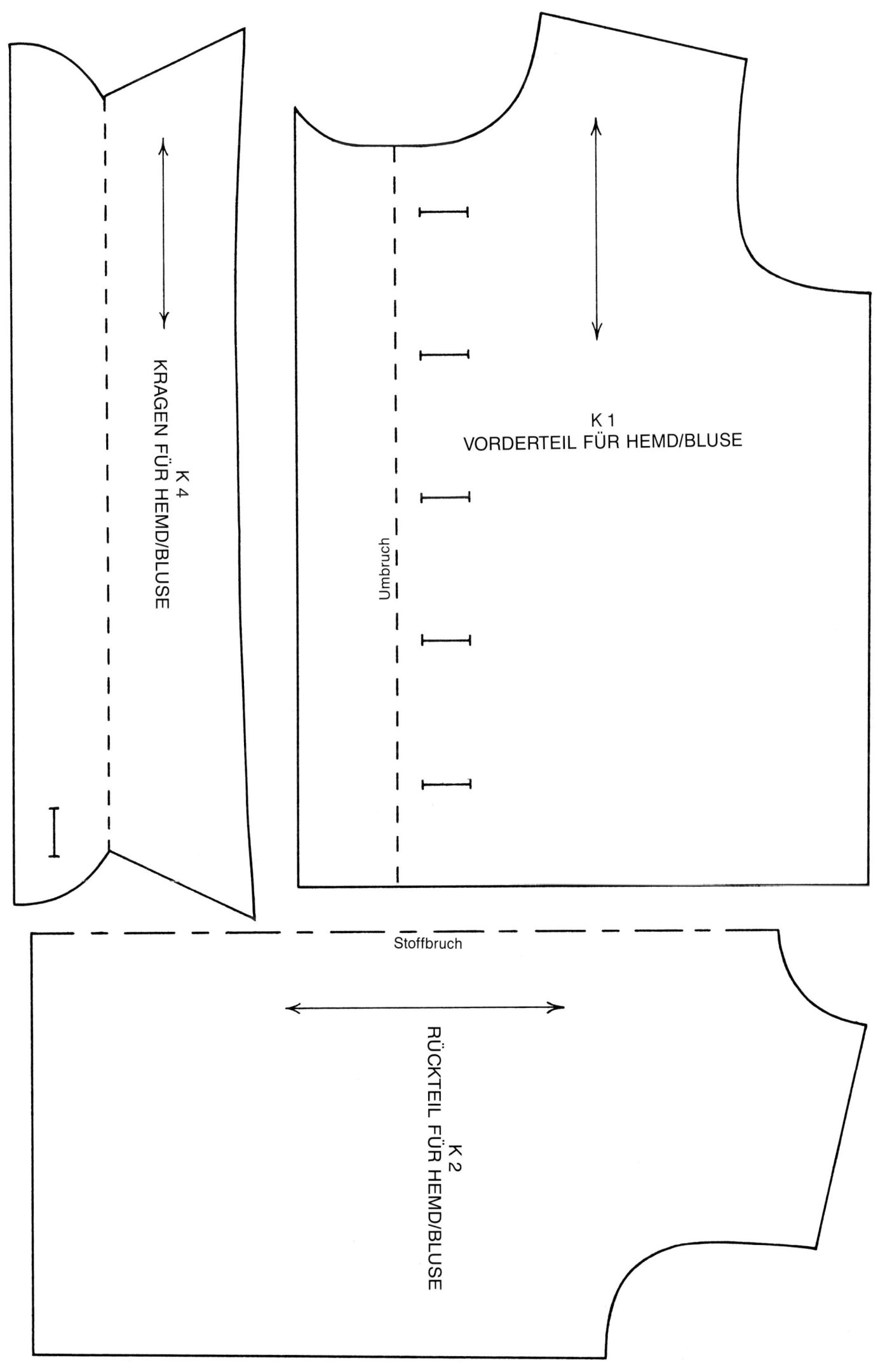

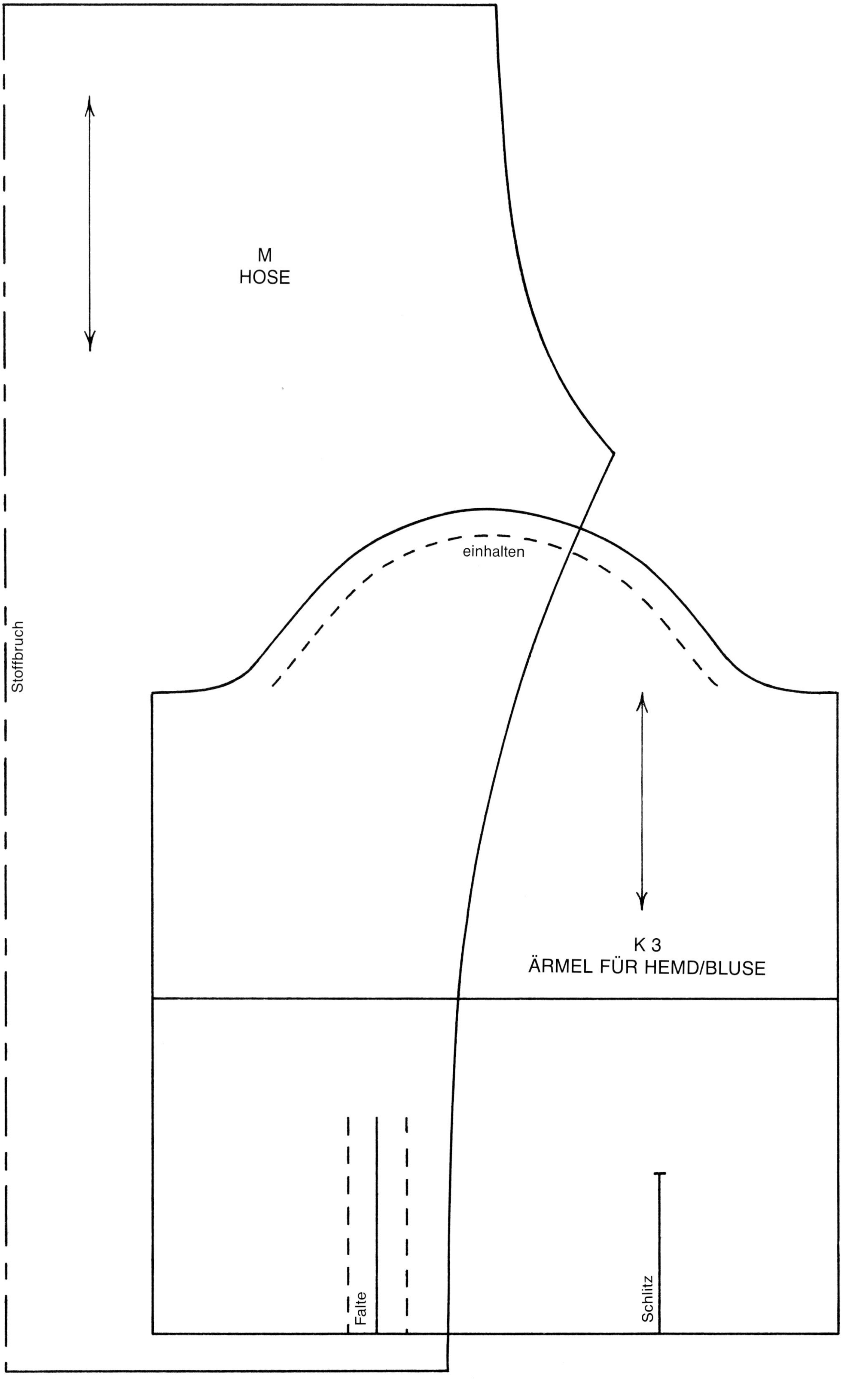

104 · Schnittmuster für Puppengrößen 46–51 cm

Stoffbruch

M
HOSE

einhalten

K 3
ÄRMEL FÜR HEMD/BLUSE

Falte

Schlitz

4 KRÄGEN, MANSCHETTEN UND TASCHEN

Krägen

Krägen werden immer separat gearbeitet und erst ganz zum Schluß an das jeweilige Kleidungsstück genäht. Es empfiehlt sich Krägen mit aufbügelbarer Vliseline ein wenig zu versteifen. Spitzen oder Stoffrüschen werden stets während des Ausarbeitens mit eingenäht, schmale Spitzenkanten können auch an den fertigen Kragen angeendelt werden. Als Maß für Kragenrüschen gilt: etwa eineinviertelmal die Länge der äußeren Kragenkante.

Der Kragenschnitt wird noch vor dem Zuschneiden an das fertige Puppenkleid angepaßt (denken Sie an die Nahtzugaben!) und gegebenenfalls korrigiert.

Ein Kragen wird grundsätzlich aus doppeltem Stoff genäht, die zweite Lage ist sozusagen das Futter. Bei einfachen Stoffen verwendet man für Stoff und Futter das gleiche Material, nur bei sehr schweren Stoffen wird das Futter aus einem farblich passenden, leichteren Stoff zugeschnitten. Krägen ganz aus Spitze sehen wundervoll aus; sie werden mit Netzgewebe gefüttert. Beim Zuschneiden eines Kragens müssen Sie unbedingt auf den Fadenlauf achten. Kragenschnitte finden Sie in diesem Buch in jeder Größe; wählen Sie den Kragen immer aus derselben Größenkategorie aus wie das Oberteil.

«Peter Pan»-Kragen *Schnittmusterteil O*

Je zwei Kragenteile aus Stoff und Futter zuschneiden. Stoff und Futter jeweils rechts auf rechts entlang der Außenkanten zusammennähen (etwaige Rüschen werden zwischen Stoff und Futter gelegt). Die Nahtkanten auf ca. 5 mm kürzen, anschließend einschneiden, die Teile wenden und dämpfen. Die beiden Kragenteile hinten oder vorne (je nach Kleid) ganz locker zusammenheften. Die Krageninnenkanten mit Schrägstreifen versäubern. Diese Kante innen am Halsausschnitt des Kleides festsäumen, dabei die vordere und rückwärtige Mitte beachten. Dieser Kragen eignet sich für alle vorne oder hinten geschlossenen Kleider mit rundem Halsausschnitt.

Rundkragen *Schnittmusterteil P*

Je ein Kragenteil aus Stoff und Futter, zusätzlich ein Kragenteil aus einem leichteren Stoff als Zwischenfutter zuschneiden. Das Zwischenfutter wird zusammen mit dem Futter wie ein Teil verarbeitet. Die beiden Teile rechts auf rechts entlang der Außenkanten zusammennähen; etwaige Rüschen werden zwischen Stoff und Futter gelegt. Die Nahtkante auf ca. 5 mm kürzen, anschließend einschneiden, den Kragen wenden und dämpfen. Die Krageninnenkante mit Schrägstreifen versäubern. Die versäuberte Kante innen am Halsausschnitt des Kleides festsäumen, dabei die vordere Mitte beachten. Dieser Kragen eignet sich für alle vorne geschlossenen Kleider mit rundem Halsausschnitt.

Umlegekragen *Schnittmusterteil Q*

Dieser Kragen wird nach derselben Anleitung genäht wie der «Peter Pan»-Kragen. Vor dem Wenden müssen die Nahtkanten, vor allem in den Ecken, besonders sorgfältig eingeschnitten werden. Auch dieser Kragen eignet sich für alle vorne oder hinten geschlossenen Kleider mit rundem Halsausschnitt.

Matrosenkragen *Schnittmusterteil R*

Bei vorne geschlossenen Kleidern mit V-Ausschnitt oder bei Wickelkleidern können Sie den Matrosenkragen am Halsausschnitt feststeppen (siehe Abb. 40). Für alle übrigen Kleidungsstücke arbeiten Sie einfach einen abnehmbaren Matrosenkragen.

Für den angenähten Matrosenkragen je ein Kragenteil aus Stoff und Futter zuschneiden. Die beiden Teile rechts auf rechts entlang der Außenkanten zusammennähen, die Nahtkanten kürzen, anschließend einschneiden, den Kragen wenden und dämpfen. Nach diesem Arbeitsgang nach Bedarf Bänder aufsteppen; die Bänder überschneiden sich hinten an den Ecken im rechten Winkel und füllen die vorderen Ecken aus.

Krägen, Manschetten und Taschen

Die Krageninnenkante mit Schrägstreifen versäubern und diese Kante innen am Halsausschnittfutter festsäumen, dabei die vordere und rückwärtige Mitte beachten. An die vorderen Kragenecken zwei zu den aufgesteppten Bändern passende breite Bänder nähen und zur Schleife binden.

Für den abnehmbaren Kragen je ein Kragenteil aus Stoff und Futter, bei leichten Stoffen zusätzlich ein Kragenteil als Zwischenfutter zuschneiden. Anschließend etwaige Borten oder Bänder aufsteppen. Die Bänder überschneiden sich wieder hinten an den Ecken im rechten Winkel und füllen die vorderen Ecken aus. Stoff und Futter rechts auf rechts den ganzen Kragen entlang zusammennähen, nur hinten bleibt eine kleine Öffnung zum Wenden. Die Nahtkanten kürzen und einschneiden, den Kragen wenden, dämpfen und die kleine Öffnung sauber verschließen. An die vorderen Kanten entweder Haken und Öse oder zwei Schlaufen arbeiten. Durch diese Schlaufen ein langes Band ziehen und zur Schleife binden. Damit der Kragen nicht verrutscht, wird er unter der Schleife mit einer kleinen Sicherheitsnadel am Kleid befestigt.

Schalkragen *Schnittmusterteil S*

Der Schalkragen wird genauso genäht wie der Rundkragen. Er eignet sich für alle vorne geschlossenen Kleider mit V-Ausschnitt sowie für Wickeloberteile (siehe Abb. 22). Durch Verkürzen oder Verlängern der Kragenenden läßt sich die Form dieses Kragens beliebig variieren.

Hinweis: Auch aus alten Spitzen- oder Häkeldeckchen lassen sich zauberhafte Krägen nähen. Schneiden Sie einfach aus der Mitte des Deckchens einen Kreis aus – so entsteht die Krageninnenkante. Hinten wird ein kleiner Schlitz geschnitten und ordentlich versäubert. Die Krageninnenkante wird mit Schrägstreifen versäubert und innen am Halsausschnittfutter festgesäumt.

Manschetten
Schnittmusterteil U für gerade Ärmel nach Schnitt I

Auch Manschetten werden immer aus doppeltem Stoff genäht; als Futter verwenden Sie am besten einen leichten Stoff in einer passenden Farbe. Ansonsten nähen Sie die Manschetten genauso wie einen Kragen.

Der Manschettenschnitt wird noch vor dem Zuschneiden an den fertigen Ärmel angepaßt (rundherum eine Nahtzugabe von ca. 1 cm einplanen) und gegebenfalls korrigiert. Den Manschettenschnitt finden Sie in diesem Buch für jede Größe. Ohne Zierat eignet er sich auch als Manschette für Jacken- und Mantelärmel. Zeichnen Sie sich die Plazierung für den Zierat gleich auf dem Schnittmuster an.

Je eine Manschette aus Stoff und Futter zuschneiden. Die beiden Teile rechts auf rechts entlang der abgerundeten Kanten zusammennähen (bei diesem Arbeitsgang werden etwaige Bänder miteingenäht). Die Nahtkanten kürzen, anschließend einschneiden, die Manschette wenden und dämpfen. Die Manschettenkante mit Schrägstreifen versäubern und diese Kante innen an das Ärmelfutter säumen.

Farbtafel 9
Die 56 cm große Puppendame, eine Bru-Replik von Creations Past, trägt eine Jacke mit eckig geschnittenem Schalkragen, halblangen Ärmeln und Schößchen, dazu einen langen, weiten Rock mit Volant und gleichem Überrock, ebenfalls mit Volant. Rock und Jacke sind aus bedrucktem Batist, verziert mit schmalen Seidenbändern und crèmefarbener Spitze. Der Jackengürtel ist vorne verstärkt und wird am Rücken zur Schleife gebunden. Den Hut aus Bastgeflecht schmücken Bänder, künstliche Blumen und eine große Feder. In der Hand hält sie einen crèmefarbenen Spitzensonnenschirm, und am Arm hängt ein Handtäschchen.

Die 45 cm große «Emily» stammt aus einem Bausatz von Ridings Craft. Sie trägt ein rosa Satinkleid mit verlängerter Taille und aufwendigen Besätzen aus weißer Spitze. Der dreistufige Faltenrock ist mit vorgefältelter Spitze belegt. Das Kleid hat halblange, gerade Ärmel, Schulterrüschen und einen eingefaßten Halsausschnitt.

45 cm groß ist die Nachbildung der KR 117 von Reflect. Sie trägt eine Kleiderschürze aus weißem Baumwollbatist. Saum und Passe sind mit Lochstickerei verziert.

Die Puppe im Vordergrund ist 40 cm groß und stammt aus der Sammlung der Autorin. Sie trägt ein Kleid mit verkürzter Taille aus buntbedrucktem Baumwollstoff. In das Oberteil sind Biesen eingearbeitet, die kurzen Puffärmel und der gereihte Rock sind mit schmalen Seidenbändern und crèmefarbener Spitze verziert. Auf das Oberteil wurden kleine Knöpfe aufgenäht. Der Teddybär aus goldfarbenem Veloursamt trägt um den Hals eine Schleife.

Krägen, Manschetten und Taschen

Manschetten zum Umschlagen *Nur für gerade Ärmel*

Manschetten zum Umschlagen aus dem jeweiligen Hemdenstoff zu nähen, ist ganz einfach. Der Ärmel wird nur entsprechend länger zugeschnitten und mit einem überbreiten Saum versäubert. Danach wird der Ärmel umgeschlagen. Manschetten zum Umschlagen aus einem anderen Material müssen extra gearbeitet werden: Ein Stück Stoff in der Weite der Ärmelkante und doppelt so lang wie die fertige Manschette zuschneiden und zu einem Schlauch zusammennähen. Eine Manschettenkante rechts auf rechts am Ärmelende annähen, die andere Kante über der Naht an der Innenseite festsäumen. Danach wird die Manschette nur noch umgeschlagen. (Siehe auch Kapitel 3, «Ärmel».)

Hinweis: Bei Krägen, Taschenklappen und Manschetten mit Schrägstreifenbesatz müssen die beiden Teile jeweils *links auf links* und mit einer etwas breiteren Nahtzugabe zusammengenäht werden. Nach dem Kürzen der Nahtkante wird der Besatz aufgesteppt, danach gehen Sie wie oben beschrieben vor.

Taschen und Taschenklappen
Schnittmusterteil T

Schnittmuster für Taschen finden Sie in diesem Buch in jeder Größe in zwei Varianten. Die Anleitung gilt für beide Taschenformen.

Ein Taschenteil zuschneiden. Die Außenkanten ca. 1 cm umschlagen und heften. Die Oberkante noch einmal ca. 1 cm umschlagen und säumen. Die Tasche dämpfen, auf das Kleidungsstück heften oder stecken und mit der Hand aufnähen. Die Heftfäden herausziehen.

Die Taschenklappe kann mit einer Tasche oder allein verwendet werden. Je eine Taschenklappe aus Stoff und Futter zuschneiden. Stoff und Futter rechts auf rechts entlang der Kanten zusammennähen, dabei ein kleines Loch zum Wenden offenlassen. Die Nahtkanten kürzen, anschließend einschneiden, die Taschenklappe wenden, dämpfen und die Öffnung sauber verschließen. Die Taschenklappe je nach Bedarf verzieren und auf dem Kleidungsstück festnähen.

Abb. 40: Matrosenkittel

5 Für Puppenbuben

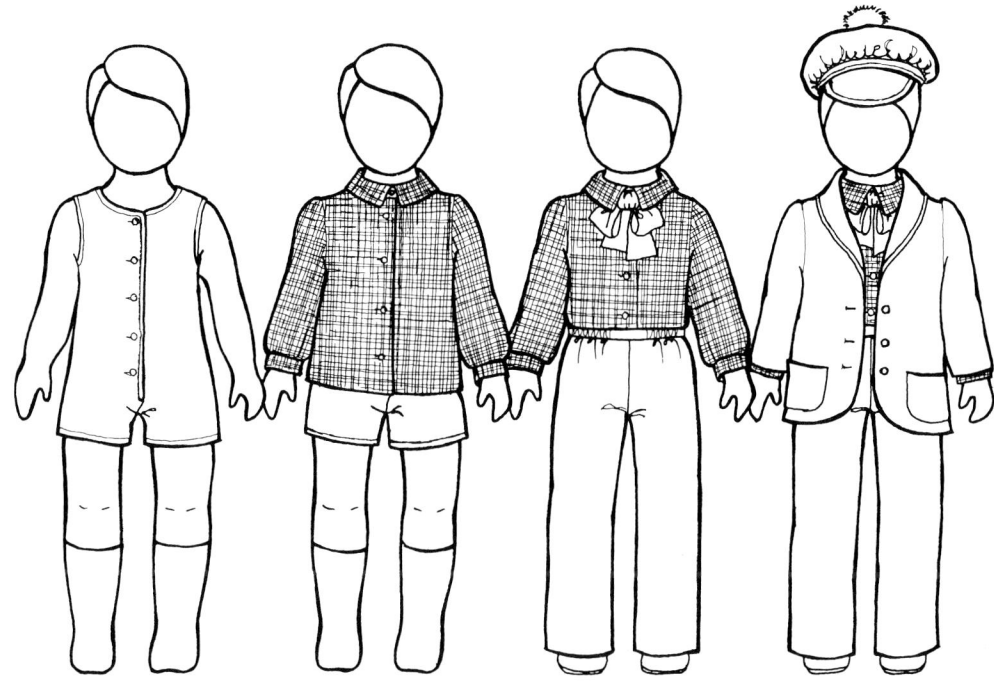

Hemd *Schnitte K1 und K2, Ärmel K3, Kragen K4*

Den Schnitt für das Hemd finden Sie in diesem Buch für alle Größen. Er ist für leichte und etwas festere Stoffe geeignet. Kragen und Manschetten sollten Sie mit aufbügelbarer Vliseline verstärken.

Für das Hemd ein Rückteil, zwei Vorderteile, zwei Ärmel und zwei Kragenteile zuschneiden. Ein Kragenteil wird mit Vliseline verstärkt. Die Handgelenke der Puppe ausmessen und nach diesen Maßen zwei Manschetten zuschneiden. Die Manschetten werden mit Knopf und Knopfloch geschlossen.

Die Schulter- und Seitennähte schließen. Die vorderen Kanten versäubern, zur Knopfleiste umschlagen und säumen. Den Ärmelschlitz schneiden und versäubern, danach die Ärmelnähte schließen. Die Ärmelfalte arbeiten und die Manschetten an die Ärmelenden steppen. Die beiden Kragenteile rechts auf rechts entlang der Außenkanten zusammennähen, die Nahtkanten kürzen und einschneiden, den Kragen wenden und dämpfen. Das verstärkte Kragenteil rechts auf rechts außen am Halsausschnitt feststeppen, die zweite Kragenkante über diese Naht schlagen und innen am Hemd annähen. So wird die Kragankante gleich ordentlich versäubert. Am Hemd und an den Manschetten Knopflöcher arbeiten und die Knöpfe entsprechend annähen.

Paßform: Brustumfang, Rückenlänge und Ärmellänge (von der Achselhöhle zum Handgelenk) sorgfältig ausmessen! Achten Sie auf die Kragenweite; der Kragen muß sitzen, darf aber den Puppenhals nicht «einschnüren».

Hinweis: Anstatt des Hemdkragens können Sie auch Schnittmusterteil P, Rundkragen, verwenden – die Arbeitsweise ist dieselbe. Die Ärmel können natürlich auch kurz sein, mit oder ohne Manschetten zum Umschlagen, ganz nach Ihrem Geschmack. Anstatt des Hemdärmels käme auch Schnittmusterteil J, Puffärmel, in Frage (siehe Kapitel 3, «Ärmel»).

Für eine am Rücken geknöpfte Bluse werden die Schnittmusterteile D1 und D2 entsprechend verlängert, als Ärmel eignen sich die Schnitte I, J oder K3. Zu dieser Bluse passen der «Peter Pan»-Kragen (O), der Umlegekragen (Q) oder ein Stehkragen am besten.

Eine vorne geknöpfte Bluse nähen Sie aus den Schnittmusterteilen K1 und K2, dazu passen der «Peter Pan»-Kragen (O), der Umlegekragen (Q) oder der Rundkragen (P) und Puffärmel (J).

Für den Matrosenkittel (Abb. 40) werden die Schnittmusterteile E1 und E2 zur leicht ausgestellten Form verlängert, der Halsausschnitt wird V-förmig abgeändert. Der Matrosenkragen (R) wird am Halsausschnitt angenäht; natürlich kann der Matrosenkittel auch gefüttert werden. Unter dem Matrosenkittel sieht eine ärmel- und kragenlose Bluse mit Rückenverschluß ganz reizend aus.

Hose *Schnittmusterteil M*

Der Hosenschnitt sieht einen Gummizug an der Taille vor. Sollte die Hose in der richtigen Größe an der Taille zu eng sein, dann nehmen Sie einfach den nächstgrößeren Schnitt. Achten Sie darauf, daß die rückwärtige Naht (von der Taille bis zum Schritt) lang genug ist, vor allem wenn Ihre Puppe einen «dicken Hintern» hat. Je nach Bedarf können Sie die Oberkante entsprechend verlängern. Auch die Beinlänge (innere Naht) muß sorgfältig ausgemessen werden.

Für die Hose zwei Teile zuschneiden. Die Beinnähte schließen, dann die Mittelnaht von vorne über den Schritt nach hinten schließen. Die Beinenden säumen, an der Taille einen Durchzug arbeiten und einen Gummi einziehen.

Für Knickerbocker wird der Hosenschnitt einfach kurz über dem Knie abgeschnitten, die Beinenden werden anschließend gereiht und mit breiten Bändern versäubert.

Für Puppenbuben

Auch kurze Hosen, Shorts und sogar Unterhosen können Sie aus diesem Schnitt nähen – kürzen Sie nur die Beine entsprechend.

Hinweis: Genausogut nähen Sie aus diesem Schnitt ein Paar einfache Schlüpfer oder die knielangen «Unaussprechlichen»; je nach Wunsch werden die Beine mit Spitzen oder Lochstickerei verziert.

Latzhose *Schnittmusterteil W*

Diesen Schnitt finden Sie nur bei den kleineren Größen. Für größere müssen Sie Schnittmusterteil M entsprechend angleichen – als Muster dient der kleine Latzhosenschnitt.

Eine Latzhose wird immer mit Trägern gehalten und sitzt um die Taille ganz locker. Achten Sie also darauf, daß der Schnitt an der Taille nicht zu eng ist und daß die rückwärtige Mittelnaht und die inneren Beinnähte lang genug sind.

Für die Latzhose zwei Teile zuschneiden. Die vordere und die rückwärtige Mittelnaht schließen. Die inneren Beinnähte vom rechten Bein über den Schritt zum linken Bein schließen. Die gesamte Oberkante und die Beinenden säumen. Anschließend die Träger zuschneiden; sie werden hinten an der Taille innen festgesteppt, am Rücken gekreuzt und vorne am Latz mit Knopf und Knopfloch (oder mit Clips – siehe Abb. 4g) befestigt.

Auch bei diesem Schnitt können Sie die Beine auf Knielänge kürzen, eine weitere Variante sind Hosenaufschläge. Für die Hosenaufschläge werden die Beine einfach etwas länger zugeschnitten und mit einem extrabreiten Saum versehen. Aufgesetzte Taschen (Schnittmusterteil T) geben Hosen, Latzhosen und Shorts den letzten Schliff – den Taschenschnitt wählen Sie immer eine Nummer kleiner als den Hosenschnitt.

Jacken und Kittel

Aus den Schnittmusterteilen für Oberteile können Sie tolle Jacken und Kittel für Puppenbuben nähen.

Die einfache Jacke aus Abbildung 48b zum Beispiel ist aus den Schnittmusterteilen E1 und E2 und dem Ärmelschnitt I gearbeitet. Der Schnitt für das Oberteil wird zur leicht ausgestellten Form verlängert, die vorderen Kanten werden für einen genauen Abschluß zurechtgeschnitten. Die Jacke wird mit einem leichten Stoff abgefüttert, Stoff und Futter werden separat genäht. Also: Die Schulternähte schließen. Die Armkugel einhalten und die Ärmel einsetzen. Seiten- und Ärmelnähte in einem Arbeitsgang schließen. Jacke und Futter rechts auf rechts entlang der Kanten zusammennähen, nur an der hinteren Unterkante bleibt eine kleine Öffnung zum Wenden. Die Nahtkanten einschneiden, die Jacke wenden und dämpfen. Anschließend die Öffnung sauber verschließen. Die Ärmel umdrehen, die Ärmelenden säumen und das Futter gegen diesen Saum nähen.

Auch der Kittel aus Abbildung 48c ist aus den Schnittmusterteilen E1, E2 und dem Ärmelschnitt K3 gearbeitet. Das Oberteil wird bis auf Oberschenkelhöhe zur leicht ausgestellten Form verlängert. Der Kittel wird nicht gefüttert. Also: Seiten- und Schulternähte schließen. Die Vorderkanten zur Knopfleiste umschlagen und versäubern. Den Halsausschnitt mit Schrägstreifen versäubern. Den Ärmelschlitz schneiden und versäubern, die Ärmelfalte arbeiten und die Manschetten ansteppen. Die Ärmelnähte schließen. Die Armkugel einhalten und die Ärmel einsetzen. Die Unterkante des Kittels säumen, zuletzt an der Vorderkante und an den Manschetten Knopflöcher arbeiten und Knöpfe annähen. Für den Umlegekragen (Schnittmusterteil Q) empfehle ich ein Kontrastmaterial. Der Kragen wird nach Bedarf verziert und innen am Halsausschnitt festgesteppt – die Anleitung finden Sie in Kapitel 4, «Krägen». Das Tüpfelchen auf dem «i» ist ein Gürtel aus Stoff oder Leder!

Der gefütterte Janker aus Abbildung 48f wird ebenfalls aus den Schnittmusterteilen E1 und E2 und dem Ärmelschnitt I genäht. Der Halsausschnitt wird V-förmig ausgeschnitten; dazu paßt ein Schalkragen aus dem Jankerstoff. Für Vorder- und Rückteile zuerst ausreichend große Stoffrechtecke im Fadenlauf zuschneiden. Für jedes Vorderteil eine, für das Rückteil auf beiden Seiten je eine breite Quetschfalte legen und feststecken oder -heften. Den Schnitt sorgfältig auf dem bearbeiteten Stoff ausrichten und die Teile zuschneiden. Aus denselben Schnittmusterteilen wird auch das Futter zugeschnitten, allerdings ohne Falten. Futter und Stoff werden separat zusammengenäht. Dann: Die Schulternähte schließen. Die Armkugel einhalten und die Ärmel einsetzen. Seiten- und Ärmelnähte in einem Arbeitsgang schließen. Stoff und Futter rechts auf rechts entlang der Vorderkanten und des Halsausschnitts zusammennähen, die Nahtkanten einschneiden, den Janker wenden und dämpfen. Die Unterkante des Jankers säumen, anschließend das Futter mit kleinen Stichen locker gegen den Saum nähen. Die Ärmelenden säumen und auch hier das Futter gegen den Saum nähen. Den Schalkragen nach der Anleitung in Kapitel 4 arbeiten und innen am Halsausschnittfutter festsäumen. Zum Schluß Knöpfe und Knopflöcher arbeiten und an jede Seite eine Gürtelschlaufe nähen. Der Stoffgürtel sitzt ganz locker um die Taille.

Paßform: Den Brustumfang, die Länge des Rückteils und der Ärmel (von der Achselhöhle zum Handgelenk) sorgfältig ausmessen! Janker und Kittel kommen mit Hosen oder Knickerbockern aus gleichem Stoff besonders gut zur Geltung.

T-Shirt

Einfache T-Shirts nähen Sie am besten aus Baumwollstretch (z. B. aus einem alten Kinder-T-Shirts). Sie arbeiten mit den Schnittmusterteilen D1 und E2 sowie dem Ärmelschnitt I (lang oder kurz). Vorderteil, Rückteil und Ärmel zuschneiden. Den Halsausschnitt so weit vergrößern, daß sich das T-Shirt problemlos über den Puppenkopf ziehen läßt. Bei allzugroßen Puppenköpfen empfiehlt sich ein kleiner Schlitz am Rücken, der aber ordentlich versäubert werden muß. Die Schulternähte schließen. Die Armkugel einhalten und die Ärmel einsetzen. Ärmel- und Seitennähte in einem Arbeitsgang schließen. Den Halsausschnitt (übrigens auch kurze Ärmel) mit Schrägstreifenbesatz versäubern. Die Unterkante (und gegebenenfalls lange Ärmel) säumen. Für den Rückenschlitz Knopf und Knopfschlinge arbeiten.

Weitere Ideen für die Bubengarderobe finden Sie in Kapitel 7 «Jacken, Mäntel und Umhänge».

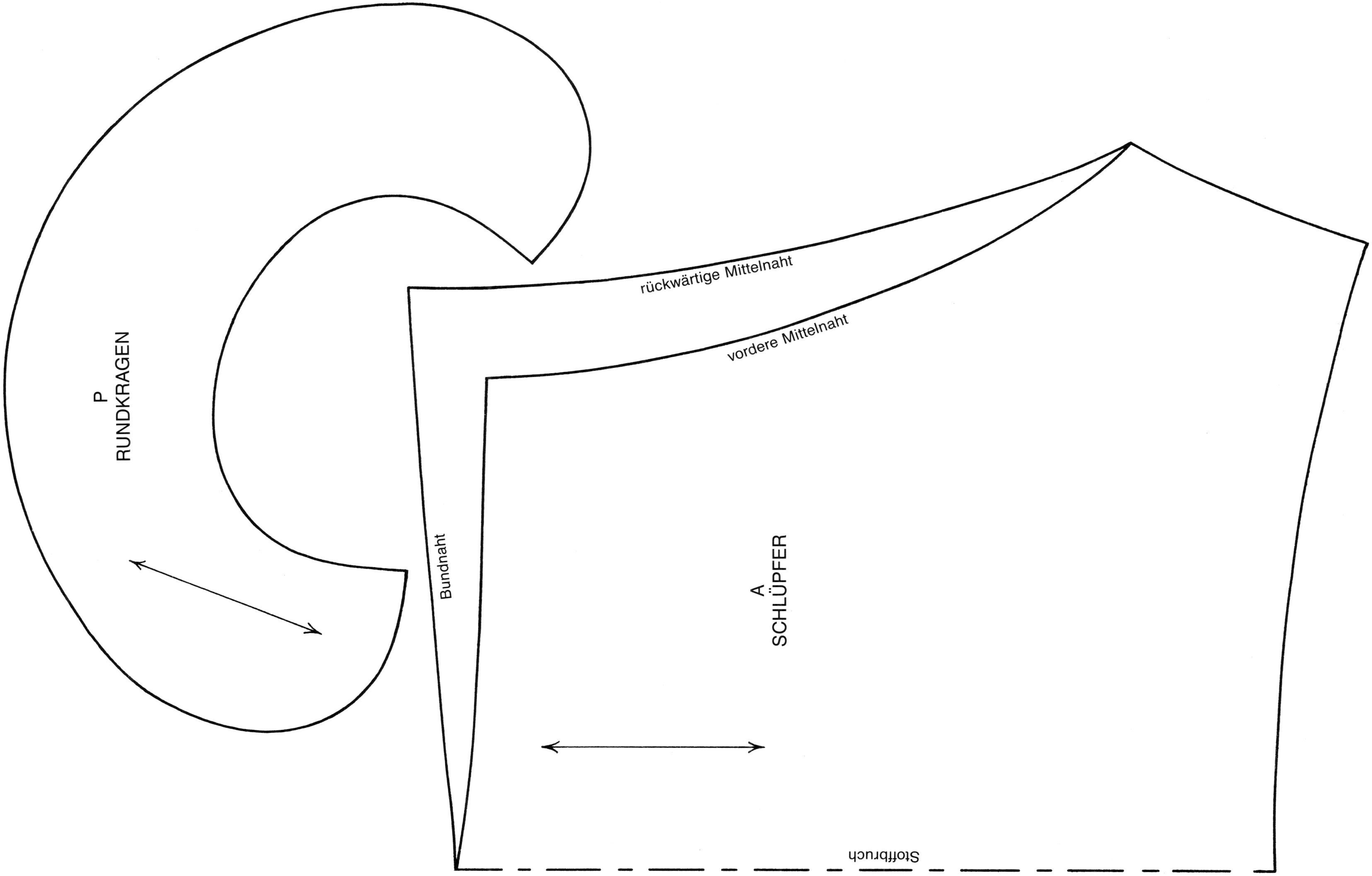

P RUNDKRAGEN

A SCHLÜPFER

Bundnaht
rückwärtige Mittelnaht
vordere Mittelnaht
Stoffbruch

III · Schnittmuster für Puppengrößen 51–56 cm

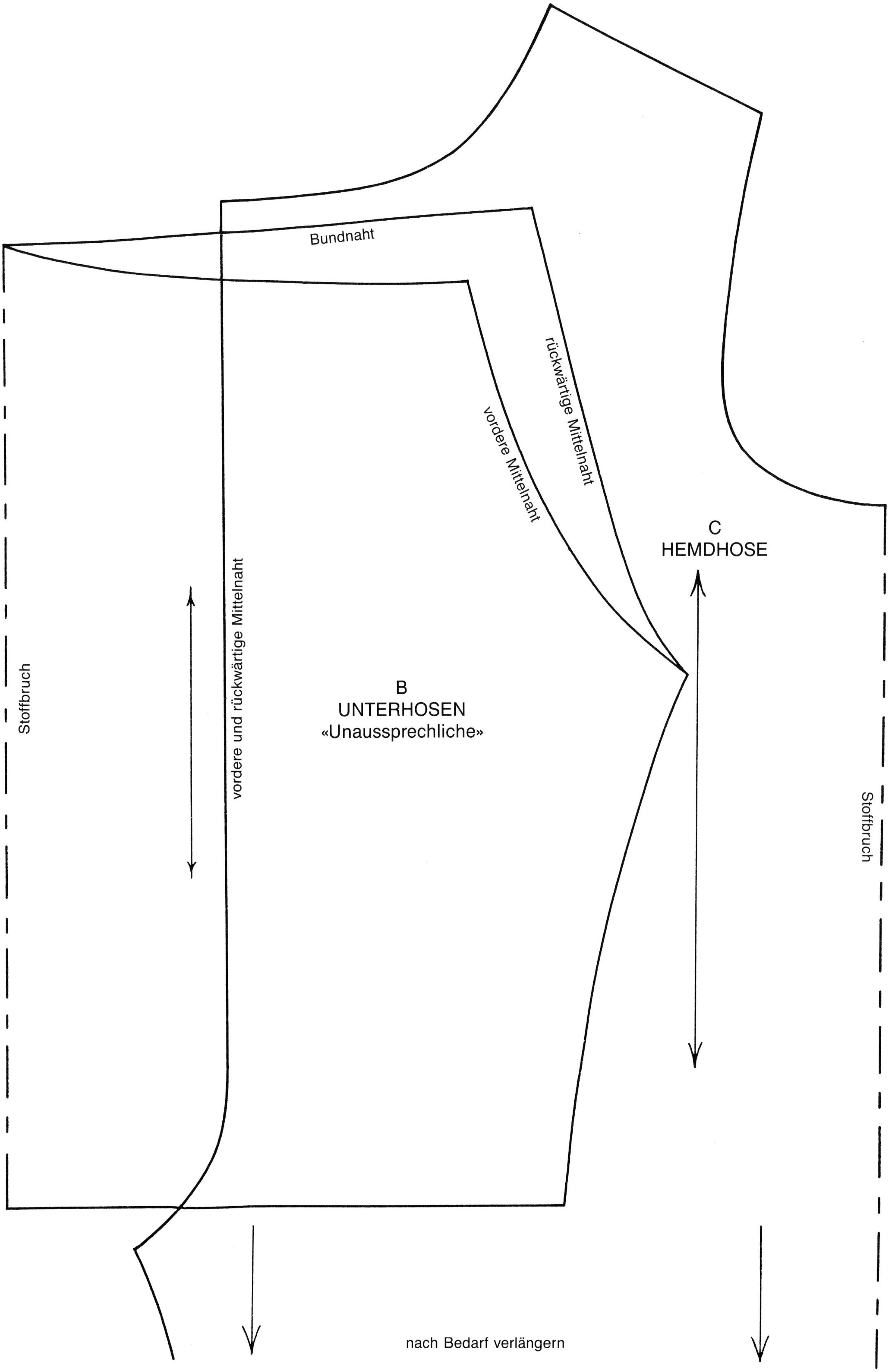

112 · Schnittmuster für Puppengrößen 51–56 cm

Bundnaht

rückwärtige Mittelnaht

vordere Mittelnaht

Stoffbruch

vordere und rückwärtige Mittelnaht

B
UNTERHOSEN
«Unaussprechliche»

C
HEMDHOSE

Stoffbruch

nach Bedarf verlängern

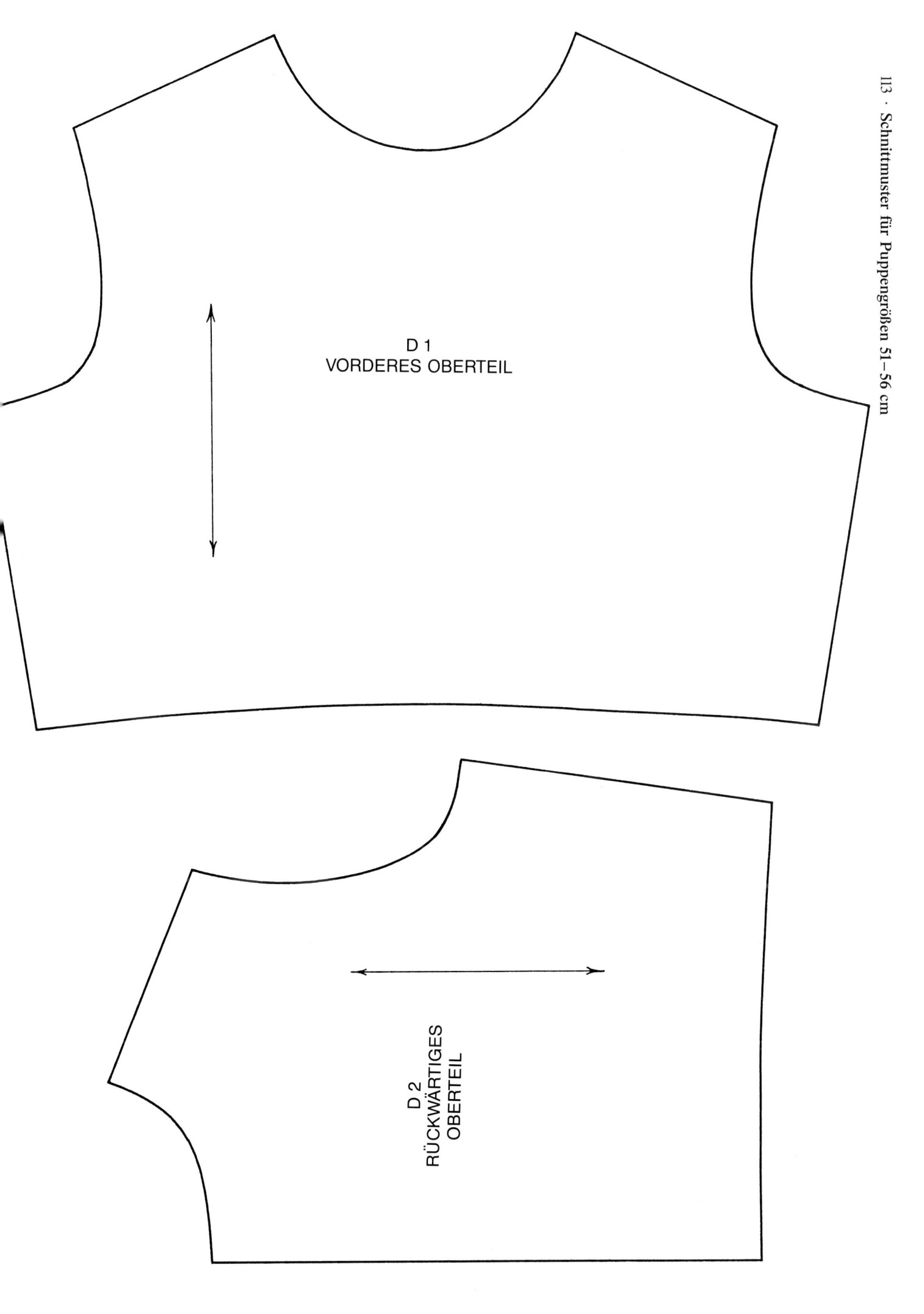

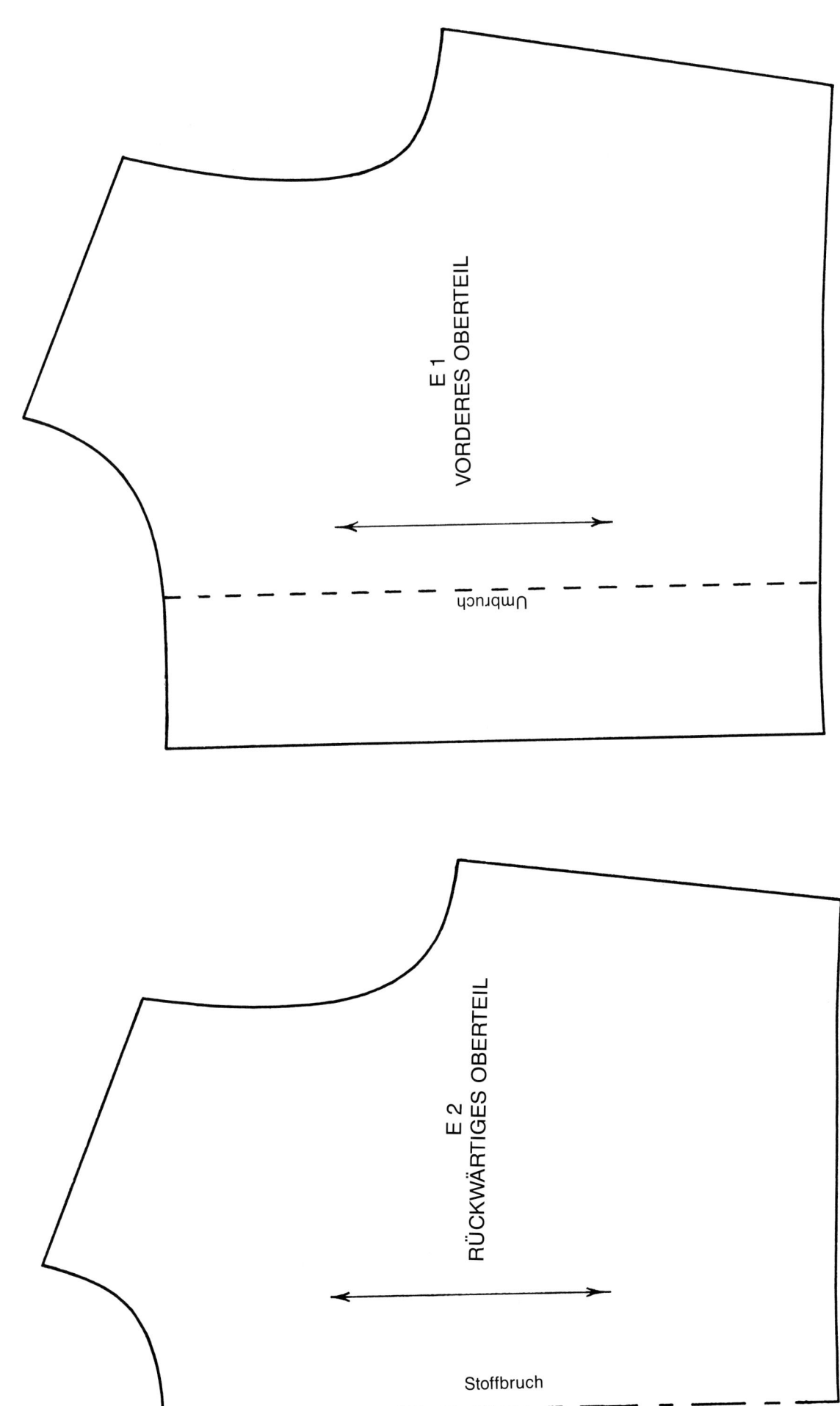

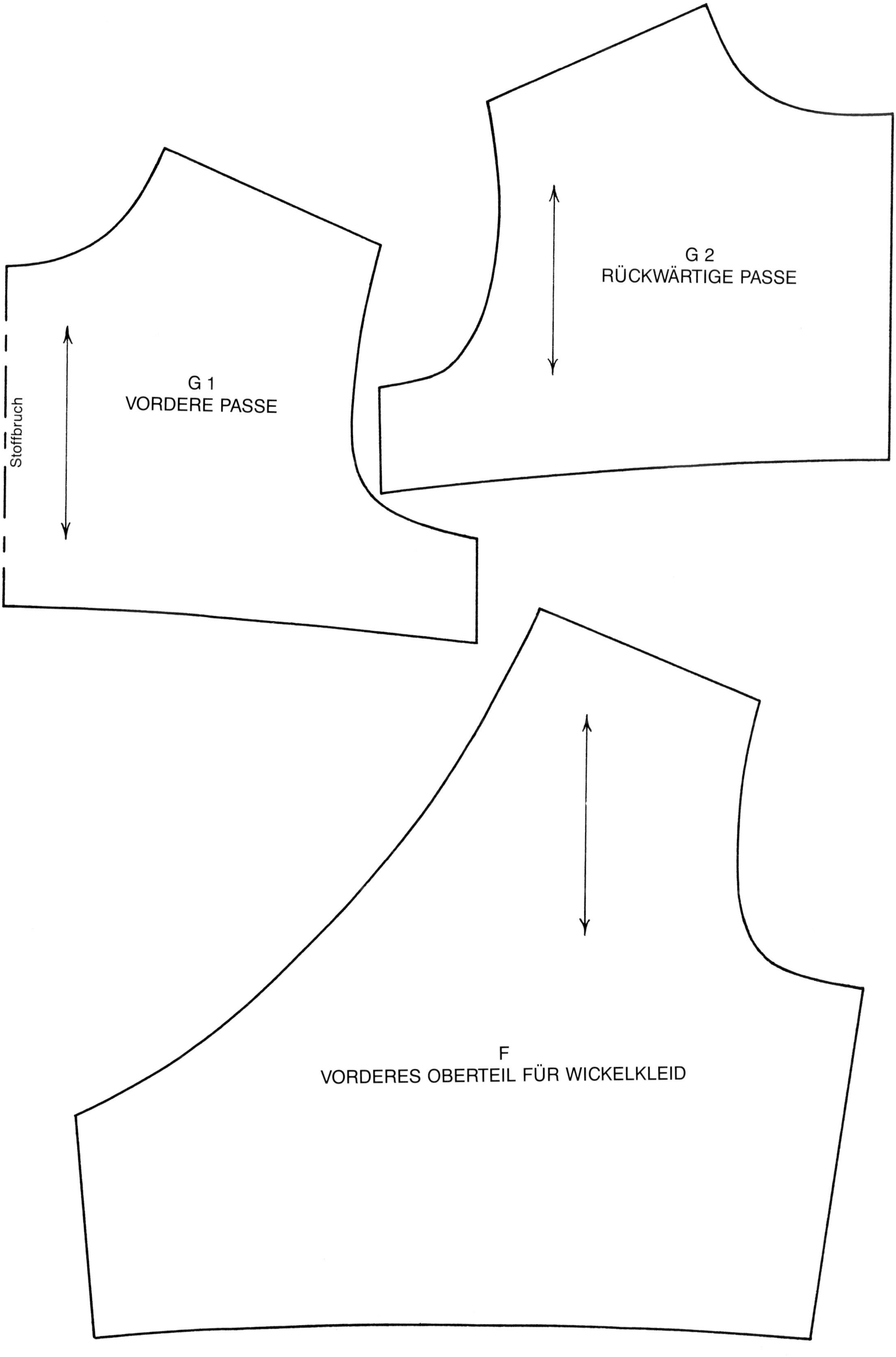

115 · Schnittmuster für Puppengrößen 51–56 cm

G 1
VORDERE PASSE

Stoffbruch

G 2
RÜCKWÄRTIGE PASSE

F
VORDERES OBERTEIL FÜR WICKELKLEID

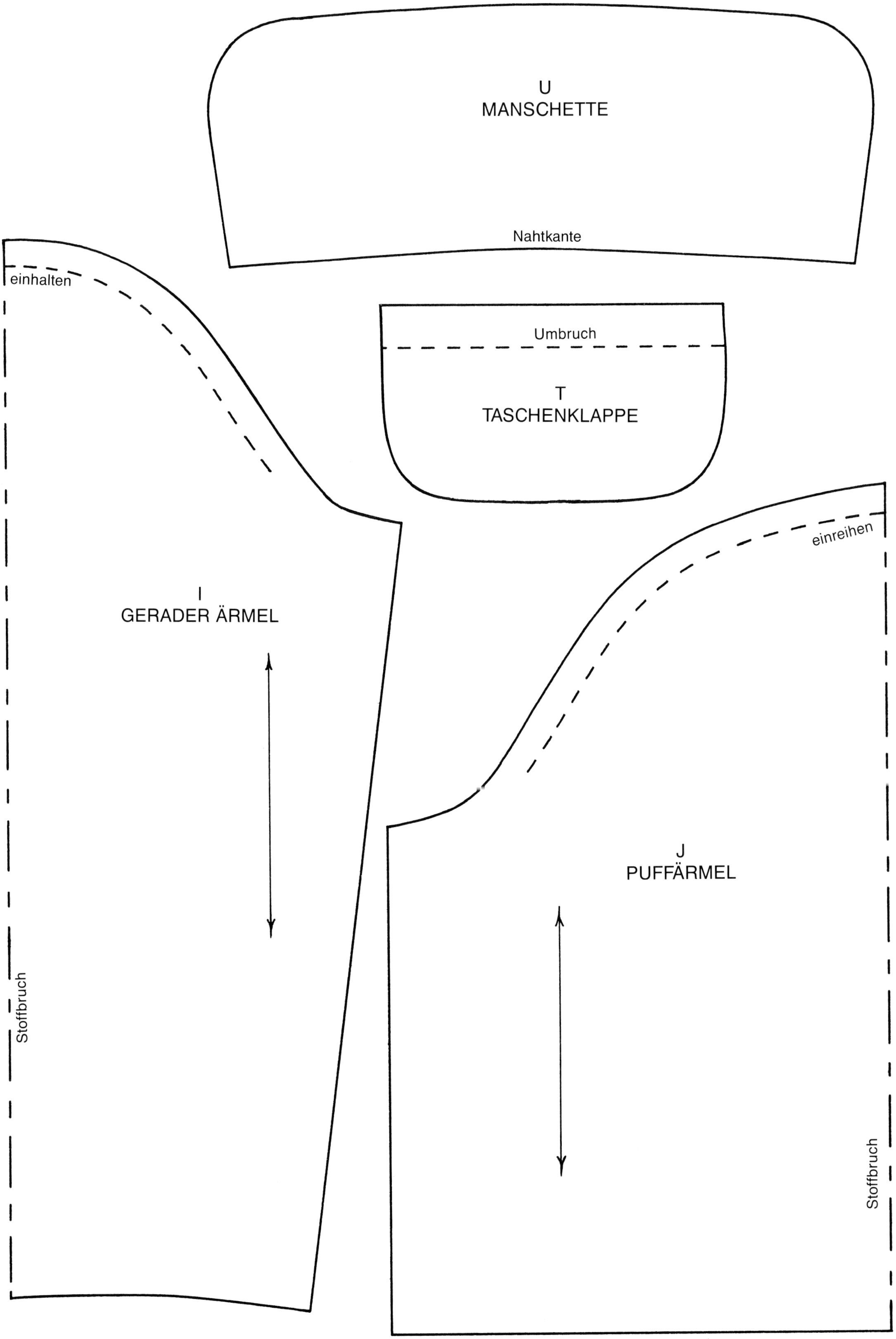

116 · Schnittmuster für Puppengrößen 51–56 cm

U
MANSCHETTE

Nahtkante

Umbruch

T
TASCHENKLAPPE

einhalten

I
GERADER ÄRMEL

Stoffbruch

einreihen

J
PUFFÄRMEL

Stoffbruch

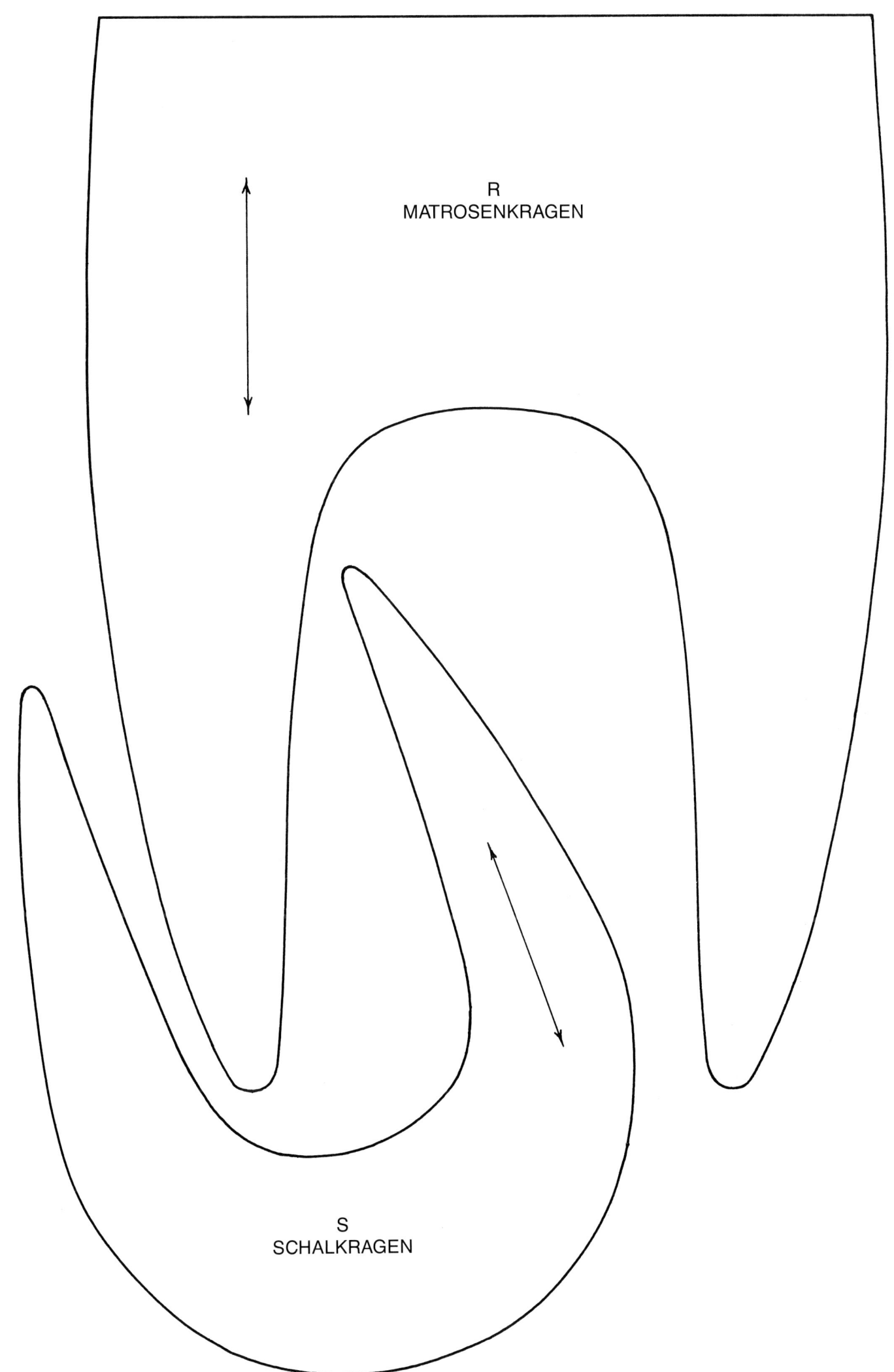

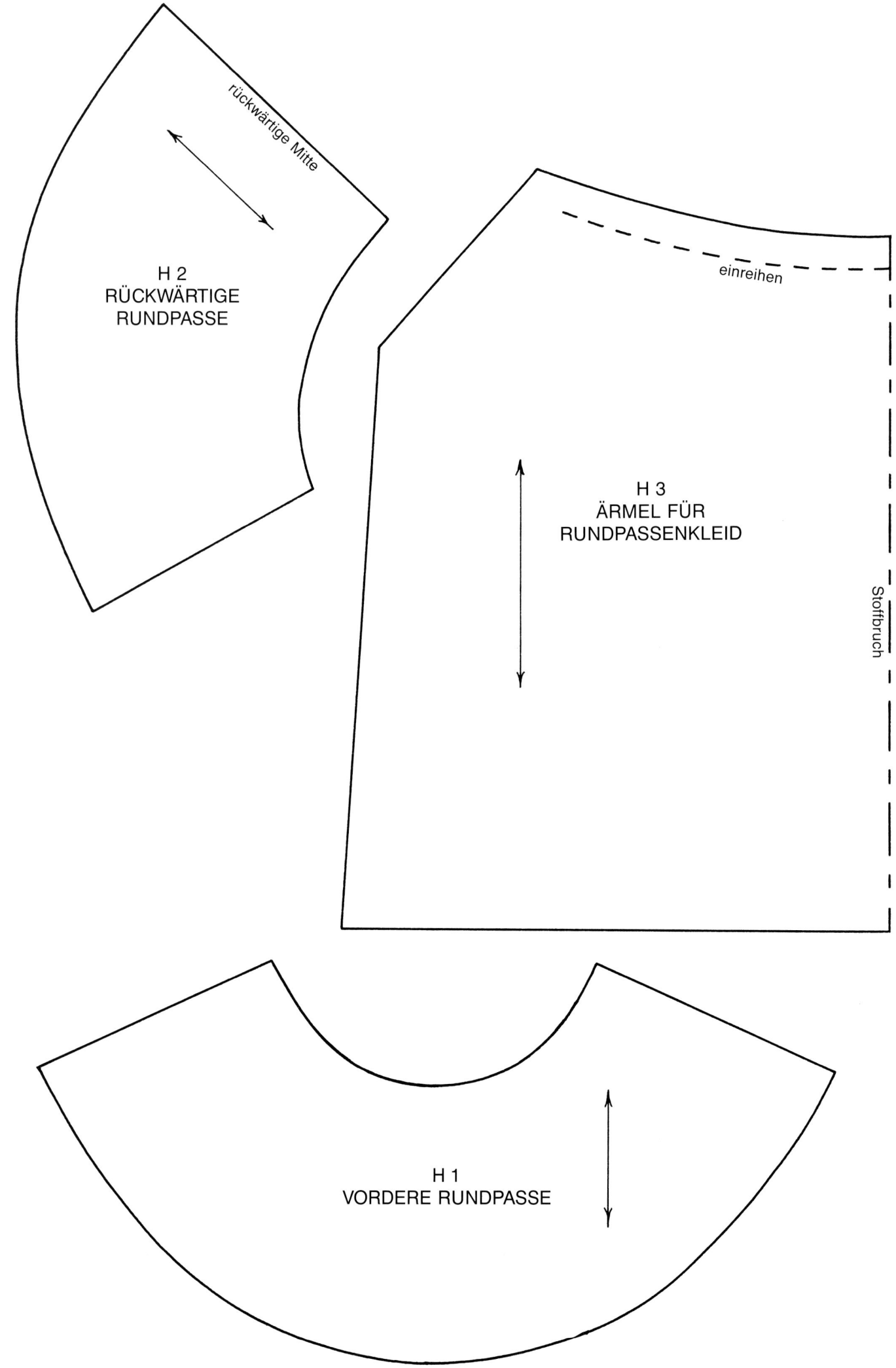

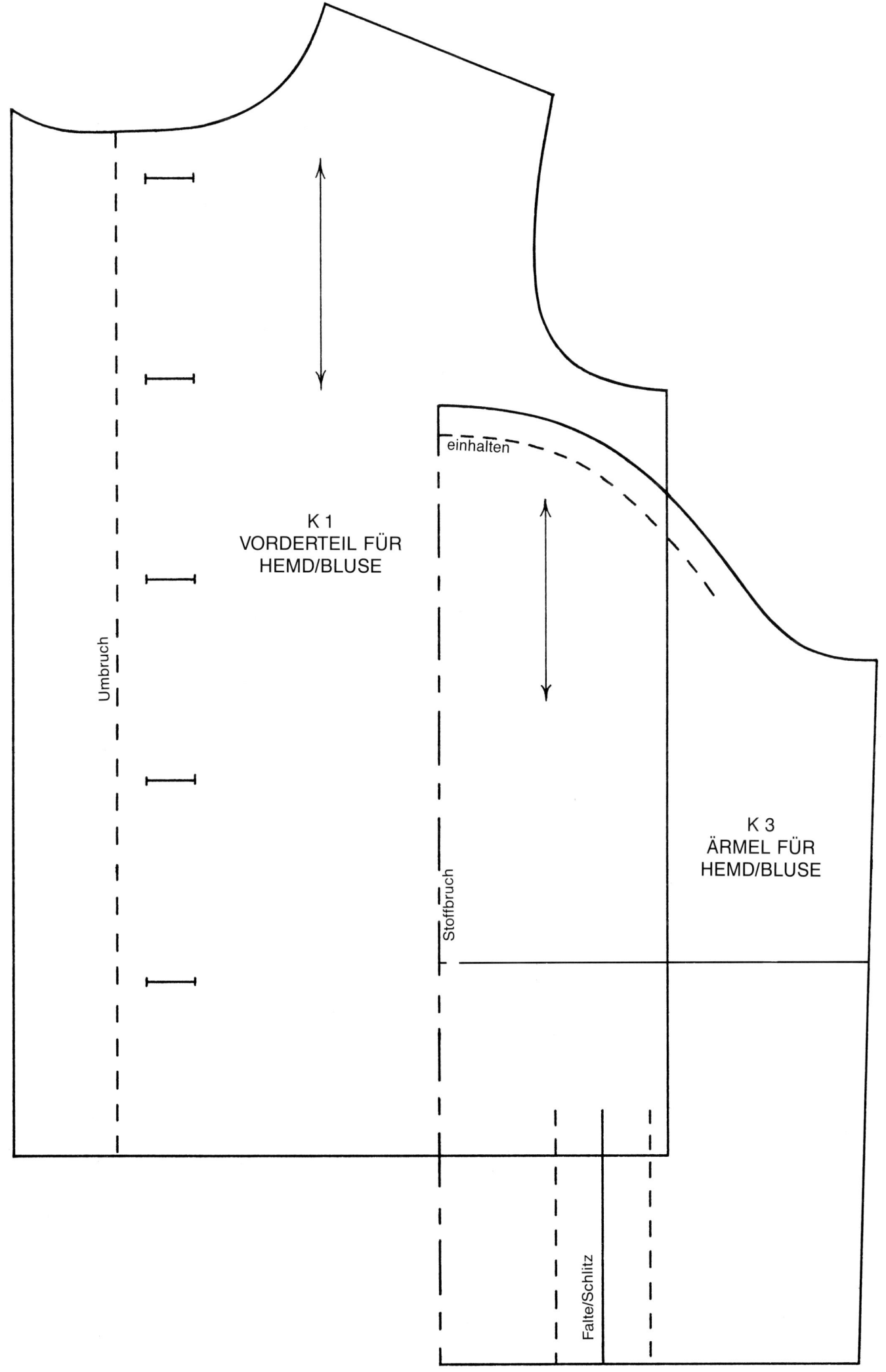

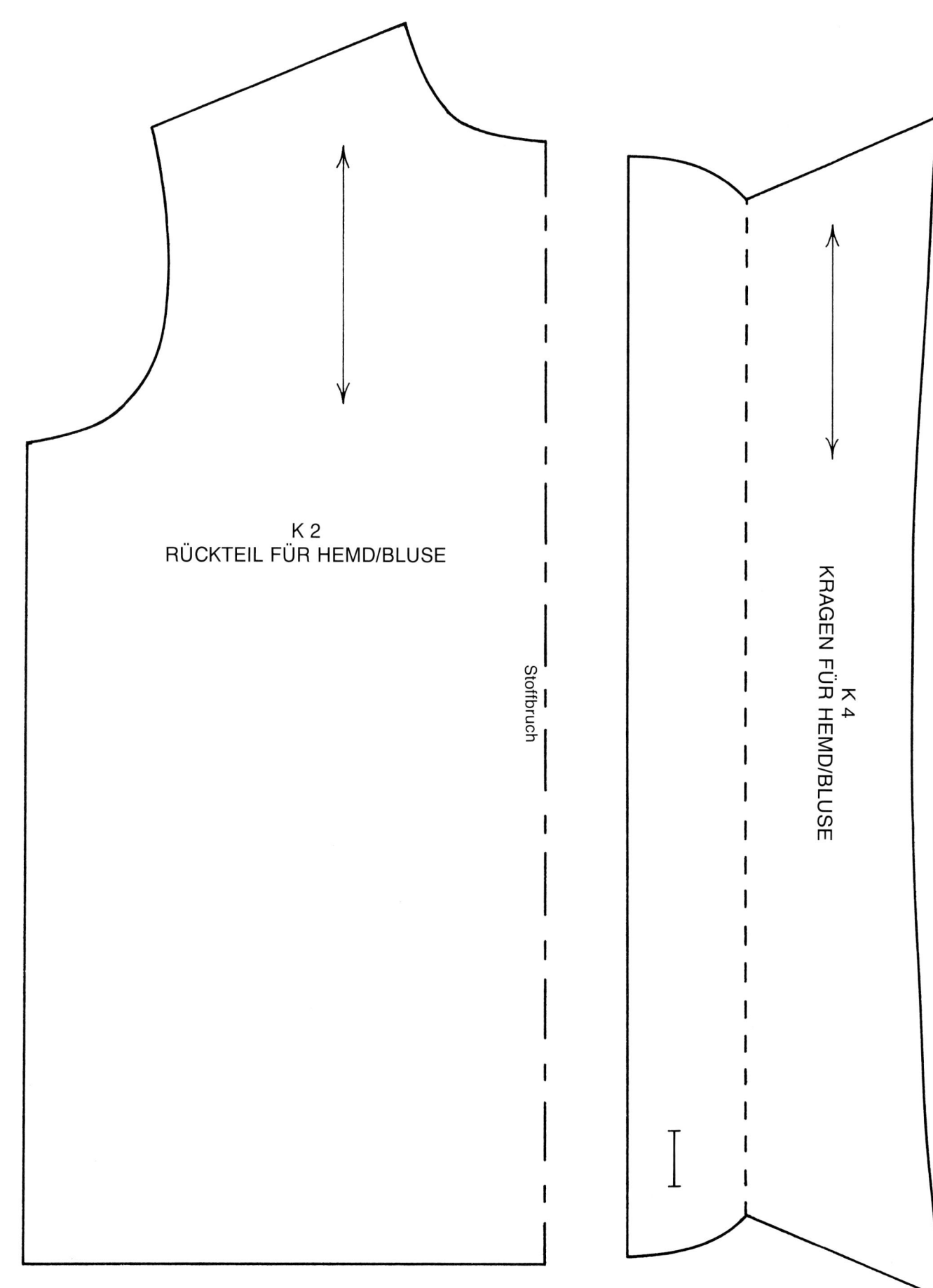

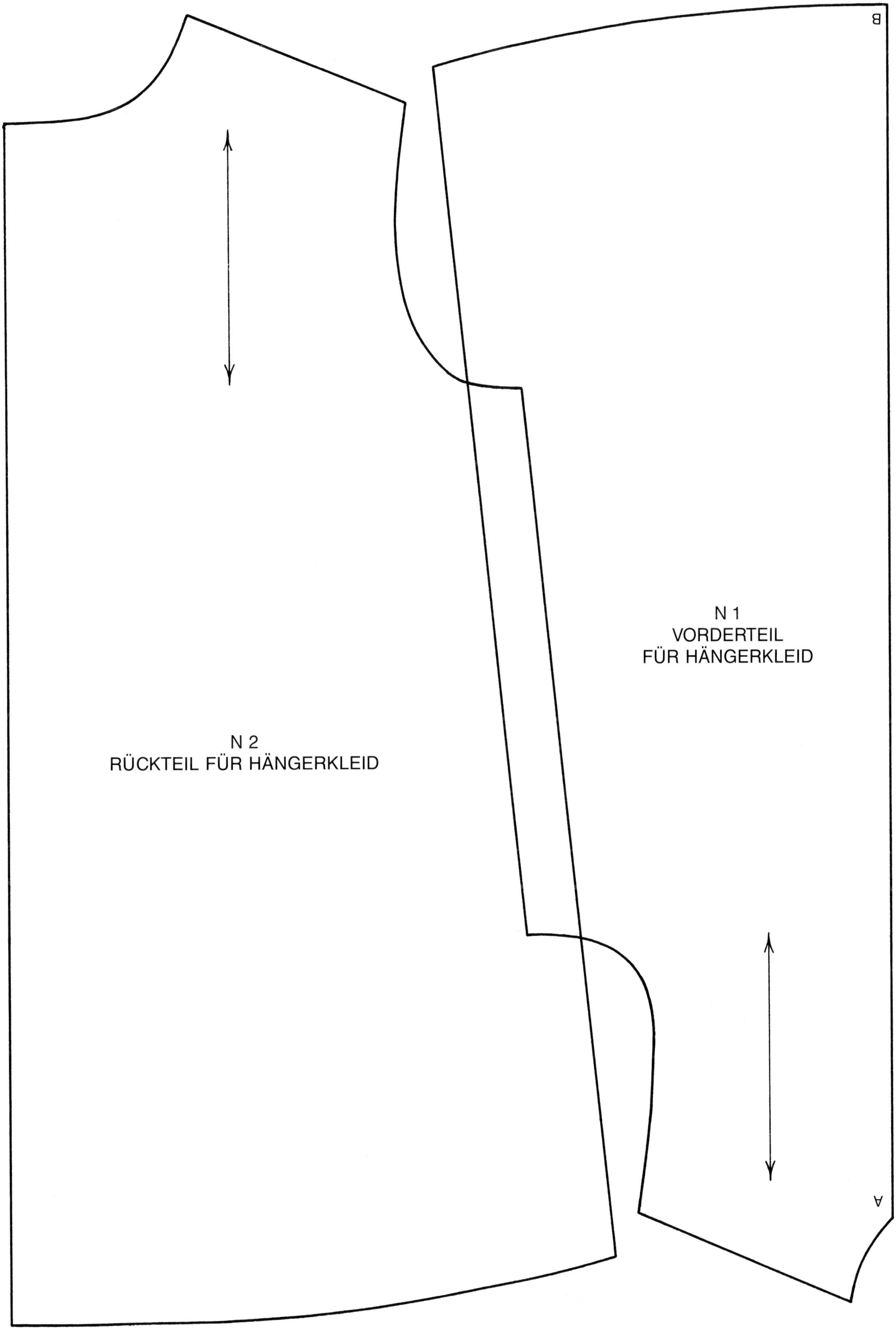

121 · Schnittmuster für Puppengrößen 51–56 cm

N 1
VORDERTEIL
FÜR HÄNGERKLEID

N 2
RÜCKTEIL FÜR HÄNGERKLEID

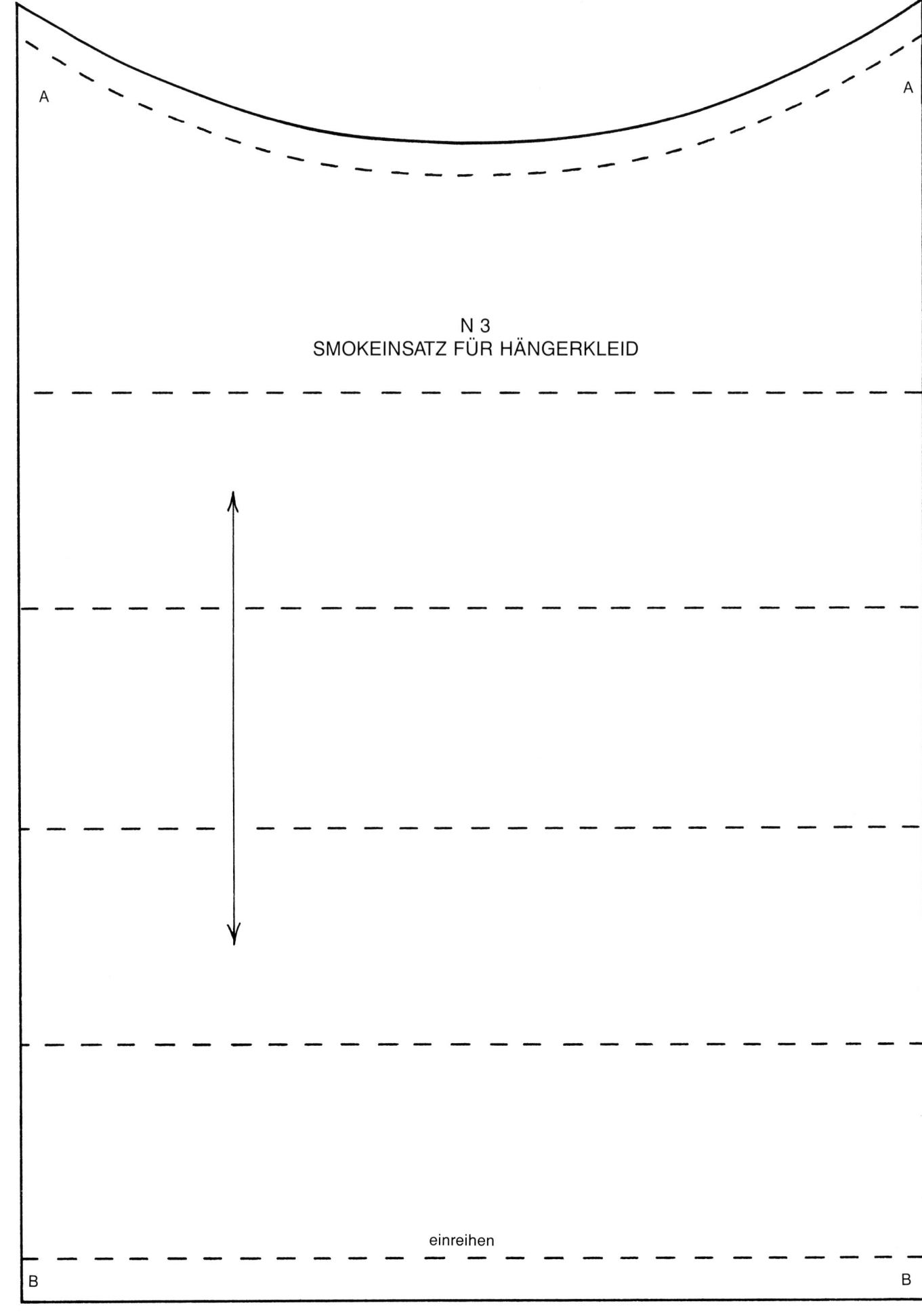

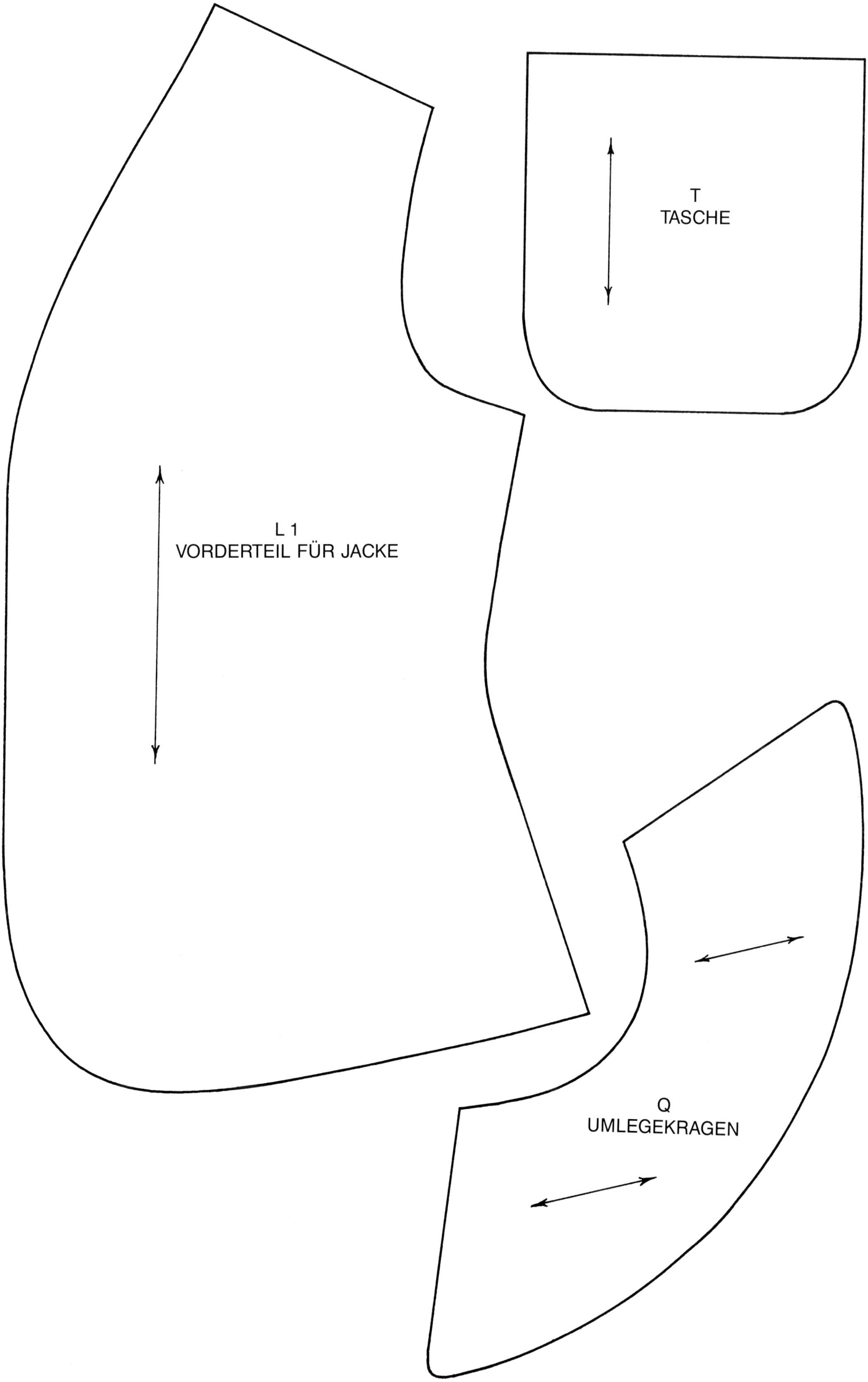

123 · Schnittmuster für Puppengrößen 51–56 cm

T
TASCHE

L 1
VORDERTEIL FÜR JACKE

Q
UMLEGEKRAGEN

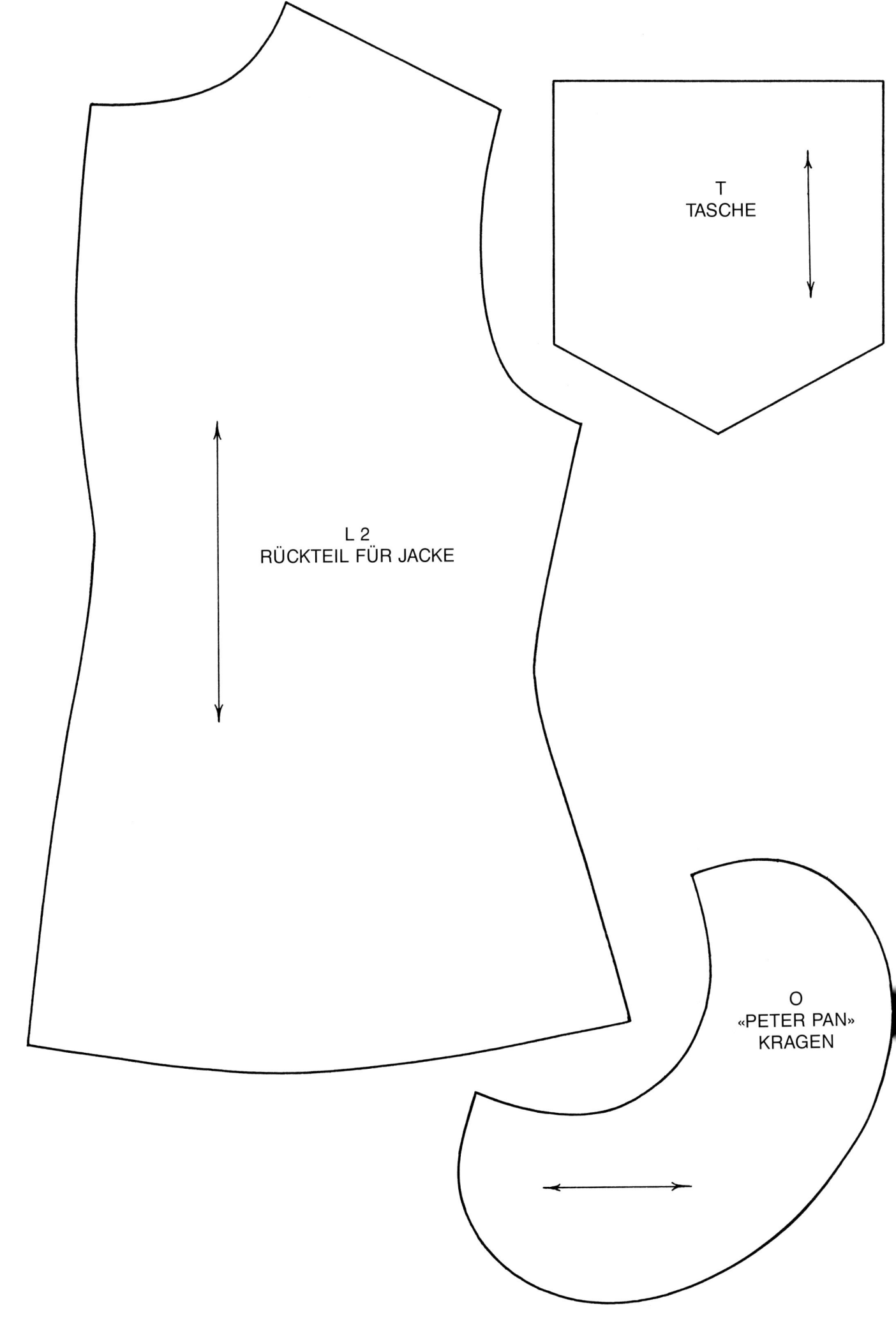

124 · Schnittmuster für Puppengrößen 51–56 cm

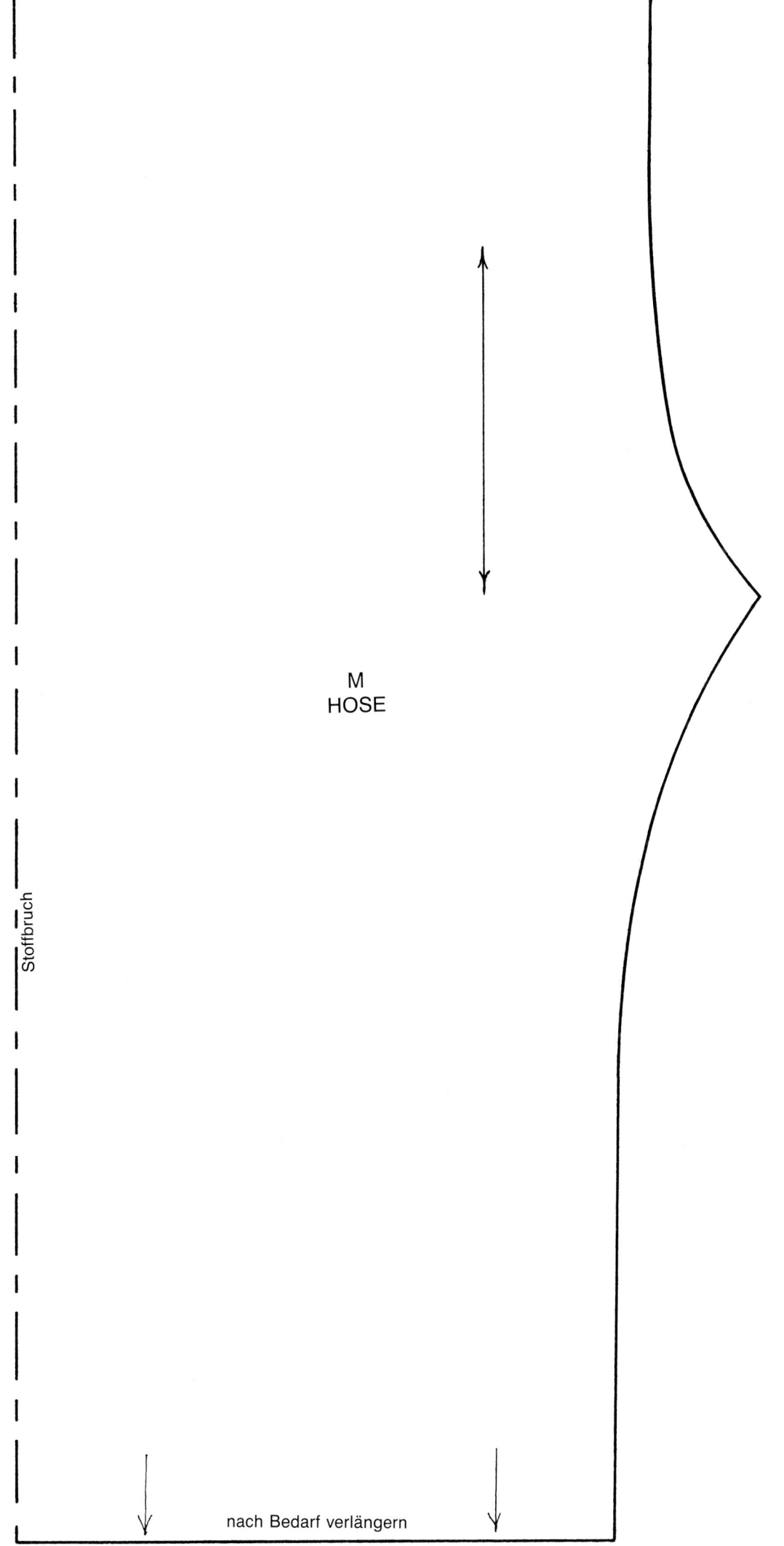

6 Babykleidung

Unterwäsche

In Kapitel 2 finden Sie die Anleitungen für die geknöpfte Windel und den Schlüpfer. Für einfache Windeln schneidet man Dreieckstuch aus einem alten Handtuch oder aus weißem Flanell zu, säumt die Windel oder faßt sie mit Schrägstreifen ein. Windelhöschen aus Plastik arbeiten Sie aus echten Plastikhöschen nach dem Schnittmusterteil A, Schlüpfer.

Auch Miederhemdchen, einfache Unterhemden und Söckchen gehören zur Babygarderobe. Die Nähanleitungen finden Sie wieder in Kapitel 2.

Unterkleider mit verkürzter Taille – aus den Schnitten G1 und G2 (Passe) – und gereihtem Rock oder glatte, ausgestellte Unterkleider (Schnitte V1 und V2) passen am besten zu Babypuppen. Die Wahl hängt natürlich auch vom jeweiligen Kleid ab (Nähanleitungen: Kapitel 2).

Kleider

Die Kleider müssen den etwas gedrungenen Proportionen und den kurzen Gliedmaßen der Babypuppen Rechnung tragen. Kleider aus den Schnitten G1 und G2 (ergeben ein Hängerkleid mit verkürzter Taille) und dem Puffärmel J (lang oder kurz) sowie Rundpassenkleidchen aus den Schnitten H1, H2 und H3 sitzen deshalb an Babypuppen wie angegossen. Beide Schnitte bieten eine Fülle von Variationsmöglichkeiten (siehe Abb. 41 und 44), von einfach bis aufwendig. Ausführliche Nähanleitungen finden Sie in Kapitel 3.

Röcke für lange Babykleider werden mindestens zweimal so breit wie lang zugeschnitten; beim Ausmessen der Länge müssen Sie wieder an die Saumzugabe denken. Babypuppen haben normalerweise recht kurze Hälse, deshalb sind Krägen eigentlich nicht angebracht. Wenn Sie dennoch lieber einen Kragen nähen möchten, dann eignet sich der «Peter Pan»-Kragen (O) am besten (Nähanleitung: Kapitel 4). Zu kurzen Babykleidern passen farbige Höschen.

Babyhäubchen finden Sie in Kapitel 9. Beachten Sie auch die Strick- und Häkelanleitungen in Kapitel 8.

Farbtafel 10

«Colette», eine 51 cm große Puppe aus einem Bausatz von Recollect, in der Mitte des Bildes trägt einen marineblauen, gereihten Wollrock mit kragenloser Jacke über einer weißen Bluse mit «Peter Pan»-Kragen. Hutband und Schleife sind aus rot-weiß getupftem Baumwollband. Über der Schulter hängt eine braune Lederhandtasche. Ihre blau-weißen Ringelstrümpfe sind aus Baumwollstretch.

Die 35 große Puppe auf der linken Seite (aus der Sammlung der Autorin) trägt ein langärmliges Schottenkleid mit rundem Halsausschnitt und gereihtem Rock. Die aufgenähte Lochstickereipasse hat einen Stehkragen und Ärmelrüschen, die schwarze Schleife und die Knöpfchen sind nachträglich aufgenäht. Die Manschetten sind ebenfalls aus Lochstickerei.

Die Puppe ganz rechts ist eine 45 cm große «Hilda»-Replik von GP Ceramics. Sie trägt eine crèmefarbene Baumwolljacke mit Matrosenkragen und langen Puffärmeln. Kragen, Manschetten und ärmellose Bluse sind mit marineblauen Bändern verziert. Passend dazu der Faltenrock aus Wollstoff. Die marineblauen Wollstrümpfe wurden aus alten Kinderstrümpfen genäht.

Aus der Sammlung der Autorin stammt auch die 25,5 cm große Puppe vorn im Bild. Sie ist mit einem roten Filzumhang mit Kapuze und einer roten Satinschleife ausgestattet.

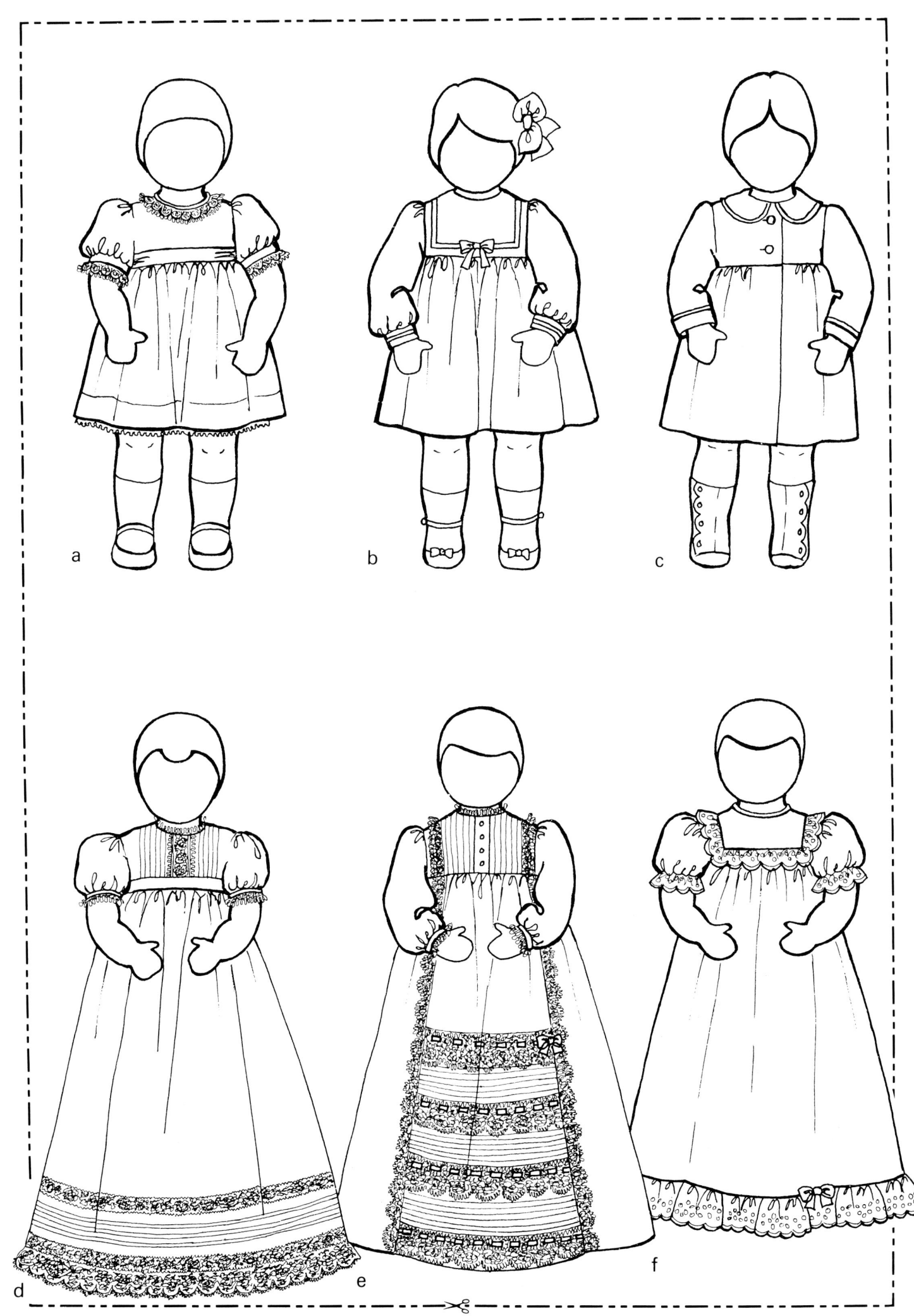

Babykleidung

Hosenkleidchen *Schnittmusterteil B*

Schnittmusterteil B bis auf Höhe der Achselhöhlen verlängern und gerade abschneiden. Die Beine sind kurz oder lang, je nach Wunsch. Genäht wird nur mit einem ganz leichten Stoff.

Pluderhose *Abb. 10 b*

Zwei Teile nach Schnittmusterteil B zuschneiden. Die vordere Mittelnaht schließen und die Oberkante säumen. Linien für den Gummizug anzeichnen und dem Oberteil entsprechend zusammenziehen. Die rückwärtige Mittelnaht und die inneren Beinnähte schließen. An den Beinenden einen Durchzug arbeiten und ein Gummiband einziehen. An das Oberteil vorne und hinten Bänder annähen und über der Schulter zur Schleife binden.

Hosenkleidchen mit Brustband *Abb. 10 c*

Den Brustumfang ausmessen und ein Brustband (wie einen breiten Bund) in der entsprechenden Länge zuschneiden. Zwei Teile nach Schnittmusterteil B zuschneiden und die vordere Mittelnaht schließen, dabei oben einen kleinen Schlitz offenlassen; diesen Schlitz säumen. Die inneren Beinnähte schließen. Die Oberkante einreihen und am Brustband feststeppen. Hinten an das Brustband Knopf und Knopfloch oder Knopfschlinge arbeiten. An den Beinenden einen Durchzug nähen und ein Gummiband einziehen. Als Träger eignen sich Bänder oder selbstgearbeitete Stoffstreifen. Sie werden vorne und hinten am Brustband angenäht.

Hosenkleid mit Passe und Ärmeln

Passenteile G1 und G2, Ärmelschnitt J – lang oder kurz

Passe und Ärmel nach den Anleitungen in Kapitel 3 nähen. Die Hosen wie beim Hosenkleid mit Brustband nähen und an die Passe steppen. An den Beinenden einen Durchzug

Abb. 42: Hosenkleid mit Passe und Ärmeln

Abb. 41: Kleider für Baby- und Kleinkinderpuppen aus den Schnittmusterteilen G1 und G2

a Kurzes kragenloses Kleidchen mit gereihtem Rock und kurzen Puffärmeln (Schnittmusterteil J). Als Ärmelabschlüsse dienen Bänder. Halsausschnitt und Ärmelenden sind mit Spitzenrüschen besetzt. Für leichte Stoffe wie Baumwolle, Seide oder Flanell, einfarbig oder gemustert. Dazu über der verkürzten Taille eine einfarbige Schärpe in kräftigen Farben oder in Pastelltönen. Vorschläge: Ein rosa Baumwollkleid mit weißen Spitzen und rosa Satinschärpe oder ein Kleid aus kleingemustertem rot- oder blaugrundigem Stoff, dazu weiße Spitze und eine Schärpe in Blau oder Rot.

b Kurzes hochgeschlossenes Kleidchen mit gereihtem Rock und langen Puffärmeln (Schnittmusterteil J) mit Manschetten. Hübsch dazu: An der Passe und an den Manschetten Bänder Ton in Ton oder in Kontrastfarben aufsteppen. Für leichte einfarbige oder kleingemusterte Stoffe, etwa ein marineblaues Flanellkleid mit scharlachroten Bändern oder ein Kleid mit einem kleinen Blumenmuster mit einfarbigen Bändern.

c Mantelkleid (Schnittmuster für Vorderverschluß abgeändert) mit gereihtem Rock, Rundkragen (Schnittmusterteil P) und langen geraden Ärmeln (Schnittmusterteil I). Das Kleid wird vorne geknöpft. Für leichtere oder etwas festere Stoffe wie feiner Wollstoff, Feincord oder Veloursamt, ohne Muster. Hübsches Detail: bestickter Kragen und bestickte Manschetten. Vorschläge: Ein marineblaues Wollkleid mit roter Stickerei oder ein hellblaues Veloursamtkleid mit blauer Stickerei.

d Langes Babykleid mit Biesenpasse, kurzen Puffärmeln (Schnittmusterteil J) und gereihtem Rock mit Biesen. Als Ärmelabschlüsse dienen Bänder. Halsausschnitt und Ärmelenden sind mit schmaler Spitze besetzt, der Rock ist mit breiter Spitze verziert, ebenso die Passe. Dazu eine Schärpe um die verkürzte Taille. Für leichte einfarbige Stoffe, etwa Seide oder Batist, in Pastelltönen. Ebenfalls hübsch: Ein Kleid aus durchscheinendem Stoff über weißem oder farbigem Höschen. Vorschläge: Ein Seidenkleid in Crème, dazu Spitze und Schärpe ebenfalls in Crème, oder ein weißes Voilekleid mit weißen Spitzen über einem hellblauen Höschen, dazu eine blaue Schärpe. Paßt zu antiken Puppen um 1900.

e Langes Babykleid mit Biesenpasse, langen Puffärmeln (Schnittmusterteil J) mit schmalen Manschetten und langem gereihtem Rock. Der Rock ist besonders aufwendig mit Spitzen, Biesen und eingezogenen Bändern verziert. Halsausschnitt und Manschetten sind mit schmaler Spitze besetzt, auf die Passe sind kleine Knöpfe aufgenäht. Für leichte Stoffe wie Batist oder Seide, dazu breite Spitzen und Satinbänder, etwa ein weißes Batistkleid mit rosa Satinbändern oder ein elfenbeinfarbenes Seidenkleid mit blauen Bändern. Paßt zu antiken Puppen um 1850 (Farbtafel 8).

f Langes kragenloses Babykleid mit kurzen Puffärmeln (Schnittmusterteil J) mit gerüschten Lochstickereiabschlüssen und langem gereihtem Rock mit Lochstickereivolant am Saum. Die Passe ist mit einer Rüsche aus Lochstickerei besetzt. Für leichte Baumwollstoffe wie Batist in Weiß oder in Pastelltönen. Eine interessante Variante: Ein Kleid aus Lochstickereistoff über buntem Höschen.

Babykleider

arbeiten und ein Gummiband einziehen. Zuletzt Knöpfe und Knopflöcher oder Druckknöpfe an die rückwärtige Passe nähen (siehe Abb. 42).

Paßform: Achten Sie auf die Länge des Rückteils. Als Kragen eigen sich «Peter Pan»- oder Umlegekragen (Schnittmusterteile O bzw. Q) aus derselben Größengruppe wie der Passenschnitt.

Strampelanzug *Schnittmusterteil X*

Aus einem dehnbaren Flauschmaterial genäht, wird der Strampelanzug ganz besonders hübsch. Die Kapuze können Sie auch weglassen – den Kapuzenschnitt gibt es übrigens nur für die kleinen Größen (den Schnitt gegebenenfalls vergrößern). Der Strampelanzug wird mit einem Reißverschluß geschlossen. Vor dem Zuschneiden sollten Sie vor allem den Brustumfang, die Länge Rücken–Schritt, die Beinlänge (innere Naht) und die Ärmellänge (von der Achselhöhle zum Handgelenk) sorgfältig ausmessen.

Für den Strampelanzug zwei Anzugteile und zwei Sohlen zuschneiden. Die rückwärtige Anzugnaht schließen. Die vordere Anzugnaht etwa 2,5 bis 5 cm schließen, die offenen Kanten umschlagen und den Reißverschluß einnähen. Die Seitennähte von den Handgelenken bis zu den Füßen schließen. Die Sohlen an die Füße nähen. Die Ärmelenden säumen. Das Kapuzenteil in der Mitte falten und die rückwärtige Kapuzennaht schließen. Den vorderen Kapuzenrand säumen, anschließend den hinteren Kapuzenrand einreihen und an den Halsausschnitt steppen. (Beim kapuzenlosen Strampelanzug wird der Halsausschnitt mit Schrägstreifen versäubert.) Zum Schluß wird der Flausch schön glattgestrichen (eventuell die Fasern aus den Nähten ziehen) und um den Reißverschluß ein wenig gekürzt, damit sich beim Zuziehen keine Fasern verklemmen (Abb. 43).

Hinweis: Sie können den Strampelanzug auch aus dehnbarem Frottee nähen, dann wird's ein richtiger Schlafanzug. Lassen Sie für den Schlafanzug die Kapuze weg und fassen Sie den Halsausschnitt mit Schrägstreifen ein. Als Verschluß dienen Druckknöpfe.

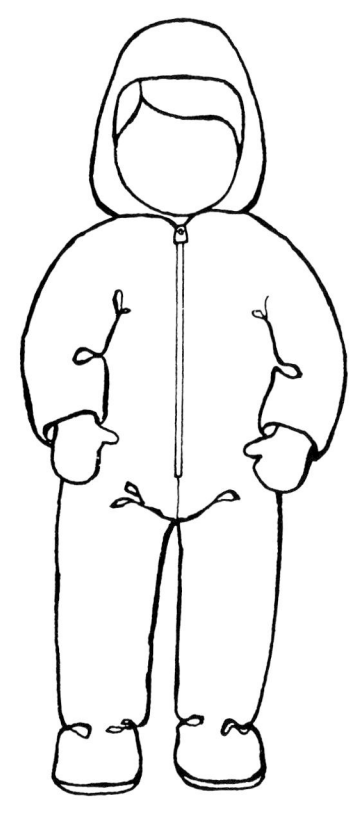

Abb. 43: Strampelanzug

Abb. 44: Kleidchen für Baby und Kleinkinderpuppen aus den Schnittmusterteilen H1, H2 und Ärmel H3

a Kurzes Kleidchen mit einfachem, runden Halsausschnitt und kurzen Puffärmeln (Schnittmusterteil J). Die Ärmelenden sind mit Schrägstreifen versäubert. Für leichte, einfarbige Stoffe wie Baumwollbatist oder Seide in Pasteltönen, dazu auf der Passe ein aufgesticktes Blumenmotiv. Vorschläge: Ein pastellrosa Seidenkleid mit Stickerei in Pastellrosa, Grün und Crème oder ein goldgelbes Baumwollkleid mit gestickten Gänseblümchen und grünen Blättern. Paßt zu antiken Baby- oder Kinderpuppen um 1920 (Farbtafel 6).

b Kurzes Kleidchen mit eingefaßtem Halsausschnitt und langen Puffärmeln. Die Ärmelenden sind ebenfalls eingefaßt. Die Passe ist mit einem Volant aus dem Kleiderstoff besetzt, Halsausschnitt und Ärmelenden sind mit schmaler Spitze verziert, auf die Passe sind kleine Knöpfe genäht. Für einfarbige oder gemusterte Stoffe in Baumwoll- oder Flanellqualität, bei größeren Puppen vielleicht auch Feincord.

c Kurzes Kleid mit Passe und Überrock aus Lochstickerei (in der Art einer Kittelschürze), kurzen Puffärmeln mit gerüschten Abschlüssen und Rock. Für leichte Stoffe. Eine hübsche Kombination: Als Kontrast zur weißen Lochstickerei Passenfutter, Rock und Ärmel aus einem bunten, ungemusterten Stoff nähen, etwa rosa, blaue oder gelbe Baumwolle oder marineblauer, roter oder brauner Flanell. Wichtig: Dieses Kleid kann in einem Arbeitsgang oder getrennt genäht werden. In letzterem Fall wird zuerst das Kleid aus farbigem Stoff, danach die Schürze aus Lochstickereistoff genäht.

d Langes Babykleid mit einfachem rundem Halsausschnitt und kurzen Puffärmeln (Schnittmusterteil J) mit gerüschten Abschlüssen. Das ganze Kleid wird aus zwei Lagen, Spitze über Seide, genäht. Die beiden Lagen werden wie ein Teil verarbeitet, beim Zuschneiden konzentriert man das Spitzenmuster auf Passe, Ärmel und Rocksaum. Vorschläge: Weiße Spitze über weißem Seidenfutter oder, als Kontrasteffekt, Futter in Pasteltönen, etwa weiße Spitze über blauer Seide oder crèmefarbene Spitze über rosa Seide. Paßt zu antiken Babypuppen.

e Langes Babykleid mit einfachem rundem Halsausschnitt. Biesenpasse, kurzen Puffärmeln (Schnittmusterteil J) mit schmalen Manschetten und Volant am Rocksaum. Manschetten, Rocksaum und Passe sind mit Spitze oder Lochstickerei abgesetzt, durch die bunte Bänder gezogen werden. Der Entwurf eignet sich für leichte Seidenstoffe oder Baumwollqualität in Weiß oder in Pasteltönen. Eine hübsche Variante wäre ein durchsichtiges Kleid, etwa aus Voile oder Organza, über buntem Höschen mit farblich passenden Bändern, zum Beispiel ein weißes Organzakleid mit weißen Spitzen und pastellfarbenen Bändern über einem pastellfarbenen Höschen. Paßt zu antiken Babypuppen um 1920.

f Langes Babykleid mit einfachem rundem Halsausschnitt und langen Puffärmeln mit gerüschten Spitzenabschlüssen. Die Passe ist mit einem breiten Spitzenvolant besetzt. Für leichte Baumwoll- oder Seidenstoffe sowie für weichen Satin, etwa ein Satinkleid in Crème mit crèmefarbenen Spitzen oder ein weißes Seidenkleid mit weißen Spitzen. Paßt zu antiken Babypuppen.

7 JACKEN, MÄNTEL UND UMHÄNGE

Für Jacken und Mäntel eignen sich eigentlich alle Stoffe, von sehr leichten bis zu relativ festen. Das Material richtet sich ganz nach der Größe der Puppe. Es empfiehlt sich, Jacken und Mäntel immer mit einem leichten Stoff in der Farbe des Außenmaterials abzufüttern; das Einarbeiten eines Zwischenfutters bringt zusätzliche Aussteifung.

Einfache Jacke (Grundschnitt)

Schnittmusterteile L1, L2 und Ärmelschnitt I, Kragen und Manschetten nach Wunsch

Für die Jacke je zwei Rückteile, zwei Vorderteile und zwei Ärmel aus Stoff und Futterstoff zuschneiden. Stoff und Futter werden getrennt verarbeitet. Die rückwärtige Mittelnaht und die Schulternähte schließen. Die Armkugel einhalten und die Ärmel einsetzen, anschließend Seiten- und Ärmelnähte in einem Arbeitsgang schließen. Die Nahtkanten einschneiden und auseinanderbügeln. Für eingefaßte Kanten: Stoff und Futter links auf links legen, das Ärmelfutter in die Ärmel schieben und Stoff und Futter entlang der Kanten mit Schrägstreifen einfassen. Ohne Schrägstreifen: Stoff und Futter rechts auf rechts entlang der Kanten zusammennähen, nur an der rückwärtigen Kante eine Öffnung zum Wenden lassen. Die Nahtkanten einschneiden, die Jacke wenden, dämpfen und die Öffnung sauber verschließen. Die Ärmelenden nach innen umschlagen und mit kleinen Stichen festnähen. Das Ärmelfutter gegen den Umschlag steppen. Je nach Wunsch hat diese Jacke überlappende oder aneinanderstoßende Vorderkanten.

Paßform: Den Brustumfang, die Länge des Rückteils und die Ärmellänge sorgfältig ausmessen. Achten Sie auf genügend Zugaben für überlappende Vorderteile.

Varianten aus dem Grundschnitt

Der Schalkragen (Schnittmusterteil S), der Matrosenkragen (R) oder Manschetten (U) machen aus einer einfachen Jacke schnell ein exklusives Modell. Zur Abwechslung können Sie auch einmal mit dem Puffärmel (J, mit Manschetten) arbeiten (siehe «Ärmel», Kapitel 3). Auch die beiden Taschenschnitte T ergänzen Jacken und Mäntel.

Eine weitere Variante sind Änderungen am Vorderteil. Nehmen Sie die Kanten etwas zurück, um einen Smokeinsatz am Kleid besser zur Geltung zu bringen, oder schneiden Sie die Ecken rechtwinklig oder abgeschrägt zu. Für Mäntel und Kleider wird der Jackenschnitt gemäß Abbildung 47 an den vorderen Kanten, an der rückwärtigen Naht und an den Seiten verlängert.

Aus den Schnittmusterteilen E1 und E2 sowie dem Ärmelschnitt I lassen sich ebenfalls schicke Jacken und Mäntel schneidern, zum Beispiel ein taillierter Mantel, wahlweise mit gereihtem oder mit glattem Bahnenunterteil oder zur ausgestellten Form verlängert. Zu diesem Schnitt passen vor allem der Rundkragen (P) und Manschetten (U).

Wie wäre es mit einem Mantel im Wickelstil aus den Schnittmusterteilen E2 und F, entweder wieder tailliert oder zur ausgestellten Form verlängert? Versuchen Sie es! Zu diesem Schnitt sehen Schalkragen (S) und Matrosenkragen (R) sehr gut aus (Abb. 22).

Eine Jacke mit überlappenden Vorderteilen verschließen Sie mit Knöpfen Haken und Ösen. Auch Zierknöpfe sind möglich. Ein Wickelmantel kann auch zweireihig geknöpft werden. Für Jacken mit aneinanderstoßenden Vorderteilen eignen sich Knöpfe und Schlingen, Haken oder Posamentenverschlüsse, für größere Puppen auch Knebelverschlüsse. Denken Sie auch an Pelzbesatz auf Kragen und Manschetten.

Jacken, Mäntel und Umhänge

Abb. 45: Kleider, Jacken und Mäntel aus den Schnittmusterteilen L1, L2, Schalkragen S und Ärmelschnitt I

a Jacke mit Schalkragen, Manschetten (Schnittmusterteil U) und aufgesetzten Taschenklappen (Schnittmusterteil T). Für feste, nicht zu schwere Stoffe wie Wolle, Brokat oder Samt. Jacke, Kragen, Manschetten und Taschenklappen werden mit Schrägstreifen, schwerer Spitze oder Borten eingefaßt. Die Jacke ist gefüttert, als Verschluß dienen Knöpfe und Knopflöcher. Hübsches «Darunter»: Ärmelloses Kleid mit verlängerter Taille (aus den Schnitten D1 und D2) und Quetschfaltenrock aus Taft oder gechintzter Baumwolle. Besonders edel: Mit gereihter Spitze überzogenes Oberteil. Jacke und Kleid in gedeckten Farben, entweder Ton in Ton oder kontrastierend, etwa ein mittelgrünes Taftkleid unter einer dunkelgrünen Samtjacke, dazu Taschenklappen, Kragen und Manschetten aus dem Kleiderstoff, oder eine elfenbeinfarbene Brokatjacke über einem rosa Taftkleid. Paßt zu französischen «Bébés» um 1880 (Farbtafel 14).

b Gefütterte Jacke mit Schalkragen (Schnitt gekürzt) aus Wollstoff oder Veloursamt. Als Verschluß dienen Knöpfe und Knopflöcher. Darunter: Bluse mit «Peter Pan»-Kragen aus leichten Seiden- oder Baumwollstoffen, dazu ein gereihter Rock aus dem Jackenstoff. In kräftigen oder gedeckten Farben, uni oder gemustert. Vorschläge: Jacke und Rock aus gemustertem Feincord, dazu eine einfarbige Bluse im selben Farbton, oder Jacke und Rock aus marineblauer Wolle, dazu eine weiße Baumwollbluse (Farbtafel 10).

c Gefütterter Mantel (verlängerter Jackenschnitt, siehe Abb. 47) aus Wollstoff oder Veloursamt mit Schalkragen und aufgesetzten Taschen (Schnittmusterteil T). Kragen und Taschen sind mit schwerer Spitze besetzt. Als Verschluß dienen Knöpfe und Knopflöcher. Uni, etwa grauer Samt und weiße Spitzen oder brauner Wollstoff mit crèmefarbenen Spitzen.

d Kragenloses Kleid (aus verlängertem Jackenschnitt) mit Dreiviertelärmeln und Faltenrock. Oberteil und Ärmel aus etwas festeren Stoffen wie Brokat oder Veloursamt. Halsausschnitt, Ärmel und Vorderteil sind mit Bändern verziert, Ärmel und Halsausschnitt sind zusätzlich mit breiter Spitze besetzt. Schärpe und Rock aus leichten Stoffen, zum Beispiel Seide. Als Verschluß dienen Knöpfe und Knopflöcher. Für einfarbige oder gemusterte Stoffe in kräftigen oder gedeckten Farben, etwa ein karmesinrotes Samtoberteil, dazu Rock und Schärpe in tiefem Rosa und als Verzierungen rosa Satinbänder und crèmefarbene Spitze, oder ein braunes Brokatoberteil, dazu einen crèmefarbenen Taftrock, eine ebensolche Taftschärpe und als Verzierungen braune Samtbänder und crèmefarbene Spitze. Paßt zu französischen «Bébés» um 1880.

Jacken, Mäntel und Umhänge

Abb. 45: Kleider, Jacken und Mäntel aus den Schnittmusterteilen L1, L2, Schalkragen S und Ärmelschnitt I

e Kleid (aus verlängertem Jackenschnitt) mit Schalkragen, Dreiviertelärmeln mit Umschlag, Faltenrock und Smokeinsatz im Halsausschnitt. Oberteil und Ärmel aus etwas festeren Stoffen wie Brokat oder Samt; Kragen, Manschetten und Rock aus leichten Stoffen. Manschetten, Kragen und Rock sind mit Spitzenrüschen besetzt, um die verlängerte Taille läuft eine breite Schärpe. Als Verschluß dienen Knöpfe und Knopflöcher. Für einfarbige oder gemusterte Stoffe in kräftigen oder gedeckten Farben, etwa ein mittelblaues Brokatoberteil und ein hellblauer Rock, dazu Smokeinsatz, Kragen, Manschetten und Schärpe mit Spitze in Weiß oder Crème, oder ein dunkelgraues Samtoberteil, dazu Smokeinsatz, Kragen, Manschetten und Schärpe aus karmesinroter Seide mit grauen Spitzen. Paßt zu französischen «Bébés» um 1880.

f Mantel (aus verlängertem Jackenschnitt) mit Schalkragen, Manschetten (Schnittmusterteil U) und aufgesetzten Taschenklappen (Schnittmusterteil T) aus etwas festeren Stoffen wie Wolle oder Tweed, einfarbig oder gemustert. Kragen, Manschetten und Taschenklappen werden mit einer Ziernaht eingefaßt. Als Verschluß dienen Knöpfe und Knopflöcher, an den Taschenklappen und den Manschetten sitzen ebenfalls kleine Knöpfe.

Farbtafel 11

Die 56 cm große Puppendame in der Mitte ist eine Bru-Replik aus einem Bausatz von Reflect. Sie trägt ein Wickelkleid aus goldfarbener Seide mit halblangen Ärmeln und langem gereihtem Rock. Der Schalkragen und die Manschetten sind aus besticktem Organza. Die Schärpe ist vorne festgenäht und wird am Rücken zur Schleife gebunden. Der breitkrempige schwarze Filzhut ist mit schwarzen Satinbändern und einer Pfauenfeder geschmückt. Zur Ausstattung gehören weiter ein Spazierstock und eine schwarze Samthandtasche.

Die 35 cm große Puppe im Vordergrund aus der Sammlung der Autorin trägt ein elfenbeinfarbenes Spitzenkleid mit Puffärmeln, kleinem Stehkragen und gereihtem Rock. Die goldgelbe Satinschärpe ist mit künstlichen Blumen geschmückt.

Die 45 cm große Replik der KR 117 von Reflect, links, trägt eine kragenlose Jacke mit aneinanderstoßenden Vorderkanten und Schößchen sowie einen langen Bahnenrock, beides aus schwarzem Feincord mit Musterdruck. Jacke und Rock sind mit schwarzen Samtbändern abgesetzt, dazu trägt die Puppe eine beige Spitzenbluse mit Stehkragen und gerüschten Manschetten. Die «Pillbox» ist aus dunkelbraunem Webpelz, die Brosche war einst ein Damenohrring.

Die 51 cm große Kestner-Replik von Recollect auf der rechten Seite trägt ein weißes Hängerkleid aus Schweizer Batist mit Puffärmeln und Volant am Rocksaum. Das Kleid ist mit Einsätzen aus feiner Spitze verziert, den Strohhut schmücken künstliche Blumen.

Abb. 46: Kostüme für Puppendamen aus den Schnittmusterteilen L1, L2 und Ärmelschnitt I

a Kragenlose Jacke mit Spitzenrüsche und geknöpftem Vorderteil. Dazu gehört der Kostümrock, ein Bahnenrock mit Einsatz und Spitzen. Für etwas festere einfarbige Stoffe wie Taft, feine Wollstoffe oder Samt in kräftigen Farben, etwa ein grünes Samtkostüm mit schweren crèmefarbenen Spitzenverzierungen oder ein graues Taftkostüm mit grauer Spitze. Aus weißem oder elfenbeinfarbenen Taft geschneidert, wird dieses Kostüm zum schicken Hochzeitskleid. Paßt zu antiken Puppen um 1870.

b Jacke mit Schalkragen (Schnittmusterteil S), geknöpftem Vorderteil und Spitze an Kragen und Ärmelenden. Dazu gehört ein langer gereihter Kostümrock. Für etwas festere Stoffe wie feine Wollqualitäten, Kunstsamt oder Feincord in kräftigen Farben ohne Muster. Dazu ein Kragen in einer Kontrastfarbe. Vorschläge: Ein braunes Wollkostüm mit crèmefarbener Spitze oder ein olivgrünes Feincordkostüm mit weißem Batistkragen und weißer Spitze.

c Kragenlose Jacke mit eingefaßten Kanten und breiten Manschetten (Schnittmusterteil U). Als Verschluß dienen Knöpfe und Knopflöcher oder Haken und Ösen. Halsausschnitt und Manschetten sind mit Spitze verziert. Der lange gereihte Kostümrock hat einen gerafften Überrock mit Spitzenkante. Für leichte oder etwas festere Stoffe, Jacke und Rock aus dem gleichen Material oder im Materialmix. Vorschläge: Jacke und Rock aus pflaumenfarbenem Samt, Überrock, Manschetten und Jackeneinfassung dagegen aus schwarzer Spitze, oder Jacke, Rock und Überrock aus beiger Seide mit beigen Spitzen. Unter Verwendung von schwerer Seide oder Taft in Weiß und Elfenbein und ebensolcher Spitze wird dieser Schnitt zum Brautkleid. Paßt zu antiken Puppen von 1875 bis 1885.

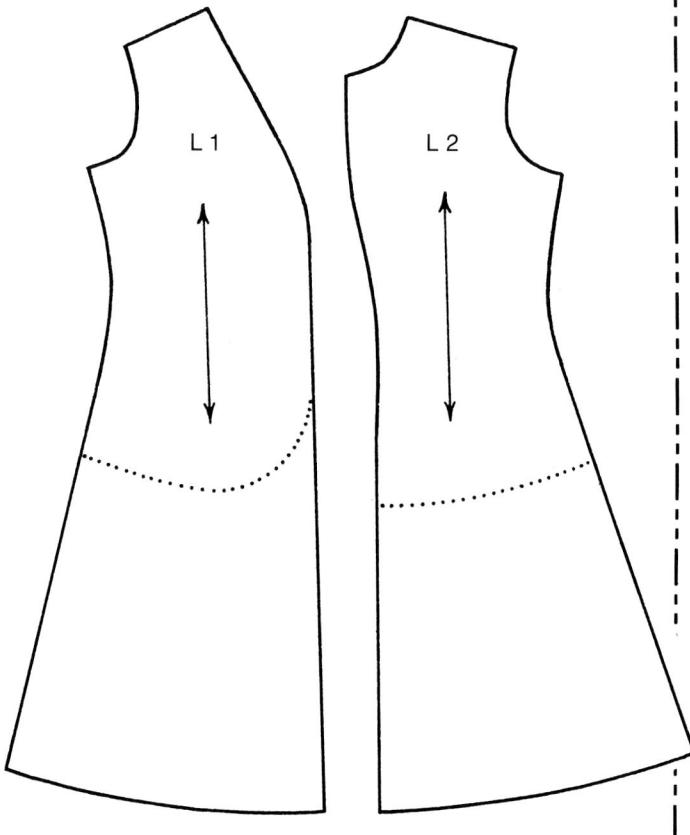

Abb. 47: Verlängerung des Jackenschnitts

Abb. 48: Jacken und Mäntel aus den zur ausgestellten Form abgeänderten Schnittmusterteilen E1 und E2

a Matrosenkittel mit V-Ausschnitt (siehe Abb. 17), Matrosenkragen (Schnittmusterteil R), Hemdärmeln (Schnittmusterteil K3) mit gereihten Ärmelenden und Manschetten sowie geknöpftem Vorderteil. Für leichte oder etwas festere Stoffe wie feine Wollqualitäten oder Baumwolle. Dazu der Kragen aus dem Jackenstoff oder im Materialmix und Bänder in einer Kontrastfarbe. Hübsches «Darunter»: Ärmellose Bluse mit Stehkragen (Schnittmusterteile D1 und D2). Die Bluse wird mit denselben Bändern verziert wie die Jacke. Faltenrock und Manschetten werden entweder aus dem Jackenstoff oder im Materialmix genäht. Vorschläge: Bluse, Jacke, Rock und Kragen aus marineblauem oder schwarzem Wollstoff, dazu als Verzierungen scharlachrote Bänder oder Borten, oder Bluse und Kragen crèmefarben und als Verzierungen marineblaue Bänder, dazu ein marineblauer Rock. Paßt zu antiken Puppen von 1890 bis 1910 (Farbtafel 10).

b Einfache Jacke mit langen geraden Ärmeln (Schnittmusterteil I) und rundem Halsausschnitt. Wer möchte, arbeitet Knöpfe und Knopflöcher als Verschluß. Für etwas festere Stoffe wie Wolle, Velour oder Feincord. Zur Jacke gehört eine passende Hose (Schnittmusterteil M) und ein leichtes Hemd (Schnittmusterteile K1, K2, K3 und K4). Vorschläge: Jacke und Hose aus dunkelgrünem Samt und ein weißes Seidenhemd oder Jacke und Hose aus braunem Wollstoff, dazu ein crèmefarbenes Flanellhemd (Farbtafel 8).

c «Struwwelpeter»-Anzug. Lange Kitteljacke mit Umlegekragen (Schnittmusterteil Q), Hemdärmeln (Schnittmusterteil K3) und geknöpftem Vorderteil. Der Gürtel ist aus dem Jackenstoff, ebenso die kniekurze Hose (Schnittmusterteil M). Für etwas festere einfarbige Stoffe wie Wolle, schwere Baumwolle oder Tweed in gedeckten Farben, etwa ein brauner Anzug aus schwerer Baumwolle, dazu ein weißer Kragen, oder ein beiger Wollanzug mit schwarzem Baumwollkragen. Paßt zu antiken Puppenbuben von 1910 bis 1925.

d Mantel mit aneinanderstoßenden Vorderteilen, langen geraden Ärmeln (Schnittmusterteil I) und Posamentenverschlüssen. Wer möchte, setzt zusätzlich Taschen auf. Taschen und Ärmelabschlüsse werden umgeschlagen, die Umschläge werden festgenäht. Für etwas festere Stoffe, am besten in kräftigen Farben ohne Muster. Vorschläge: Ein roter Samtmantel mit schwarzen Posamentenverschlüssen oder ein brauner Wollmantel mit braunen Posamentenverschlüssen. Ebenfalls hübsch: Mantel aus Webpelz; als Verschluß dienen dann Haken und Ösen (Farbtafel 8).

Abb. 48. Jacken und Mäntel aus den zur ausgestellten Form abgeänderten Schnittmusterteilen E1 und E2

e Jacke mit langen geraden Ärmeln (Schnittmusterteil I), geknöpftem Vorderteil und aufgesetzten Taschen. Für etwas festere einfarbige Stoffe wie Wolle, Veloursamt oder Filz, dazu Ziernähte Ton in Ton oder in Kontrastfarben. Vorschläge: Eine rote Filzjacke mit roten Ziernähten oder eine marineblaue Jacke mit weißen Ziernähten (Farbtafel 12).

f Janker mit V-Ausschnitt, Schalkragen (Schnittmusterteil S) und langen geraden Ärmeln (Schnittmusterteil I). In beide Vorderteile ist eine breite Quetschfalte eingearbeitet, als Verschluß dienen Knöpfe und Knopflöcher. Der geknöpfte Gürtel ist aus dem Jackenstoff, ebenso die Knickerbocker (Schnittmusterteil M) mit den kniekurzen gereihten Beinabschlüssen. Für etwas festere einfarbige Stoffe wie Wolle, Feincord oder Tweed in gedeckten Farben, etwa ein brauner Tweedanzug oder ein olivgrüner Feincordanzug. Paßt zu antiken Puppenbuben von 1890 bis 1920.

Abb. 49: Kleider und Kostüme für Puppendamen mit Schößchen und Überröcken

a Kleid aus den Schnittmusterteilen D1 und D2 mit Biesenoberteil, eckigem Halsausschnitt, halblangen Puffärmeln (Schnittmusterteil J) mit gerüschten Abschlüssen und gerafftem Überrock. Der lange Rock hat einen Bund, der Überrock ist am Oberteil festgesteppt. Beide Röcke und ihre Volants am Saum sind aus dem gleichen Stoff. Rock und Überrock sind zusätzlich mit schmaler Spitze, Bändern und Schleifchen verziert. Für leichte Stoffe wie Batist oder Seide, in Pastelltönen, uni oder gemustert. Vorschläge: Kleid und Überrock aus crèmefarbener Seide, dazu crèmfarbene Spitze sowie hellblaue Bänder und Schleifchen, oder Oberteil und Überrock aus bedrucktem Batist in Pastelltönen, dazu ein langer Rock, Bänder und Schleifen aus Batist im Grundton des Musterdrucks.

b Jacke aus den Schnittmusterteilen E1 und E2 mit V-Ausschnitt, Schalkragen (Schnittmusterteil S) mit Ecken, halblangen geraden Ärmeln (Schnittmusterteil I) mit gerüschten Abschlüssen, Spitzenrüschen und eckigem Schößchen. Dazu gehört ein langer gereihter Kostümrock mit einem Volant am Saum. Oberteil, Kragen, Ärmel und Rock sind mit schmalen Bändern, Spitze oder beidem verziert. Die Stoffschärpe wird am Rücken zur Schleife gebunden. Die Jacke mit den aneinanderstoßenden Vorderkanten wird mit Haken und Ösen geschlossen. Für leichte und etwas festere Stoffe in kräftigen Farben oder in Pastelltönen, uni oder kleingemustert. Vorschläge: Rock und Jacke aus bedruckter Baumwolle in Pastelltönen, dazu crèmefarbene Spitzen, oder Jacke und Rock aus dunkelgrünem oder karmesinrotem Wollstoff, dazu schmale Samtbänder oder Borten. Hübsche Variante: Rock aus einem leichten Stoff, dazu ein Überrock. Paßt zu antiken Puppen um 1875 (Farbtafel 9).

c Kragenlose Jacke aus den Schnittmusterteilen E1 und E2 mit rundem Halsausschnitt, langen geraden Ärmeln (Schnittmusterteil I) und Dreibahnen-Schößchen. Dazu gehört ein langer glatter Bahnenrock. Die Jacke mit den aneinanderstoßenden Vorderteilen wird mit Knöpfen und Knopfschlingen geschlossen. Für etwas festere Stoffe wie Veloursamt oder Feincord in kräftigen Farben, uni oder mit kleinem Musterdruck. Dazu als Verzierung schmale Samtbänder oder Borten. Vorschläge: Ein schwarz-beige gemustertes Feincordkostüm, dazu schwarze Samtbänder, oder ein karmesinrotes Samtkostüm, dazu karmesinrote Bänder. Paßt zu antiken Puppen von 1890 bis 1900 (Farbtafel 11).

Kapuzenumhang

Der Kapuzenumhang wird aus einem einfachen Stoffquadrat, wahlweise mit oder ohne Futter genäht. Vor allem etwas festere Stoffe oder Loden eignen sich für diesen Umhang.

Die Puppe vom Scheitel bis zur Ferse abmessen und ein Stoffquadrat in der entsprechenden Länge zuschneiden. Die eine Ecke für die Kapuze, die gegenüberliegende Ecke für den Saum abrunden (siehe Abb. 50). Nach denselben Maßen das Futter zuschneiden. Stoff und Futter rechts auf rechts rundherum zusammennähen, nur zum Wenden bleibt eine kleine Öffnung. Die Nahtkanten einschneiden, den Umhang wenden, dämpfen und die Öffnung sauber verschließen. (Ein ungefütterter Umhang wird einfach rundherum eingesäumt.) Danach gemäß Abbildung 50 einen Durchzug nähen. Der Durchzug folgt dem abgerundeten Saum in einem Abstand von ca. einem Drittel der Gesamtlänge, dem abgerundeten Kapuzenrand in einem Abstand von 2,5 cm bis 5 cm. Anschließend zuerst durch den Nackendurchzug, danach durch den Kapuzendurchzug ein Band ziehen. Das Kapuzenband auf die Puppenkopfgröße zusammenziehen und gut festnähen. Das zweite Band unter dem Kinn zur Schleife binden. Bei ungefütterten Umhängen wird statt des Durchzugs ein Gegenzugband aufgesteppt, Umhänge für besonders kleine Puppen werden einfach mit einem festen Zugfaden eingereiht.

Abb. 50: Kapuzenumhang

8 STRICK- UND HÄKELANLEITUNGEN

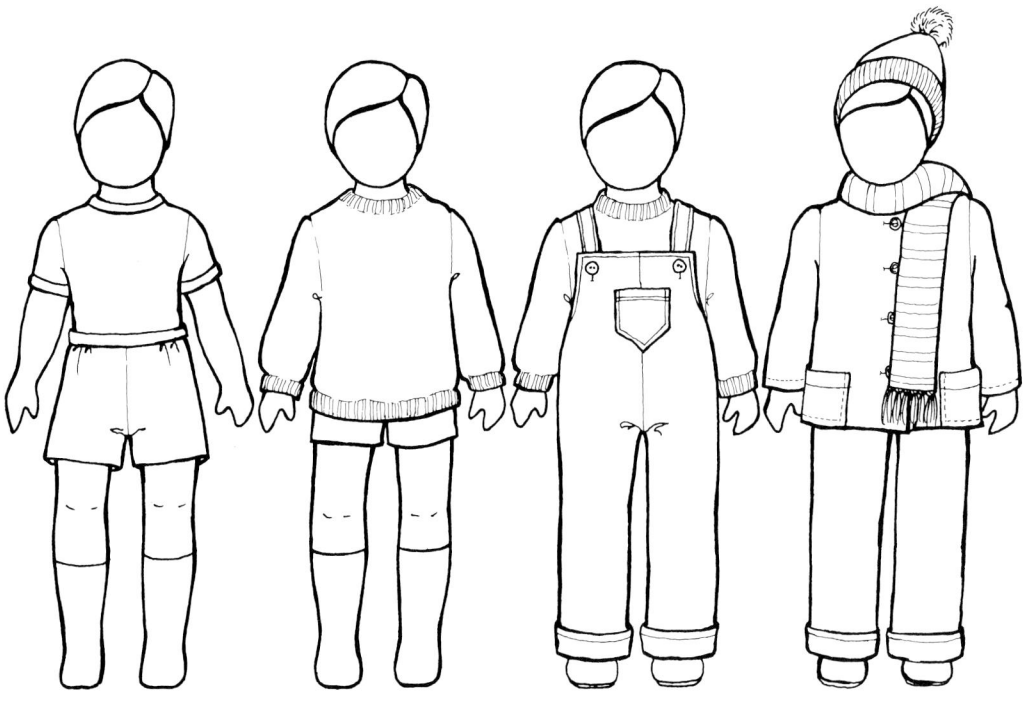

Abkürzungen: li = linke Masche; re = rechte Masche; zus = zusammenstricken; M = Masche(n); glatt re = glatt rechts (Hinreihe rechts, Rückreihe links stricken); abh = abheben; Lm = Luftmasche; fM = feste Masche; Stb = Stäbchen; Rdm = Randmasche; Km = Kettmasche.

Strickstiefelchen *Farbtafel 15*

Klein (Puppen 25–28 cm): Nadeln Nr. 2, Garnstärke 2
Mittel (Puppen 35–38 cm): Nadeln Nr. 2,5, Garnstärke 3
Groß (Puppen 40–45 cm): Nadeln Nr. 3, Garnstärke 4
20 g Strickgarn (für alle Größen)
Schmales Band (nach Bedarf)

Für jedes Stiefelchen 43 M anschlagen. 10 R glatt re. In der 11. R 19 M re, 1 M abh, 1 M re, abgehobene M überziehen, 1 M re, 2 M re zus, re beenden. 1 R li. Nächste Reihe 15 M re, 1 m abh, 1 M re, die abgehobene M überziehen, 1 M re, 2 M re zus, re beenden. Die letzten 2 R wiederholen; die Maschenzahl beträgt jetzt 37! Danach noch 1 cm glatt re. Dann 1 cm kraus (alle Reihen rechts stricken). Abketten. Dämpfen, in der Mitte falten, hintere Naht und Sohlennaht schließen.

Wenn gewünscht, ein schmales Band in Knöchelhöhe durch die Maschen ziehen und zur Schleife binden.

Quadratische Häkelstola *Farbtafeln 5 u. 15*

Häkelnadel Nr. 2,5
50 g Strickgarn Stärke 2

85 Lm anschlagen. Erste Reihe: In die 5. Lm von der Nadel 1 Stb, 1 Lm, 1 Stb (= 1 Stb-Gruppe), * 2 Lm überspringen, 1 Stb-Gruppe in die nächste Lm, ab * wiederholen, bis noch 2 Lm bleiben, 1 Lm überspringen, in die letzte Lm 1 Stb als Rdm, wenden. Zweite Reihe: 3 Lm als Rdm, * 4 Stb um die Lm aus der Stb-Gruppe der letzten Reihe, ab * 26mal wiederholen, um die letzte Lm ein Stb als Rdm, wenden. Dritte Reihe: 3 Lm als Rdm, * zwischen das 2. und 3. Stb des 4. Stb-Blocks der Vorreihe 1 Stb-Gruppe, ab * 26mal wiederholen, 1 Stb um die letzte Lm als Rdm, wenden. 2. u. 3. Reihe wiederholen, bis ein Quadrat entstanden ist.

Ausarbeiten: Rand aus drei Reihen fM häkeln. Teil spannen und dämpfen, dabei unbedingt die Anweisungen auf der Garnbanderole beachten.

Quadratische Häkelstola mit Fransen *Farbtafel 15*

Häkelnadel Nr. 3 und 5,5
50 g Babygarn Stärke 4

Mit Häkelnadel Nr. 3 6 Lm anschlagen, mit Km zum Ring schließen. Nächste Reihe: (3 Stb 1 Lm) 4mal in die Mitte arbeiten. Nächste Reihe: * (3 Stb 1 Lm) in die 1. Lücke, (3 Stb 1 Lm) in die 2. Lücke arbeiten. Ab * wiederholen, dabei ein Quadrat bilden. Danach (3 Stb 1 Lm) in den Seiten des Quadrats und (3 Stb 1 Lm, 3 Stb 1 Lm) in die Ecken, bis die Quadratseiten 45 cm lang sind (ggf. auch länger).

Umrandung: Nadel Nr. 5,5. Nächste Reihe: (5 Stb 3 Lm) (1 fM 3 Lm) (5 Stb 3 Lm) (1 fM 3 Lm) um den ganzen Rand arbeiten, dabei in jede 2. M der letzten Reihe einstechen.

Strick- und Häkelanleitungen

NÄCHSTE REIHE: 1 fM in die Muschelseite, 3 Lm, 1 fM in die Muschelspitze, 3 Lm, 1 fM in die Muschelseite, 1 fM in die mittlere fM, um den ganzen Rand fortsetzen. Faden vernähen. Fransen mit je 3 Fäden um den ganzen Rand der Stola knüpfen.

Gestrickte Strumpfhosen, Hängerkleidchen und Mützchen

Für Babypuppen 20–25 cm, Farbtafel 5

Stricknadeln Nr. 2,5 und 3
50 g Strickgarn Stärke 4
2 kleine Knöpfe, schmales Band, Gummiband

Strumpfhose

Mit Nadel Nr. 3 2 Teile stricken. 24 M anschlagen. 2 Reihen Rippen (1 M re, 1 M li). DRITTE REIHE: 1 M re, (1 Umschlag, 2 M re zus) über die ganze Reihe, die letzte M re stricken. So entstehen die Löcher für den Gummizug an der Taille. 3 weitere Reihen im Rippenmuster.

Danach 16 Reihen glatt re. Am Anfang der folgenden 2 Reihen je zwei M abketten. Am Anfang der daraufffolgenden 2 Reihen 2 M re zus (18 M). Noch 24 Reihen glatt re. Abketten.

Ausarbeiten: Beinnaht ab den 2 abgeketteten Maschen zusammennähen, wenden (Beinnaht muß innen sein) und die Sohlennaht schließen. Ein Gummiband durch die Löcher an der Taille ziehen.

Hängerkleidchen

Es wird in fünf Teilen gestrickt und mit einer Passe zusammengefaßt.

Vorderteil: 50 M mit Nadel Nr. 3 anschlagen. 4 Reihen glatt re. FÜNFTE REIHE: 1 M re, (1 Umschlag, 2 M re zus) über die ganze Reihe, die letzte M re stricken. NÄCHSTE REIHE li stricken. Dann 20 Reihen glatt re, mit einer Reihe li beenden. NÄCHSTE REIHE: 2 M re zus über die ganze Reihe (25 M). Faden abschneiden, dabei ca. 15 cm hängenlassen, Maschen stillegen.

Rückteil: Wird auf dieselbe Art wie das Vorderteil, jedoch in zwei Teilen gestrickt. 26 M anschlagen und gleich dem Vorderteil arbeiten (jedes Teil hat am Ende 13 M). Faden ca. 15 cm lang abschneiden, Maschen stillegen.

Ärmel: Wie die beiden Rückteile stricken, jedoch nur 20 M anschlagen. Faden ca. 15 cm lang abschneiden, Maschen stillegen.

Passe: Nadeln Nr. 2,5, kraus stricken (jede Reihe re). Die rechte Seite der einzelnen Teile liegt vorne. Jede M einzeln aufnehmen, zuerst das erste Rückteil, dann den ersten Ärmel, das Vorderteil, den zweiten Ärmel, das zweite Rückteil. 3 Reihen kraus stricken.

Formen des Oberteils: ERSTE REIHE: (4 M re, 2 M re zus) über die ganze Reihe. ZWEITE REIHE UND ALLE WEITEREN GERADEN REIHEN re stricken. DRITTE REIHE (3 M re, 2 M re zus) über die ganze Reihe. FÜNFTE REIHE (2 M re, 2 M re zus) über die ganze Reihe. SIEBENTE REIHE (1 M re, 2 M re zus) über die ganze Reihe. Abketten.

Ausarbeiten: Mit Hilfe der abgeschnittenen Fäden die Kanten von Vorder- und Rückteilen sowie der Ärmel auf einer Länge von etwa 1 cm miteinander verbinden. Faden vernähen. Kleidchen umdrehen, die Seiten- und Ärmelnähte schließen. Rückennaht bis 5 cm unterhalb der Passe schließen. Den Saum und die Ärmelnähte mit Zierstich locker einfassen. Knöpfe und Knopfschlingen an die Passe nähen.

Mützchen

Mit Nadeln Nr. 3 40 M anschlagen. Die ersten 6 Reihen wie Vorderteil arbeiten (siehe oben). Dann 18 Reihen glatt re, mit einer Reihe li beenden.

Mützenrückteil: ERSTE REIHE (4 M re, 2 M re zus) über die ganze Reihe. ZWEITE UND ALLE WEITEREN GERADEN REIHEN li stricken. DRITTE REIHE (3 M re, 2 M re zus) über die ganze Reihe. FÜNFTE REIHE (2 M re, 2 M re zus) über die ganze Reihe. SIEBENTE REIHE (1 M re, 2 M re) zus über die ganze Reihe. NEUNTE REIHE 2 M re zus über die ganze Reihe. Nicht abketten. Faden etwa 15 cm lang abschneiden, mit einer Stopfnadel den Faden durch die restlichen M ziehen und alles zusammenziehen. Faden vernähen. Die Kanten des Mützchens ab der Maschanabnahme zusammennähen. Durch die eingestrickten Saumlöcher ein Band ziehen, dabei die Enden lang lassen. So kann man das Mützchen am Kinn zubinden.

Gehäkeltes Bettjäckchen und Häkelhäubchen

Für Babypuppen 35–38 cm, Farbtafel 12

Häkelnadel Nr. 4
50 g Babywolle Stärke 4
Knöpfchen, Band

Bettjäckchen

Rückenpasse: 24 Lm anschlagen. 1 fM in die 3. Lm, fM bis zum Ende. Dann 5 Reihen fM. NÄCHSTE REIHE Km über 4 M, fM bis vor die letzten 4 M, wenden. Dann 5 Reihen fM über die verbleibenden M. NÄCHSTE REIHE 4 fM, Km bis vor die letzten 4 M, 4 fM.

Vordere Passe: 12 Lm anschlagen. 1 fM in die 3. Lm, fM bis zum Ende. Dann 5 Reihen fM. NÄCHSTE REIHE 6 fM, wenden. Dann 5 Reihen fM über die verbleibenden M. Die zweite vordere Passe gegengleich arbeiten.

Rock: Passenteile zusammennähen. 2 fM in jede M am Saum der Passe. NÄCHSTE REIHE (3 Lm, 5 Stb, 1 Lm, 1 fM, 1 Lm) in jede M bis zum Ende der Reihe. NÄCHSTE REIHE (3 Lm, 5 Stb) in die Mitte der Muschel, (1 Lm, 1 fM) in jede feste Masche über die ganze Länge. Diese Reihe 6mal wiederholen (insgesamt 7 Reihen). Faden vernähen.

Ärmel: 25 Lm anschlagen. 1 fM in die 3. Lm, fM bis zum Ende. Dann fM bis zu einer Länge von 11,5 cm. NÄCHSTE REIHE 1 fM in jede zweite M. Faden vernähen. Ärmel einsetzen. Danach mit fM Vorderteilkanten und Halsausschnitt einfassen. Knopfschlingen arbeiten und nach Bedarf Knöpfe annähen.

Strick- und Häkelanleitungen

Häubchen

30 Lm anschlagen. 1 fM in die 3. Lm, fM bis zum Ende. Mustersatz wie bei Rock oder Jäckchen. Über sieben Reihen wiederholen. Faden vernähen.

Häubchen-Rückteil: 15 Lm anschlagen. 8 Reihen fM. Faden vernähen. Das Rückteil an das Häubchen nähen, dabei etwas dehnen. So erarbeiten Sie eine bessere Paßform. NÄCHSTE REIHE: An die Unterkante, gleichmäßig verteilt, 24 fM anhäkeln. NÄCHSTE REIHE 3 Lm, * 2 Stb, 1 Lm **. Von * bis ** wiederholen und über die gesamte Kantenlänge arbeiten. NÄCHSTE REIHE fM über die ganze Reihe.

Ein Band durch die Löcher ziehen, damit das Häubchen unter dem Kind binden.

Gestrickte Strumpfhosen, Mantel und Häubchen
Babypuppen 35–38 cm und 40–45 cm, Farbtafel 5

Die Strickanleitung gilt für Puppen der Größe 40–45 cm.
Größe 40–45 cm: Nadeln Nr. 3 und 2,5
Größe 35–38 cm: Nadeln Nr. 2,5 und 2
Für Strumpfhose, Mantel und Häubchen (beide Größen):
80 g Strickgarn Stärke 4
Knöpfchen, Band, Gummiband

Strumpfhose

Mit Nadeln Nr. 2,5 40 M anschlagen. 2 Reihen im Rippenmuster stricken. NÄCHSTE REIHE: Löcher arbeiten, dazu 1 M re, dann (1 Umschlag, 2 M re zus), über die ganze Reihe arbeiten, 1 M re. Danach noch 3 Reihen im Rippenmuster. Mit Nadeln Nr. 3 4 Reihen glatt re stricken. NÄCHSTE REIHE: 20 M re, wenden, Rückreihe li stricken. Die letzten 2 Reihen 3mal wiederholen (= 6 Reihen). Dann weiter glatt re, bis die Vorderseite 30 Reihen zählt (= kurze Seite).

Beine: Zu Beginn der nächsten 2 Reihen je 2 M abketten. Zu Beginn und am Ende der nächsten Reihe 2 M re zus stricken (= 34 M). 30 Reihen glatt re stricken.

Ferse: Kraus stricken. 16 M re, wenden. 10 M re, über diese 10 M 9 Reihen kraus arbeiten. 4 M aus den Rdm dieser 10 Reihen aufnehmen und abstricken. NÄCHSTE REIHE re stricken, am Ende der Reihe nochmals 4 M aus der anderen Kante aufnehmen und abstricken. Danach noch 6 Reihen kraus stricken.

Spitze: (Vorsicht, die rechte Seite der Arbeit muß oben liegen!) 8 M re, 2 M re zus, 2 M re zus, 8 M re, 2 M re zus, 2 M re zus, 10 M re, 2 M re zus, 2 M re zus, 4 M re. NÄCHSTE REIHE re stricken. NÄCHSTE REIHE: 7 M re, 2 M re zus, 2 M re zus, 6 M re, 2 M re zus, 2 M re zus, 6 M re, 2 M re zus, 2 M re zus, 8 M re, 2 M re zus, 2 M re zus, 3 M re. NÄCHSTE REIHE: 2 M re, 2 M re zus, 2 M re zus, 7 M re, 2 M re zus, 2 M re zus, 4 M re, 2 M re zus, 2 M re zus, 5 M re. Abketten.

Zweites Bein: Gegengleich arbeiten. Nach 6 Reihen Rippenmuster für den Bund mit einer Reihe li beginnen, danach weiterarbeiten wie Anleitung.

Farbtafel 12
Die 45 cm große Bubenpuppe von Kloth Kinder trägt einen sandfarbenen langärmligen Pullover mit rundem Halsausschnitt.

Die 40 cm große «Hilda» von GP Ceramic trägt eine einfache geknöpfte Jacke aus rotem Filz, einen gestreiften Strickschal mit Fransen und eine Pudelmütze.

«Emily» von Ridings Craft trägt eine braune Strickjacke mit V-Ausschnitt, einen karierten Rock mit gleichem Schal, dazu ein Häkelbarett aus sandfarbener Wolle.

Die 40 cm große Vinyl-Babypuppe trägt ein Häkelhäubchen, ein gehäkeltes Bettjäckchen und gestrickte Strumpfhosen, alles aus weißer Wolle.

Strick- und Häkelanleitungen

Ausarbeiten: Zuerst die beiden Vorderteile, danach die Rückteile zusammennähen. Die Beinnaht auf der Innenseite schließen. Danach die Fußnaht schließen, dabei darauf achten, daß sich die Beinnaht auf der Innenseite nicht verschiebt. Ein Band oder ein Gummiband durch die Löcher im Bund ziehen.

Mantel

Rückteil: Mit Nadeln Nr. 3 57 M anschlagen. 7 Reihen im Perlmuster arbeiten (1 li, 1 re, versetzt). Danach 4 Reihen glatt re stricken. NÄCHSTE REIHE: Am Anfang und am Ende der R je 2 M re zus. 3 Reihen re stricken. Diese 4 Reihen wiederholen, bis nur noch 41 M auf der Nadel sind. Noch 1 Reihe li.

Armausschnitt Rückteil: Am Anfang der nächsten 2 Reihen je 2 M abketten. NÄCHSTE REIHE: An Anfang und Ende der Reihe je 2 m re zus stricken. NÄCHSTE REIHE li stricken. Die letzten 2 Reihen wiederholen, bis nur noch 11 M auf der Nadel sind. Maschen stillegen.

Rechtes Vorderteil: 39 M anschlagen und 7 Reihen im Perlmuster arbeiten. NÄCHSTE REIHE: 20 M im Perlmuster, die Reihe re zu Ende stricken. NÄCHSTE REIHE: Der Rand aus den 20 M Perlmuster wird beibehalten. Am Anfang jeder vierten Reihe 2 M li zus stricken, bis nur noch 32 M auf der Nadel sind.

Armausschnitt Vorderteil: ERSTE REIHE 2 M abketten. Die Reihe dem Muster entsprechend beenden. ZWEITE REIHE: Muster stricken. DRITTE REIHE: 2 M re zus. Reihe beenden. VIERTE REIHE: Muster stricken. Die dritte und vierte Reihe wiederholen, bis nur noch 18 M im Perlmuster auf der Nadel sind.

Halsausschnitt: ERSTE REIHE: 10 M abketten. Reihe beenden. ZWEITE REIHE: 2 M re zus, Reihe im Perlmuster beenden. DRITTE REIHE: 2 M re zus stricken. VIERTE REIHE: 2 M re zus stricken. Dritte und vierte Reihe wiederholen, bis nur noch 1 M übrig ist. Faden vernähen.

Linkes Vorderteil: Wie das rechte Vorderteil, aber gegengleich arbeiten. Nach den ersten 7 Reihen Perlmuster wie folgt beginnen: 19 M re, 20 M im Perlmuster stricken. Danach wie für rechtes Vorderteil fortfahren.

Ärmel: Mit Nadeln nr. 2,5 21 M anschlagen und 7 Reihen im Perlmuster arbeiten. Dann mit Nadeln Nr. 3 glatt re stricken, insgesamt 30 Reihen. Dabei in der folgenden, dann in jeder vierten Reihe je 1 M zunehmen. Am Ende der 30. Reihe müssen 35 M auf der Nadel liegen.

Armkugel: Am Anfang der nächsten 2 Reihen je 2 M abketten. Danach am Anfang jeder Reihe 2 M re zus stricken, bis nur noch 5 m auf der Nadel liegen. Maschen stillegen.

Kragen: Von der Kante des rechten Vorderteils 8 M aufnehmen, weiter 5 M vom Ärmel, 11 M vom Rückteil, 5 M vom zweiten Ärmel und 8 M von der Kante des linken Vorderteils aufnehmen (= 37 M). 12 Reihen im Perlmuster arbeiten. Locker abketten, dabei Perlmuster berücksichtigen.

Ausarbeiten: Ärmel einsetzen. Die Seitennähte und die Ärmelnähte schließen. Den Mantel anziehen und die Position von Knöpfen und Knopflöchern anzeichnen (die Vorderteile überlappen). Knöpfe annähen. Strickgewebe ein wenig auseinanderdrängen und das so entstehende Loch zum Knopfloch einfassen.

Häubchen

Mit Nadeln Nr. 3 65 M anschlagen. 18 Reihen im Perlmuster arbeiten. Danach weitere 30 Reihen glatt re stricken.

Rückteil: 5 M re, 3 M re zus, 5 M re, 3 M re zus, 5 M re, 3 M re zus, 5 M re, 3 M re zus, 1 M re, * 3 M re zus **, 5 M re. Von * bis ** wiederholen, über die ganze Reihe. 3 Reihen glatt re. In der nächsten und in der folgenden vierten Reihe abnehmen wie zuvor, dabei bei der Wiederholung jeder Reihe jeweils 2 M weniger zwischen den Abnahmen arbeiten (17 M bleiben übrig). Noch weitere 3 Reihen glatt re. Einen Faden durch die restlichen 17 M ziehen, zusammenziehen und den Faden vernähen. Beim Zusammennähen darauf achten, daß das Häubchen genau auf den Puppenkopf paßt.

An die Vorderseite zwei Bänder nähen und unter dem Kinn zur Schleife binden, den Perlmusterrand umschlagen.

Einfache gestrickte Pudelmütze und Strickschal
Für Puppen von 40, 45 und 51 cm, Farbtafel 12

Die Strickanleitung für 40 cm große Puppen. Weitere Größenangaben stehen in Klammern.
Nadeln Nr. 3 und 4
20 g doppeltes Strickgarn (Grundfarbe)
Wollreste in verschiedenen Farben

Pudelmütze

Mit Nadeln Nr. 3 60 M (66, 72) anschlagen. 5 cm im Rippenmuster arbeiten, auf der linken Seite beenden. Mit Nadeln Nr. 4 weiterarbeiten. NÄCHSTE REIHE re. NÄCHSTE REIHE li. NÄCHSTE REIHE (6 M re, 2 M re zus) über die ganze Reihe. NÄCHSTE REIHE li. NÄCHSTE REIHE (5 M re, 2 M re zus) über die ganze Reihe. NÄCHSTE REIHE li. NÄCHSTE REIHE (4 M re, 2 M re zus) über die ganze Reihe. NÄCHSTE REIHE li. NÄCHSTE REIHE (3 M re, 2 M re zus) über die ganze Reihe. NÄCHSTE REIHE li. NÄCHSTE REIHE (1 M re, 2 M re zus) über die ganze Reihe. NÄCHSTE REIHE li. NÄCHSTE REIHE 2 M re zus über die ganze Reihe. Farbige Streifen nach Wunsch einarbeiten. Naht schließen. Einen Pompom anfertigen und an der Spitze festnähen.

Strickschal

Mit Nadeln Nr. 3 12 M anschlagen. Der Schal wird kraus gestrickt und sollte ca. 45 cm lang sein. Nach Belieben können farbige Streifen eingestrickt werden. Nach 45 cm abketten und an beide Enden Fransen knüpfen.

Einfacher Strickpullover
Für Puppen von 40, 45, und 51 cm, Farbtafel 12

Die Strickanleitung gilt für 40 cm große Puppen. Weitere Größenangaben stehen in Klammern.
Nadeln Nr. 3 und 4
50 g doppeltes Strickgarn
2 kleine Knöpfe

Strick- und Häkelanleitungen

Rückteil: Mit Nadeln Nr. 3 * 34 (40, 46) M anschlagen. 6 Reihen im Rippenmuster arbeiten. Mit Nadeln Nr. 4 glatt re arbeiten, bei 10,5 (13,5, 16) cm mit einer Reihe li beenden **. 20 M re, wenden. 7 Reihen glatt re arbeiten. NÄCHSTE REIHE 4 (5, 6) M abketten. Reihe re beenden. NÄCHSTE REIHE li stricken. NÄCHSTE REIHE 4 (5, 6) M abketten. Reihe re beenden. NÄCHSTE REIHE li stricken. NÄCHSTE REIHE abketten. Die restlichen M wieder aufnehmen, 6 Reihen glatt re arbeiten. NÄCHSTE REIHE 4 (5, 6) M abketten. Reihe li beenden. NÄCHSTE REIHE re stricken. NÄCHSTE REIHE abketten.

Vorderteil: Von * bis ** wie das Rückteil arbeiten. NÄCHSTE REIHE 12 (15, 18) M re, wenden. 2 M li zus, Reihe li beenden. NÄCHSTE REIHE rechts stricken. NÄCHSTE REIHE 2 M li zus, R li beenden. NÄCHSTE REIHE 4 (5, 6) M abketten, R re beenden. NÄCHSTE REIHE 2 M li zus, R li beenden. Abketten. 10 M wieder aufnehmen, 1 Reihe re. NÄCHSTE REIHE li stricken, die letzten 2 M li zus. NÄCHSTE REIHE re stricken. NÄCHSTE REIHE li stricken, die letzten 2 M li zus. NÄCHSTE REIHE 4 (5, 6) M abketten. NÄCHSTE REIHE li stricken, die letzten 2 M li zus. NÄCHSTE REIHE re stricken. NÄCHSTE REIHE li stricken. Abketten.

Ärmel: Wird zweimal gestrickt. Mit Nadeln Nr. 3 20 M anschlagen. 4 Reihen im Rippenmuster arbeiten. NÄCHSTE REIHE 20 M zunehmen (= 40 M insgesamt). Mit Nadeln Nr. 4 10 (11,5, 12,5) cm glatt re arbeiten. Abketten. Alle Fäden vernähen. Schulternähte schließen, Ärmel einsetzen und Seiten- und Ärmelnähte schließen.

Halsausschnitt: Mit Nadeln Nr. 3 arbeiten, die linke Seite des Pullovers liegt außen. Insesgsamt 35 M aus dem Halsausschnitt aufnehmen, 6 Reihen im Rippenmuster arbeiten, abketten.

Je nach Geschmack kann eine Schulternaht auch offenbleiben. An diese Naht Knopfschlingen und Knöpfe nähen.

Einfache Strickjacke mit V-Ausschnitt
Für Puppen von 40, 45 und 51 cm, Farbtafel 12

Die Strickanleitung gilt für 40 cm große Puppen. Weitere Größenangaben stehen in Klammern.
Nadeln Nr. 3 und 4
50 g doppeltes Strickgarn
3 oder 4 kleine Knöpfe

Rückteil und Ärmel: Wie beim Pullover.

Vorderteile: Mit Nadeln Nr. 3 17 (20, 23) M anschlagen. 6 Reihen im Rippenmuster arbeiten. Mit Nadeln Nr. 4 9 (11,5, 14) cm glatt re arbeiten, mit einer Reihe li beenden. Jeweils auf der rechten Seite der Jacke 1 M abnehmen, bis nur noch 7 (10, 13) M auf der Nadel liegen. Abketten.

Knopfleiste: Mit Nadeln Nr. 3 5 M anschlagen. Im Rippenmuster arbeiten, bis das Teil, leicht gezogen, über beide Vorderteile und den Halsausschnitt reicht. Während des Strickens nach Bedarf Knopflöcher einarbeiten, und zwar wie folgt: 2 M re zus, 1 Umschlag, 2 M re zus, Reihe re beenden. NÄCHSTE REIHE li stricken. Die Knopfleiste an die Jacke nähen und den Knopflöchern entsprechend Knöpfe annähen.

Häkelbarett *Mittlere Größe, Farbtafel 12*

Häkelnadel Nr. 4
20 g doppeltes Strickgarn

4 Lm häkeln, mit einer Km zum Ring schließen. 3fach-Stb so lange in einer Spirale häkeln, bis das Barett 2,5 cm größer ist als der Puppenkopf. NÄCHSTE REIHE: Jedes zweite Stb überspringen. Faden vernähen. Eventuell Pompom annnähen.

146 · Schnittmuster für Puppengrößen 58–63 cm

Bundnaht

rückwärtige Mittelnaht

vordere Mittelnaht

A
SCHLÜPFER

Stoffbruch

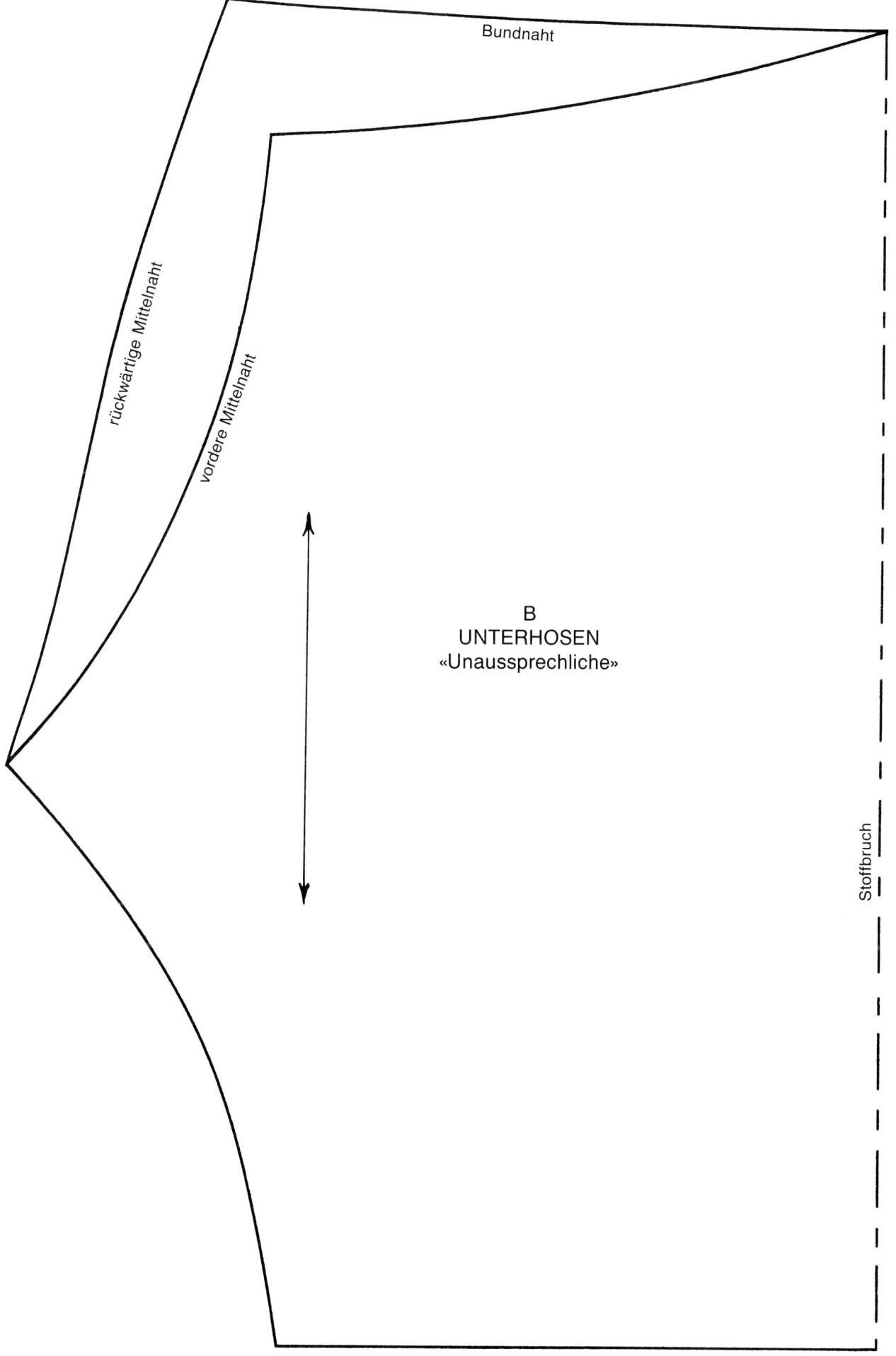

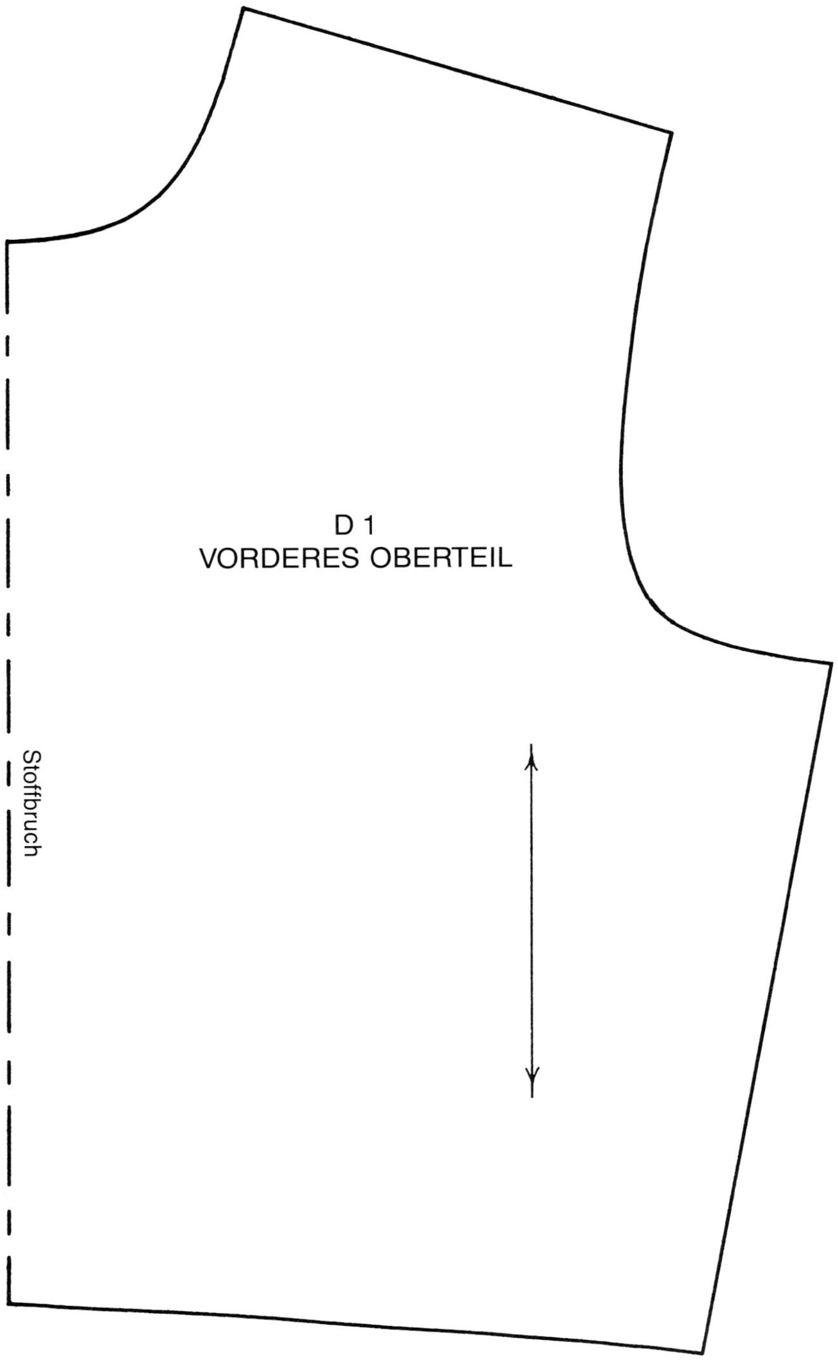

148 · Schnittmuster für Puppengrößen 58–63 cm

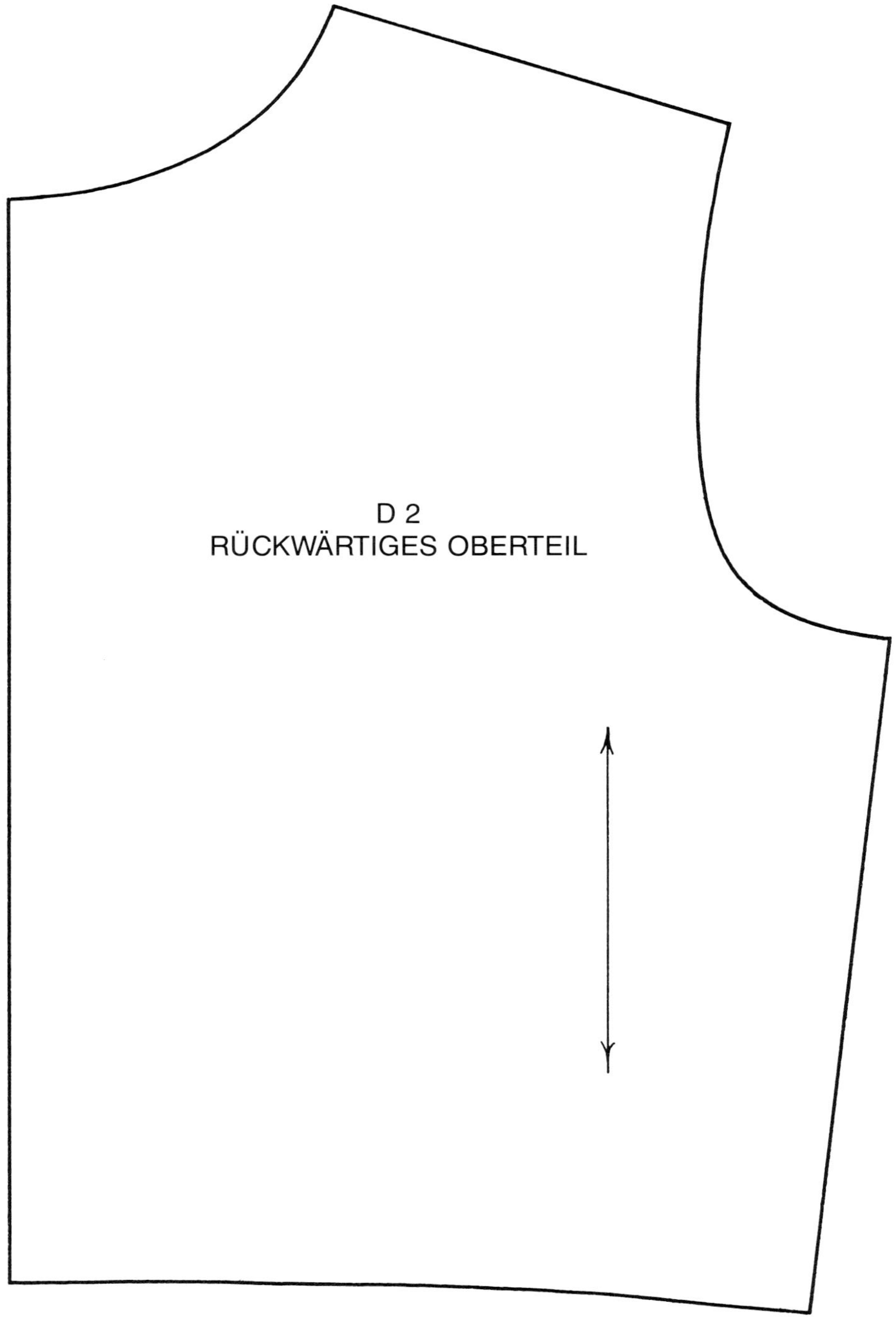

D 2
RÜCKWÄRTIGES OBERTEIL

D 1
VORDERES OBERTEIL

Stoffbruch

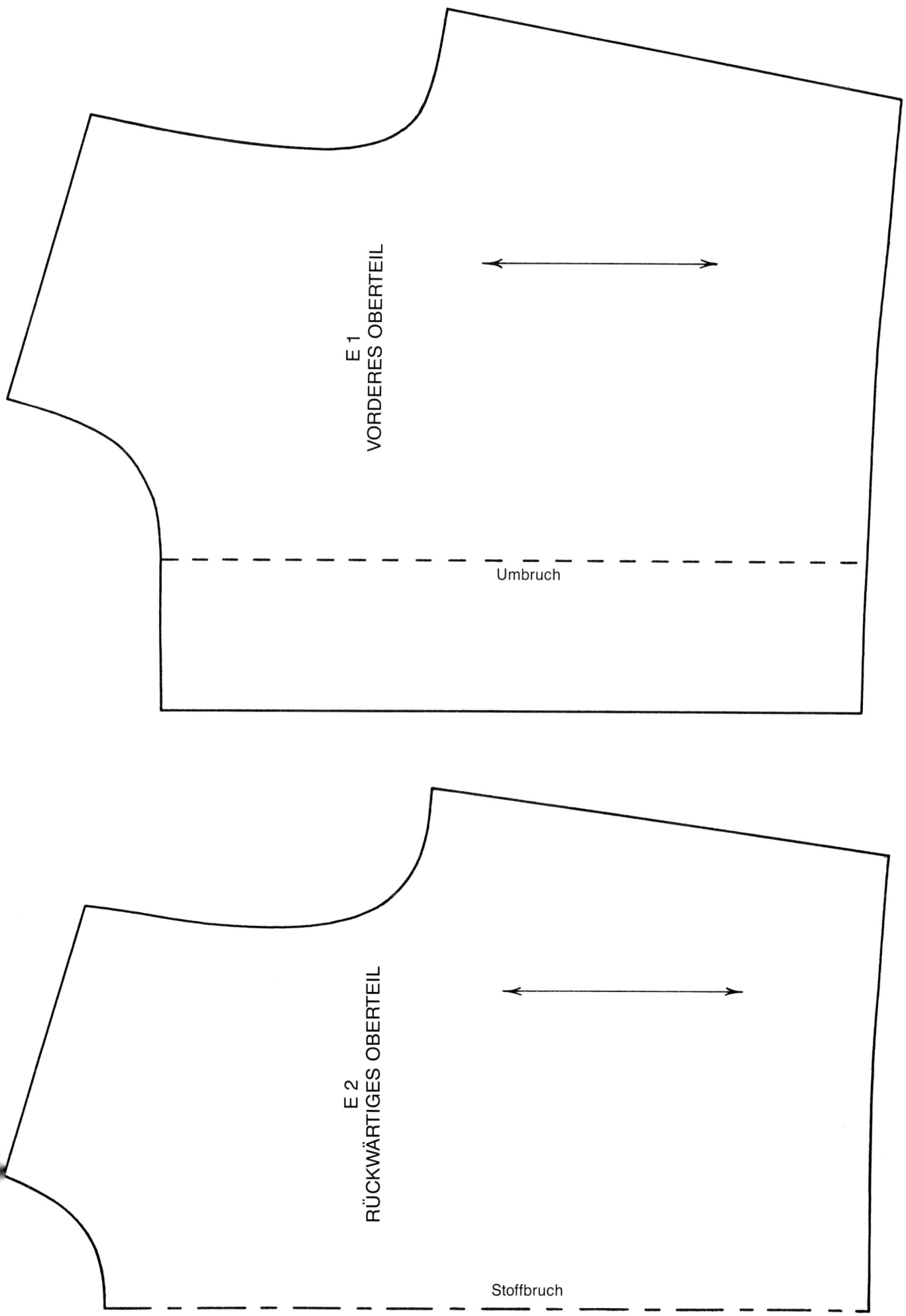

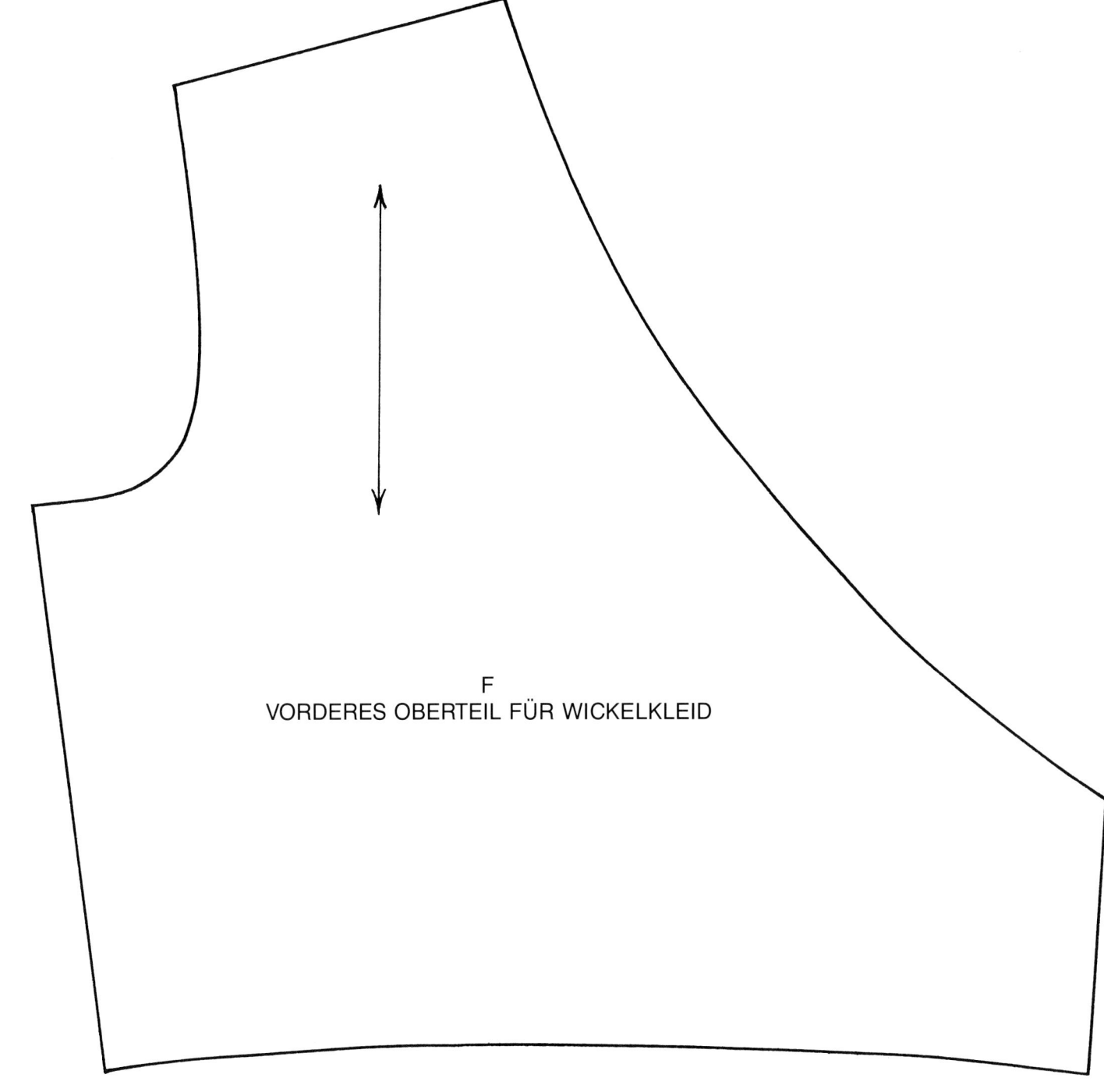

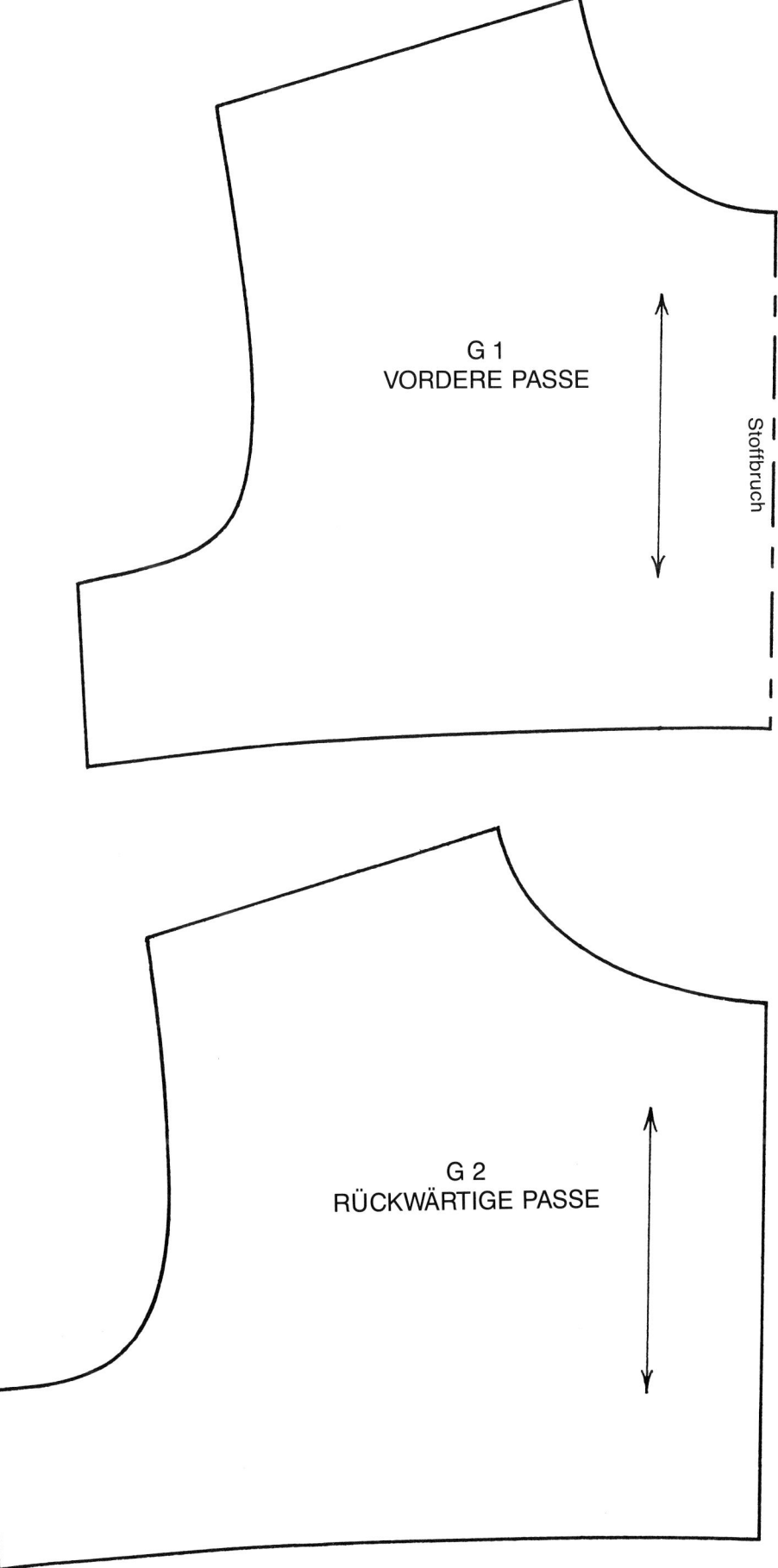

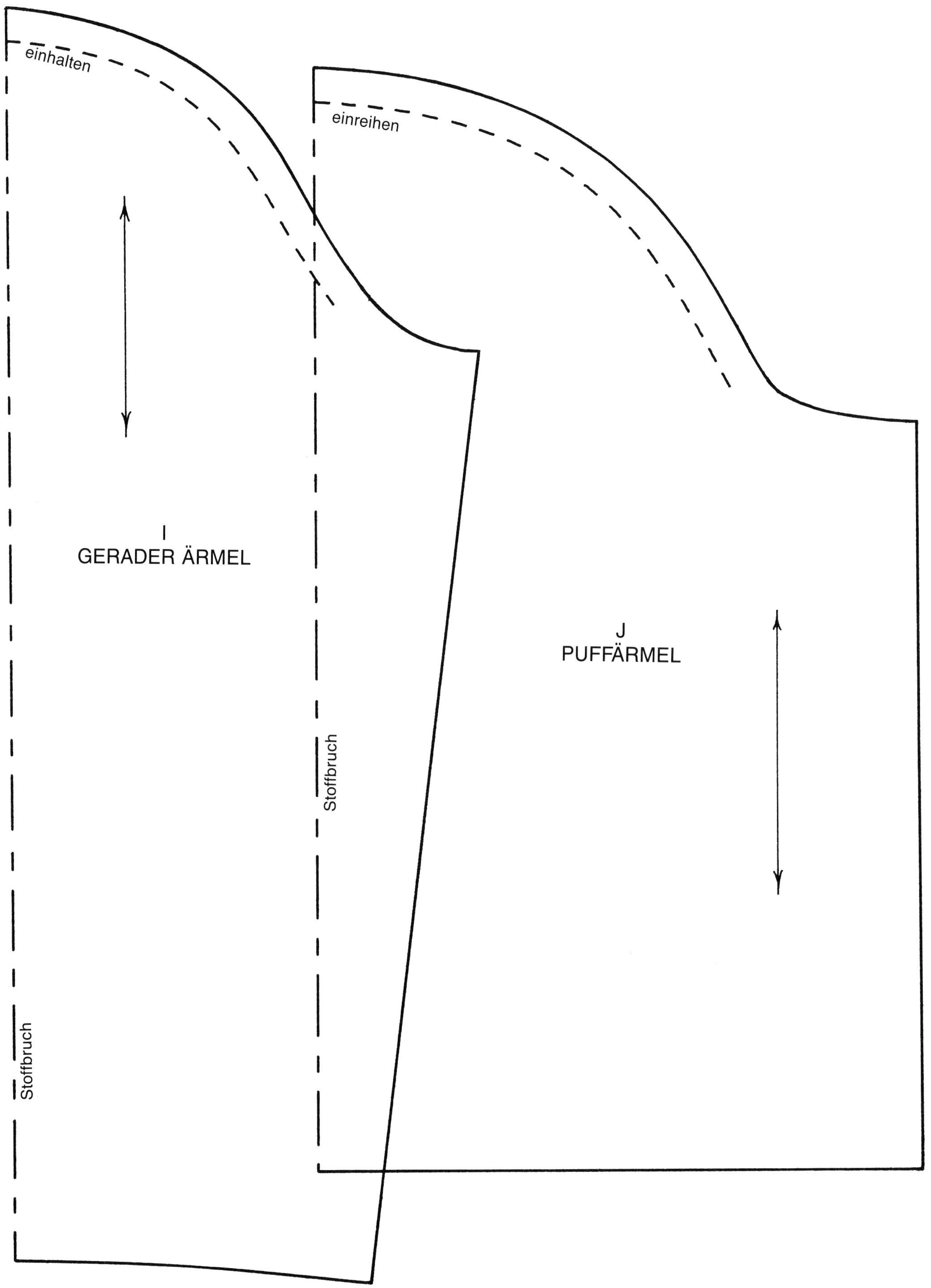

152 · Schnittmuster für Puppengrößen 58–63 cm

einhalten

einreihen

I
GERADER ÄRMEL

J
PUFFÄRMEL

Stoffbruch

Stoffbruch

einhalten

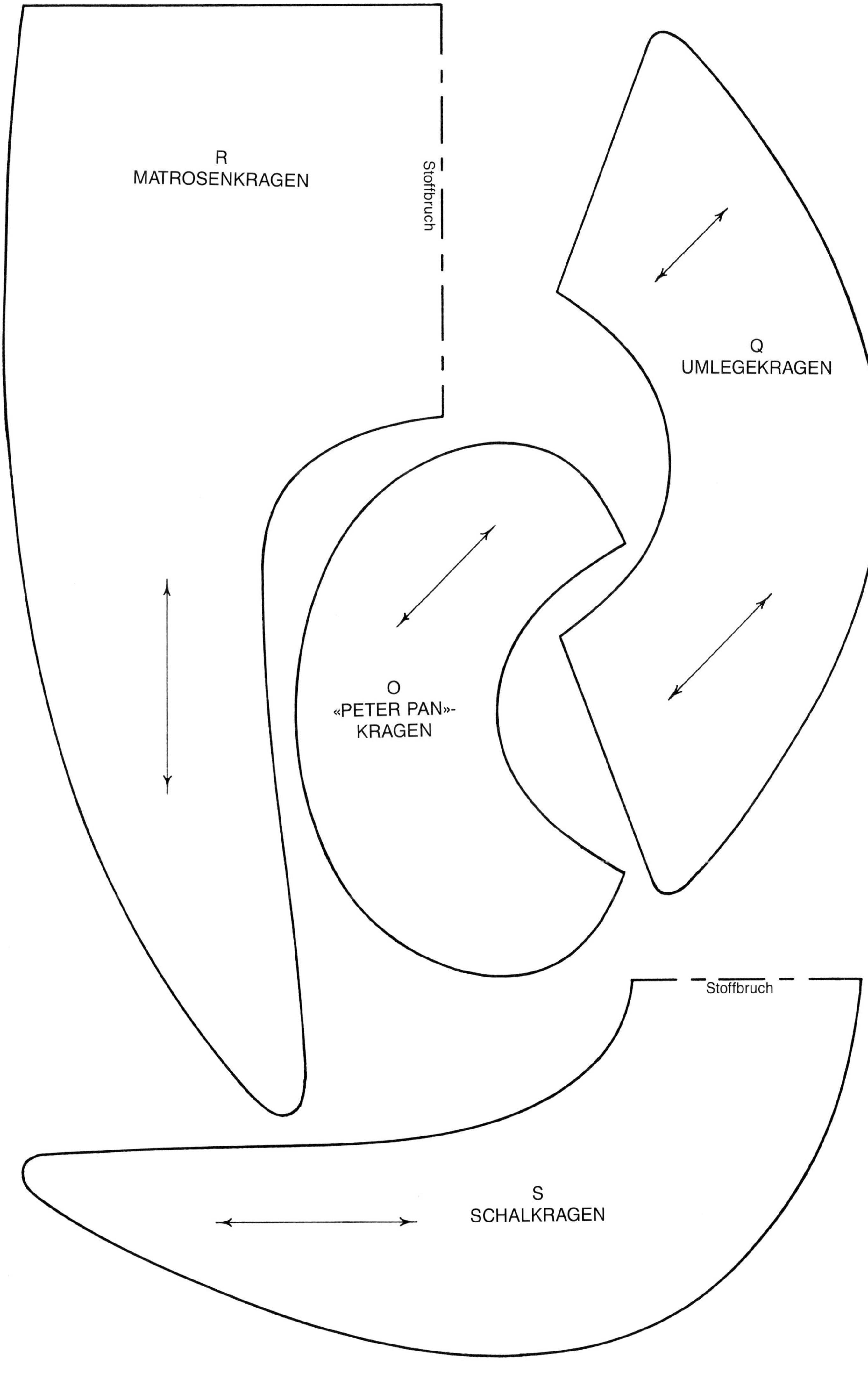

153 · Schnittmuster für Puppengrößen 58–63 cm

R
MATROSENKRAGEN

Stoffbruch

Q
UMLEGEKRAGEN

O
«PETER PAN»-
KRAGEN

Stoffbruch

S
SCHALKRAGEN

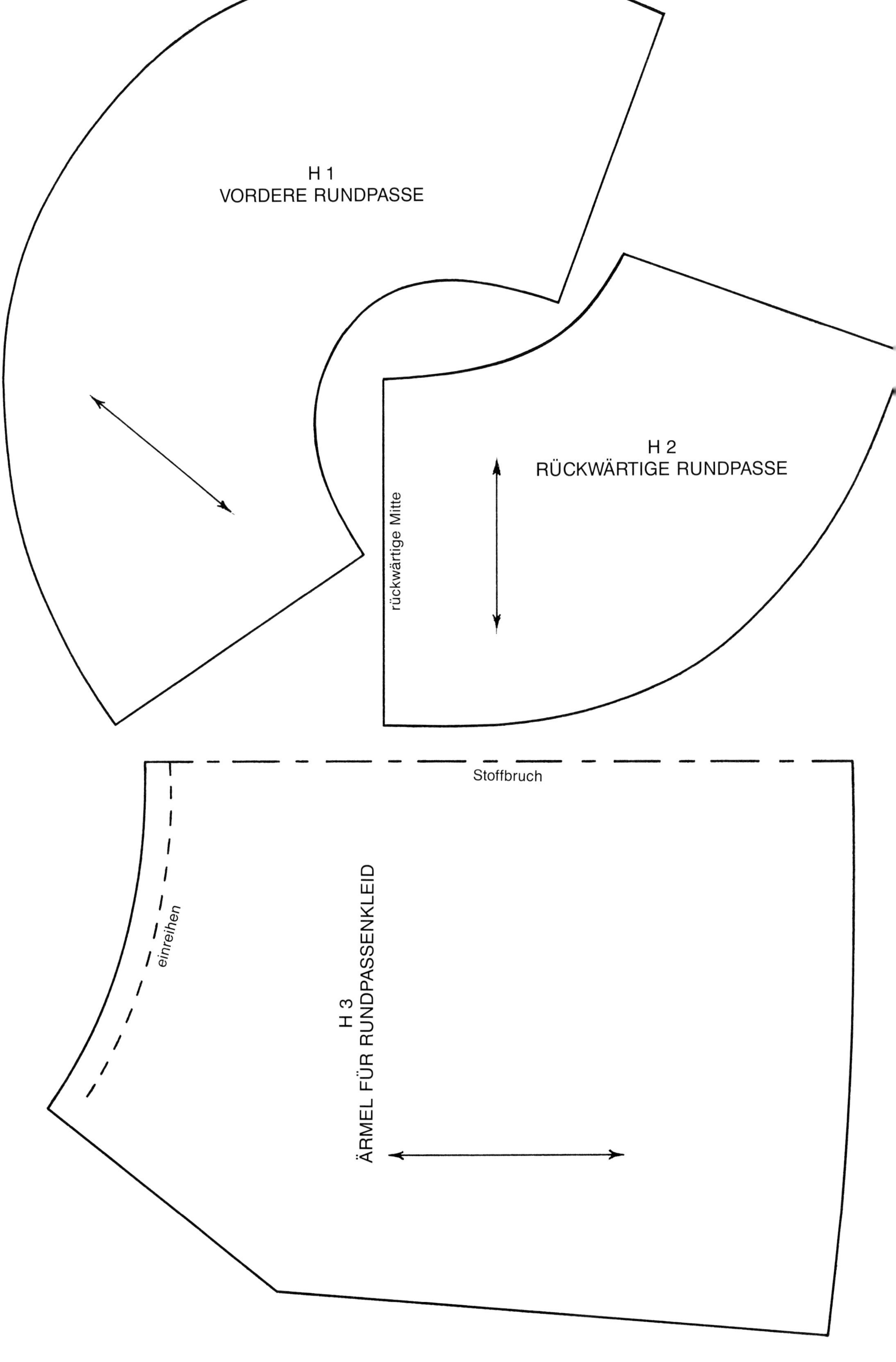

154 · Schnittmuster für Puppengrößen 58–63 cm

H 1
VORDERE RUNDPASSE

H 2
RÜCKWÄRTIGE RUNDPASSE

rückwärtige Mitte

Stoffbruch

einreihen

H 3
ÄRMEL FÜR RUNDPASSENKLEID

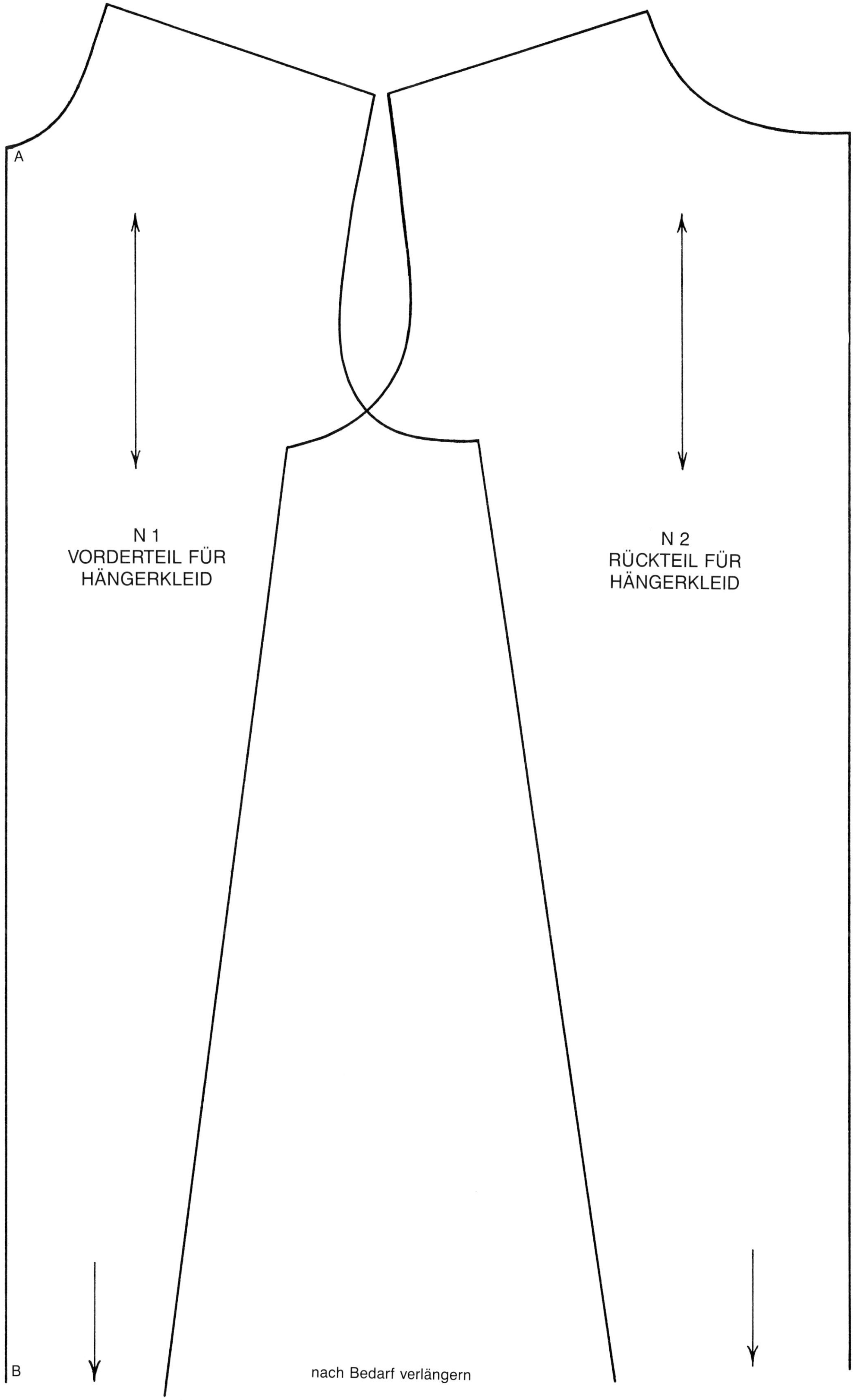

A

N 1
VORDERTEIL FÜR
HÄNGERKLEID

N 2
RÜCKTEIL FÜR
HÄNGERKLEID

B

nach Bedarf verlängern

155 · Schnittmuster für Puppengrößen 58–63 cm

156 · Schnittmuster für Puppengrößen 58–63 cm

A

N 3
SMOKEINSATZ FÜR HÄNGERKLEID

P
RUNDKRAGEN

Stoffbruch

einreihen

B

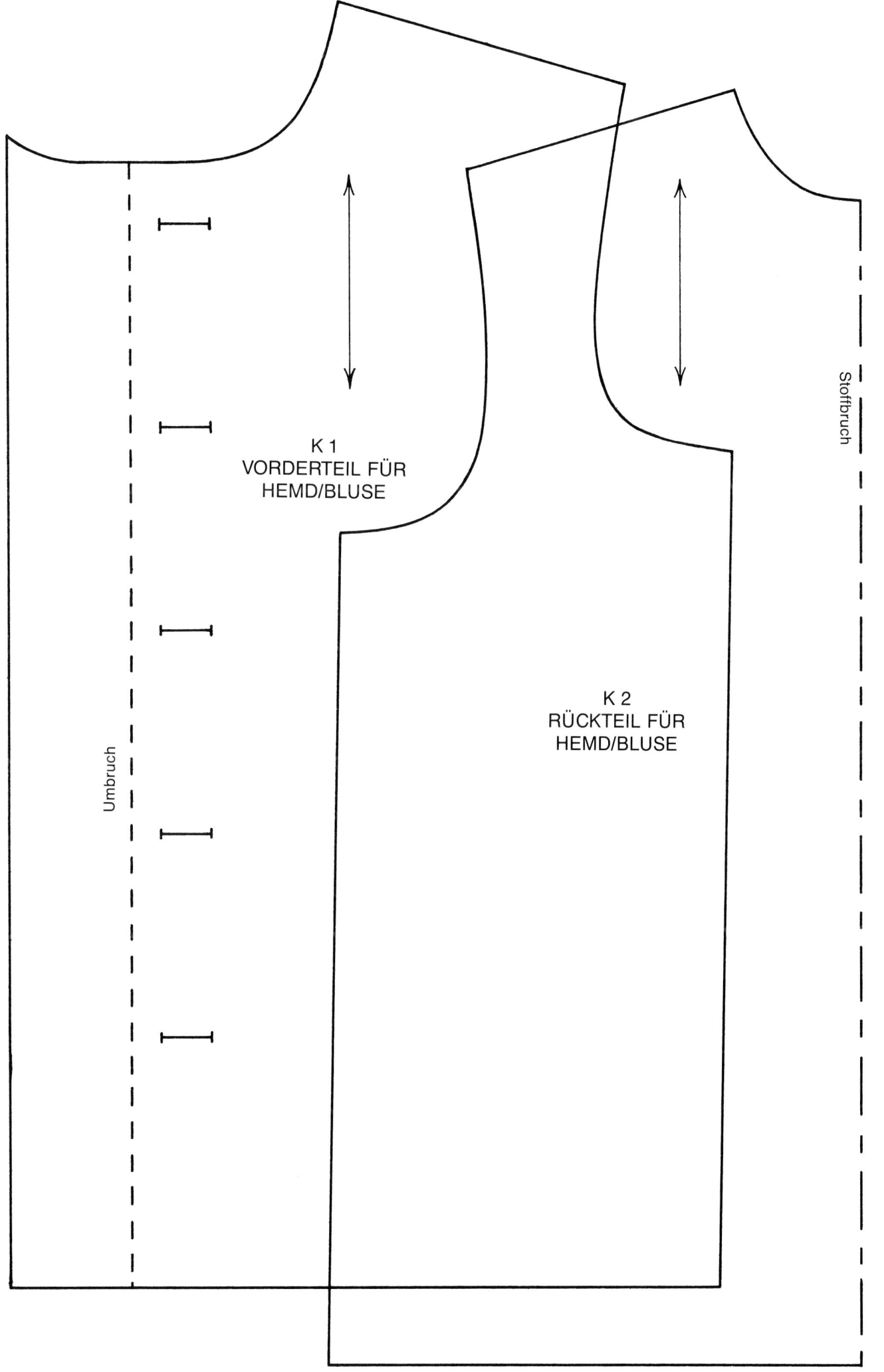

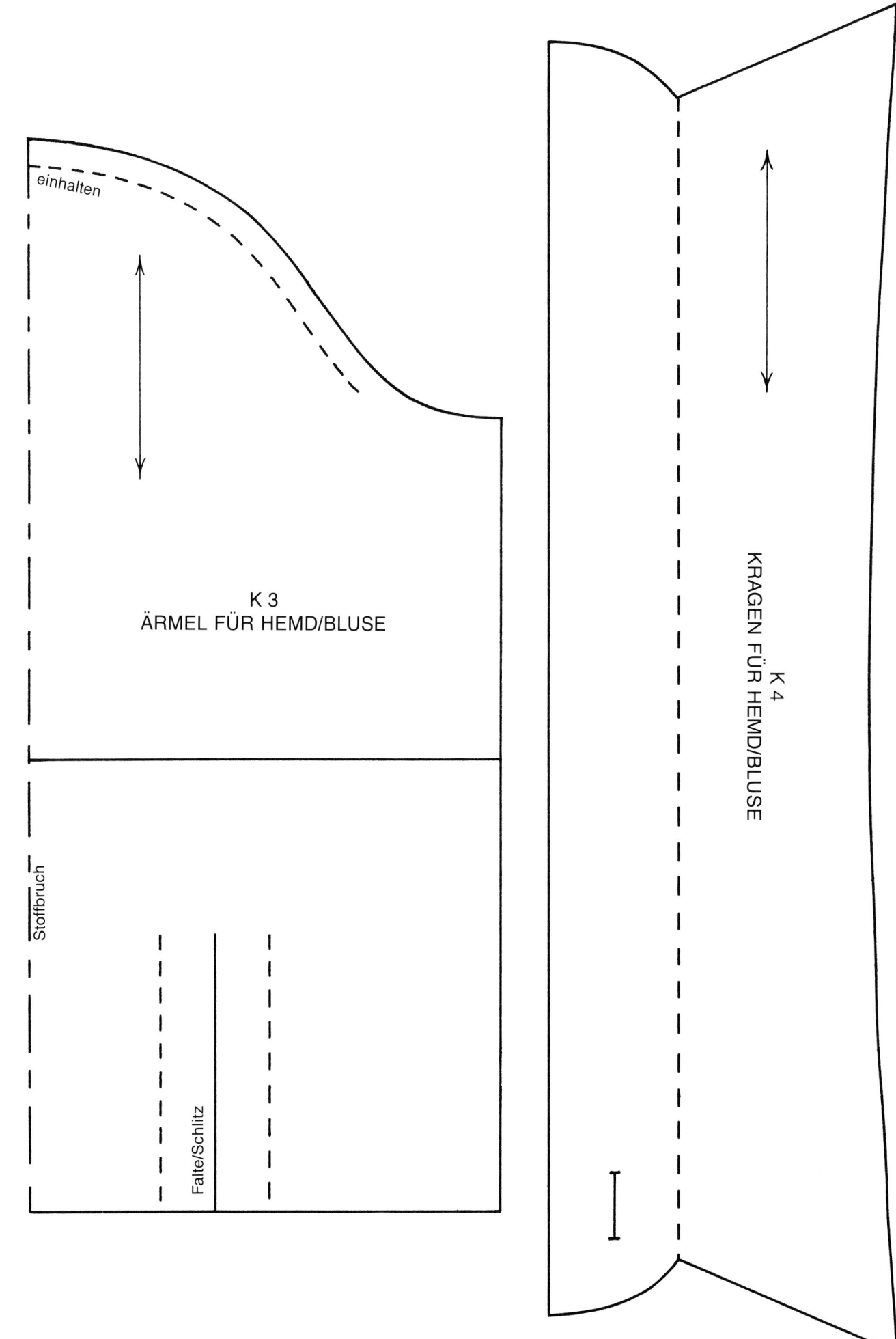

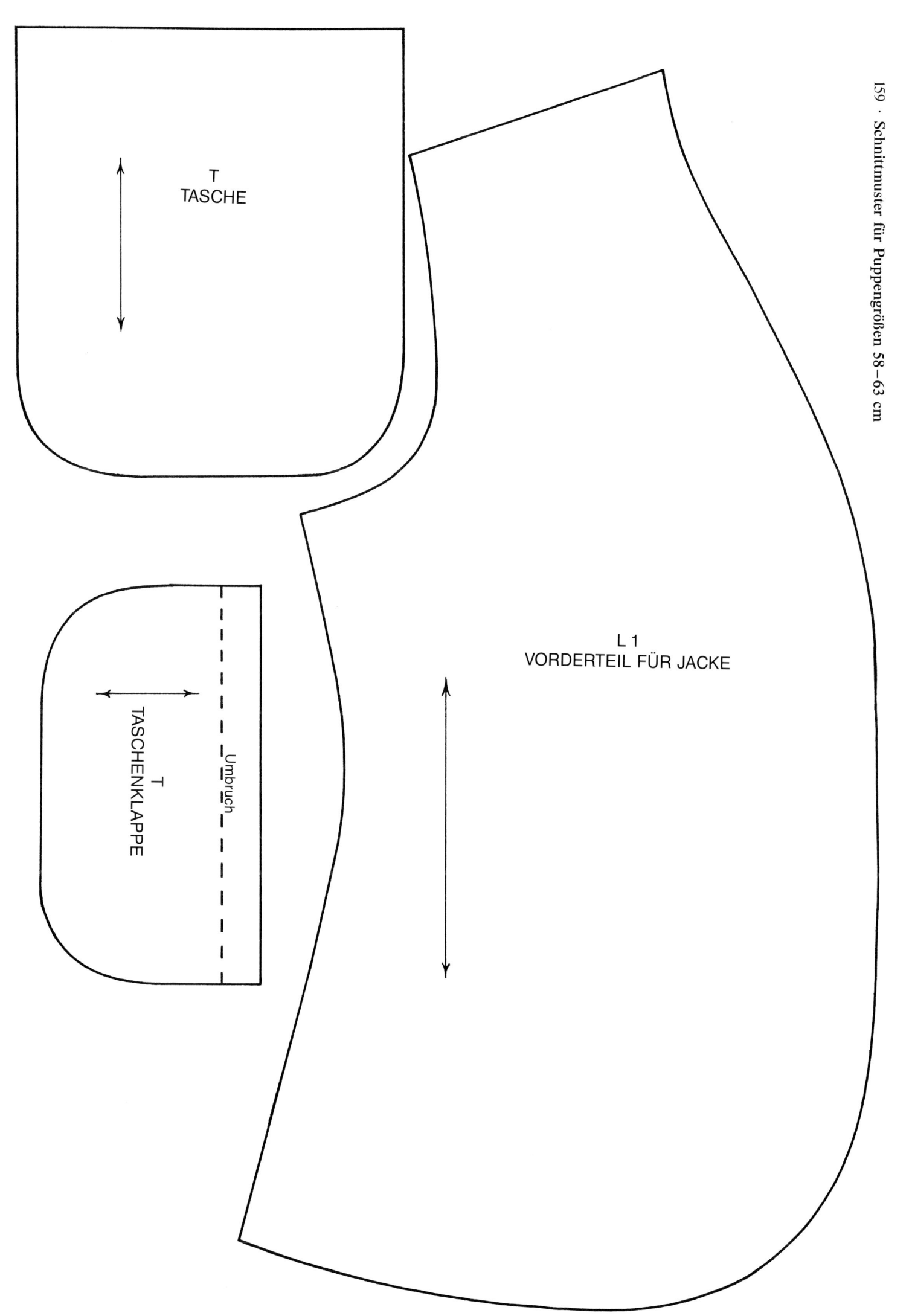

159 · Schnittmuster für Puppengrößen 58–63 cm

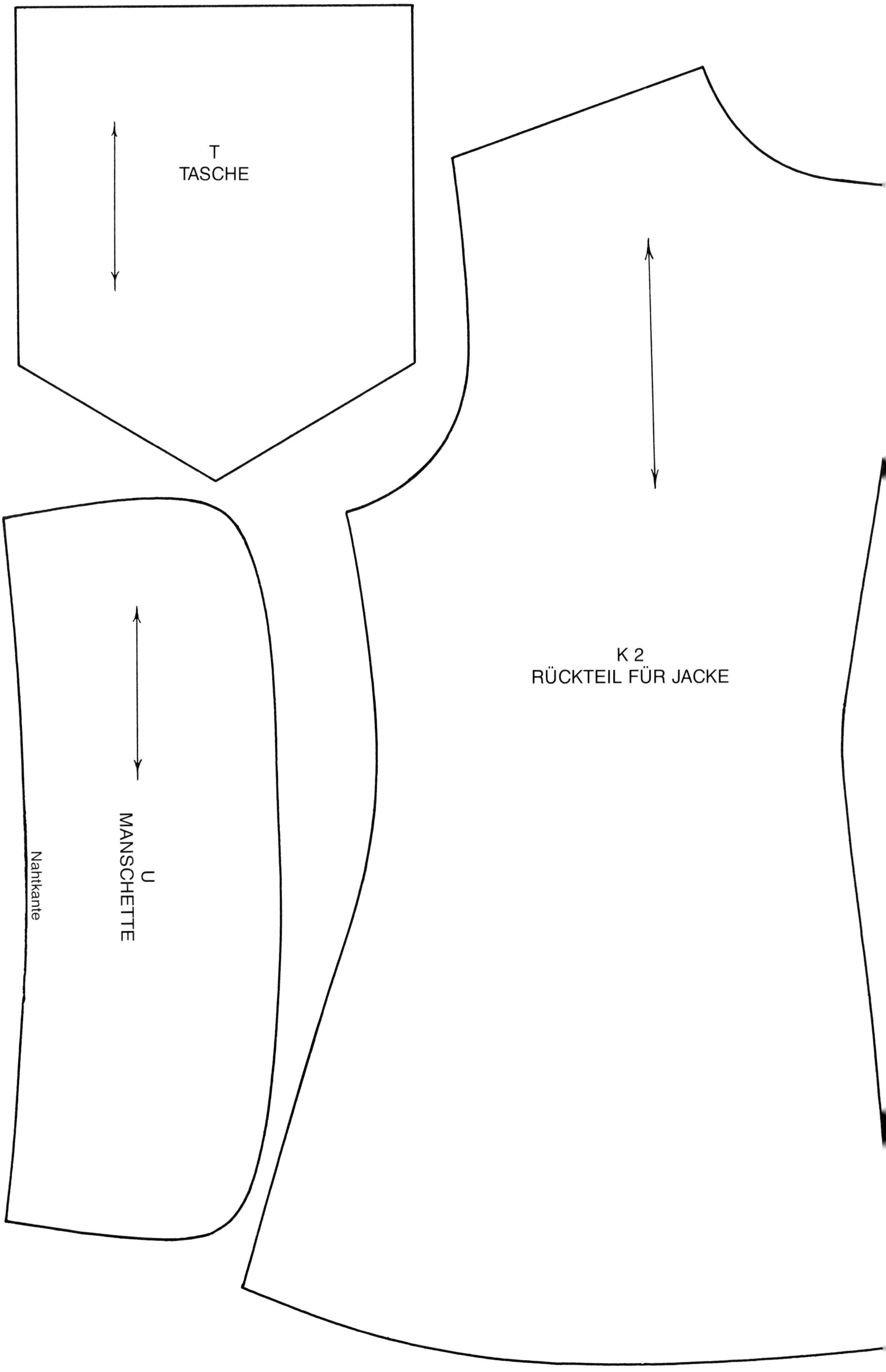

160 · Schnittmuster für Puppengrößen 58–63 cm

T
TASCHE

K 2
RÜCKTEIL FÜR JACKE

U
MANSCHETTE

Nahtkante

Bundnaht

vordere und rückwärtige Mittelnaht

161 · Schnittmuster für Puppengrößen 58–63 cm

M
HOSE

Stoffbruch

nach Bedarf verlängern

9 Hüte und Mützen

Babyhäubchen

Einteilige und zweiteilige Babyhäubchen sind schnell genäht, einzig der Puppenkopf muß ausgemessen werden. Die Wahl von Stoff und Zierat bestimmt den Stil Ihres Häubchens.

Einteiliges Babyhäubchen *Abb. 51 a*

Den Puppenkopf von einem Ohr über den Scheitel zum anderen Ohr und von der Stirn bis zum Hinterkopf ausmessen. Nach diesen Maßen ein Stoffrechteck plus Nahtzugaben zuschneiden. Den Stoff in der Mitte falten und die rückwärtige Mittelnaht schließen. Die dadurch entstandene Spitze abschneiden und die Kante absteppen. Die Vorderkanten säumen und nach Bedarf verzieren. Die Unterkanten umschlagen und feststeppen, so entsteht ein Durchzug. Ein Band einziehen und unter dem Kinn zur Schleife binden.

Nähen Sie Spitzen oder Lochstickerei an die Vorderkanten (in diesem Fall nicht säumen) oder füttern Sie das Häubchen mit bunter Seide, vielleicht mit farblich passenden Bändern dazu.

Zweiteiliges Häubchen *Abb 51 b*

Ein zweiteiliges Häubchen setzt sich aus Krempe und Kopfteil zusammen. Der Puppenkopf wird von Ohr zu Ohr und von der Stirn bis zur Kopfmitte ausgemessen. Danach wird die Krempe zugeschnitten. Das Kopfteil entsteht aus einem Stoffkreis (als Schablone nehmen Sie einen Teller o. ä.). Die Krempe wird aus doppeltem Stoff genäht: Die beiden Krempenteile rechts auf rechts entlang der Außenkanten zusammennähen, dabei die Ecken schön abrunden. An der Unterkante des Kopfteils einen Durchzug, etwa über ein Drittel des Kreisumfangs, arbeiten, die restliche Kante einreihen und an die Innenkanten der Krempe steppen. Durch den Durchzug ein Gummiband ziehen, anschließend zwei Bänder an die Krempe steppen und unter dem Kinn zur Schleife binden.

Farbtafel 13

Die 45 cm große Puppe in der Mitte, eine SFBJ-Replik aus einem Bausatz von Reflect, trägt ein Rundpassenkleid aus gelber Seide mit halblangen Puffärmeln. Manschetten und Passe sind mit elfenbeinfarbener Spitze belegt. Die gesmokte Seidenhaube wird wie ein Schutenhut getragen und unter dem Kinn mit einer Schleife gehalten. Die Krempe schmücken künstliche Blumen.

Aus einem Set von Reflect stammt auch die 45 cm große Jumeau-Replik links. Sie trägt ein Hängerkleidchen mit Smokeinsatz, verlängerter Taille, umgeschlagenen Manschetten und Faltenrock. Oberteil und Ärmel sind aus dunkelgrünem Samt, Smokeinsatz, Manschetten und Rock aus silbergrauem Seidenkrepp. Das Kleid ist mit alter Spitze verziert und hat eine silbergraue Seidenkreppschärpe, die am Rücken gebunden wird. Der breitkrempige dunkelgrüne Samthut ist mit silbergrauem Seidenkrepp gefüttert, die Krempe ist mit einem Draht versteift. Den Hut schmücken Seidenkreppbänder und eine lange Feder. Auch das kleine Püppchen ist komplett eingekleidet und hält seinerseits eine winzige Puppe im Arm.

Rechts eine 51 cm große Marque-Replik von GP Ceramics in milchkaffeebraunem Seidenkleid mit Blousonoberteil, gereihtem Volantrock und halblangen Puffärmeln. Rock und Oberteil sind mit alter Spitze belegt, und auch der kleine Stehkragen ist aus Spitze. Auf den Schultern sitzen altrosa Schleifchen, passend zu der seitlich gebundenen Schärpe. Halsausschnitt und Schärpe sind mit winzigen Broschen verziert, die man aus alten Damenohrringen machen kann. Den Strohhut schmückt eine große Seidenschleife.

Hüte und Mützen

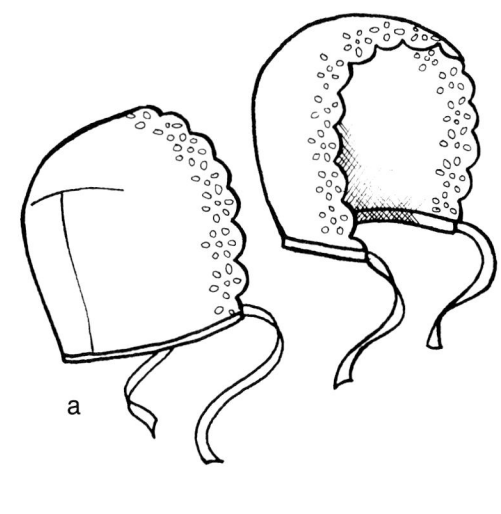

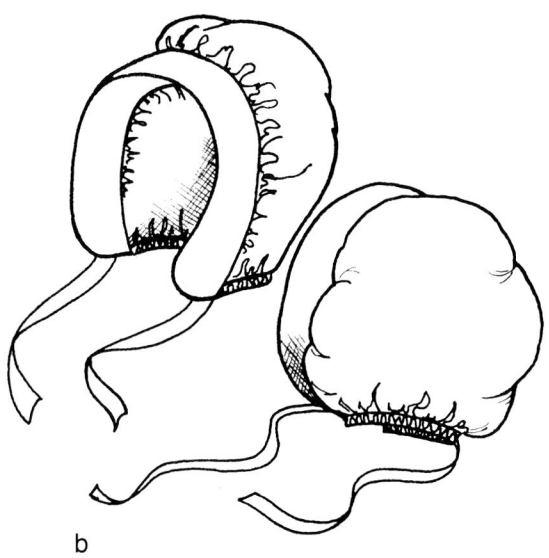

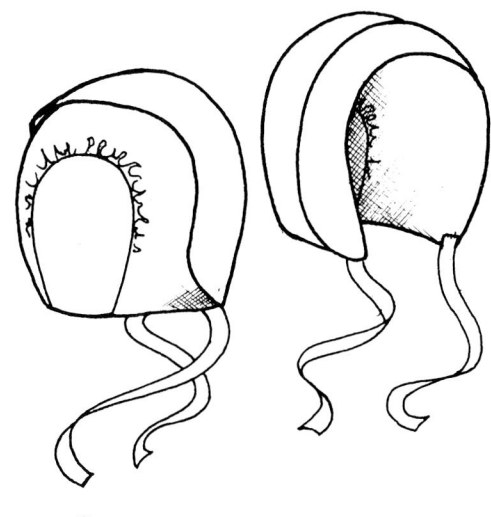

Abb. 51: Babyhäubchen

Bei dem Häubchen von Abb. 51 c wird die Krempe umgeschlagen, hinten gereiht und an ein kleines Kopfteil gesteppt. Dazu den Puppenkopf für das Hauptteil von Ohr zu Ohr über den Scheitel und von der Stirn bis zum Hinterkopf ausmessen, beim Zuschneiden diese Länge doppelt nehmen. Zwei Hauptteile zuschneiden. Für das Kopfteil je ein Teil aus Stoff und Futter zuschneiden. Die beiden Hauptteile rechts auf rechts entlang der Außenkanten zusammennähen und die Ecken schön abrunden. Die hintere Kante einreihen. Die beiden Kopfteile rechts auf rechts entlang der Unterkante zusammennähen, anschließend das Hauptteil an das Kopfteil steppen und diese Naht mit dem Kopfteilfutter verblenden. Zuletzt die Krempe umschlagen (dazu der Puppe das Häubchen aufsetzen), an beide Seiten Bänder steppen und unter dem Kinn zur Schleife binden.

Beide Häubchen lassen sich aus Spitzen- oder Lochstickereistoffen, mit Biesen (für die Krempe), mit Spitzen- oder Lochstickereirüschen oder aufgestickten Blumenmustern herstellen.

Einfache Haube

Eine einfache Haube wird aus einer Stoffscheibe genäht (als Schablone dient eine Schallplatte oder ein Teller); die Fülle der Haube liegt ganz bei Ihnen. Eine Haube aus besonders leichten Stoffen können Sie auch füttern – natürlich schneiden Sie dann eine zweite Scheibe aus dem Futterstoff zu. Stoff und Futter rechts auf rechts zusammennähen, nur zum Wenden bleibt eine kleine Öffnung. Die Nahtkanten kürzen und einschneiden, die Haube wenden und dämpfen, dann die Öffnung sauber verschließen. Etwaige Spitzen oder Rüschen werden zwischen die beiden Teile gelegt und mit eingenäht. Im Abstand von etwa 2,5 bis 5 cm vom Rand einen Durchzug steppen und ein Gummiband einziehen.

Für eine ungefütterte Haube wird nur ein Teil zugeschnitten. Die Kanten säumen oder mit Schrägstreifen einfassen – je breiter der Saum, desto breiter der Rüschenabschluß der Haube. Im Abstand von 2,5 bis 5 cm von der Kante ein Gegenzugband aufsteppen (oder einen Durchzug nähen und ein Gummiband einziehen). Etwaige Spitzen werden ganz zum Schluß an die Kanten geendelt.

Hauben aus Seide oder leichter Baumwolle sind sehr hübsch, auch aus Lochstickereistoff oder mit Spitzenrüschen sehen sie ganz bezaubernd aus.

Barette und Kappen

Das ungefütterte Barett (Abb. 52 b) wird aus einem kreisrunden Filz- oder Stoffstück genäht. Der Stoffkreis wird eingereiht und an ein Band gesteppt. Als Zierat eignen sich Pompoms oder in der Mitte einer Baskenmütze «Finger» aus dicht gerolltem Filz. Eine weitere Variante: Ballonmütze mit Schirm. Für die Ballonmütze ein besonders breites Band und einen halbmondförmigen Schirm aus doppeltem Stoff zuschneiden und ein Schirmteil mit Vliseline versteifen. Die beiden Schirmteile rechts auf rechts entlang der abgerundeten Kanten zusammennähen, die Nahtkanten einschneiden, den Schirm wenden und dämpfen, anschließend am Barett-

Abb. 52: Kopfbedeckungen

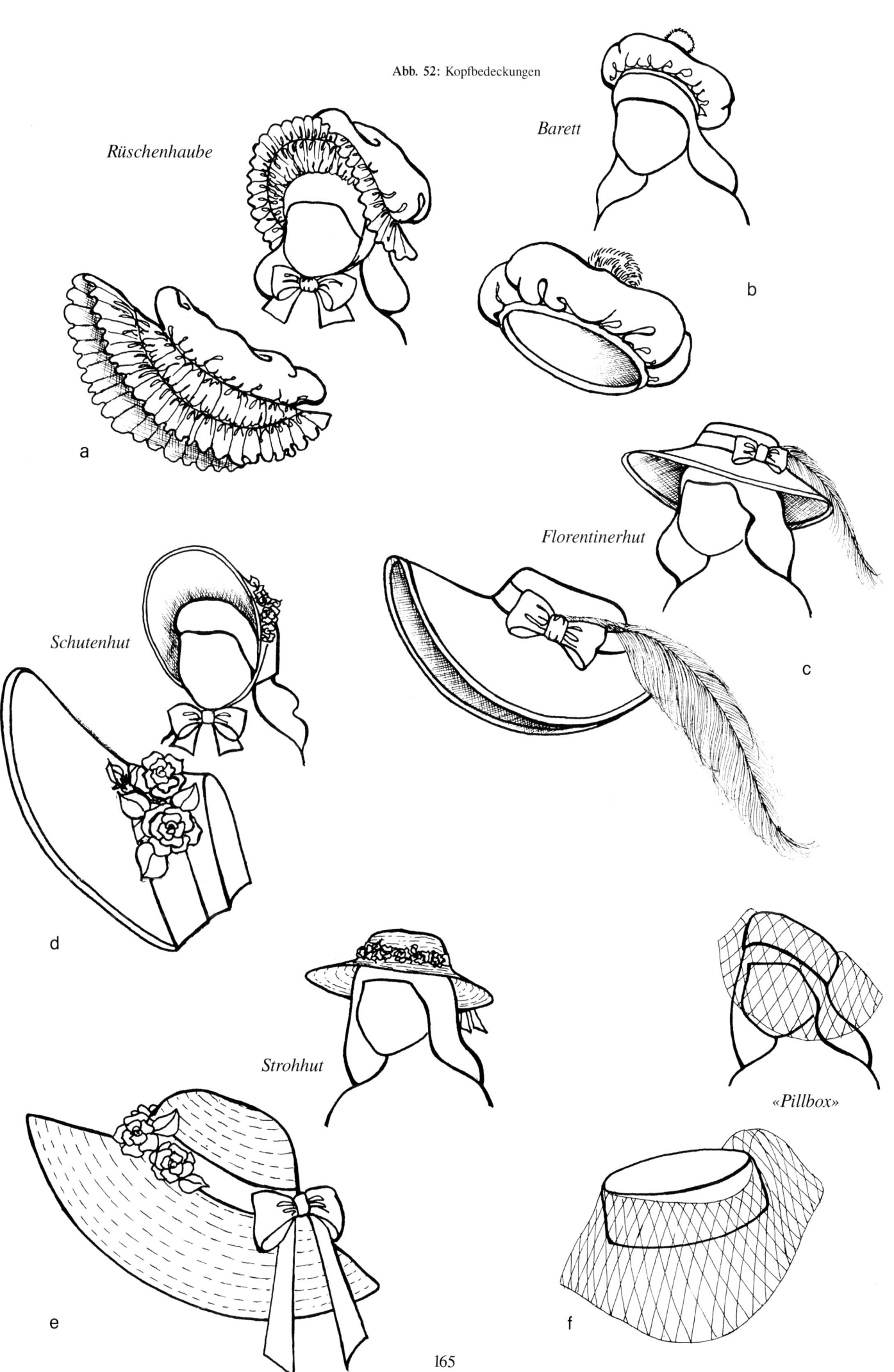

Hüte und Mützen

band feststeppen. Gerade Filz eignet sich für diese Barette besonders gut. Für einen antiken Puppenbuben aber ist ein Tweedbarett mit Quaste genau das Richtige.

Das «Pillbox»-Hütchen (Abb. 52 f) wird aus einem breiten Band und einem kreisrunden Kopfteil genäht. Die Bandlänge richtet sich nach dem Umfang des Puppenkopfes, der Kopfteilumfang nach der jeweiligen Bandlänge. Wenn Sie an die «Pillbox» einen Schirm nähen, haben Sie eine Mütze für Puppenbuben. Die schönsten «Pillbox»-Hütchen entstehen aus Samt oder Seide, geschmückt mit Federn, Bändern, kleinen Gesichtsschleiern oder Blumen. Für die Schirmmütze dagegen wählen Sie Tweed oder Filz. Die «Pillbox» wird auf jeden Fall mit einem leichten Stoff gefüttert. Aus Stoff und Futter je ein Band und ein Kopfteil zuschneiden. Stoff und Futter werden getrennt verarbeitet. Die rückwärtige Bandnaht schließen und das Kopfteil an der Bandoberkante feststeppen. Die Bandunterkante nach innen umschlagen und dämpfen. Das Bandfutter mit kleinen Stichen gegen den Umschlag nähen. (Bei der Schirmmütze zuerst den Schirm an die Bandunterkante steppen und dann das Futter einnähen).

Florentinerhut *Schnittmusterteil Y, Abb. 52 c*

Den Schnitt für diesen breitkrempigen Damenhut finden Sie in den Größen Klein, Mittel und Groß. Zur Größenbestimmung wird der Umfang des Kopfes ausgemessen und mit der Hutbandlänge verglichen. Den Hut nähen Sie aus Filz (ungefüttert) oder aus Stoff. Der Stoffhut wird gefüttert und mit einem Draht in der Krempe ausgesteift.

Für einen Filzhut eine Krempe, ein Hutband und ein Kopfteil zuschneiden. Die Nahtzugaben an der rückwärtigen Krempennaht und an der Hutbandnaht abschneiden und diese Nähte mit Endelstichen schließen. Das Kopfteil an die Hutbandoberkante endeln, anschließend die Hutbandunterkante an die Krempe endeln – danach den Hut wenden (rechte Seite nach außen).

Für einen Stoffhut wählen Sie für den Hut selbst einen etwas dickeren Stoff (z. B. Samt), für das Futter hingegen einen sehr leichten Stoff (z. B. Seide). Die Krempe kann sowohl mit durch Vliseline versteiftem Hutstoff als auch mit glatter oder gereihter Seide gefüttert werden. Je eine Krempe, ein Hutband und ein Kopfteil aus Stoff und Futter zuschneiden. Die rückwärtige Krempennaht und die Hutbandnaht schließen und das Kopfteil an das Hutband steppen (Oberkante). Die Hutbandnaht am Futter schließen und das Futterkopfteil an das Futterhutband steppen (Oberkante).

Für das gereihte Krempenfutter (falls erwünscht) einen Stoffstreifen in der eineinhalbfachen Länge des äußeren Krempenrandes zuschneiden. Die Breite des Futters entspricht der Krempenbreite, achten Sie aber darauf, daß das Futter genau wie die Krempe nach hinten zu etwas schmäler wird. Dann: Die rückwärtige Naht schließen, das Krempenfutter an beiden Seiten einreihen, auf die Krempenlänge zusammenziehen und *links auf links* an die Krempe heften.

Sind Hut und Krempenfutter aus dem gleichen Stoff, dann werden die beiden Krempenteile rechts auf rechts entlang der Außenkante zusammengenäht, die Krempe gewendet, gedämpft und an die Hutbandunterkante gesteppt. Diese Naht mit dem Hutband/Kopfteilfutter verblenden.

Farbtafel 14
Links eine 63 cm große Nachbildung der AT 14 von Reflect. Sie trägt ein elfenbeinfarbenes Brokatjackett mit Schalkragen, Manschetten und aufgesetzten Taschenklappen. Die Jacke ist mit Schrägstreifen aus rosa Taft eingefaßt und mit crèmefarbener Spitze und einer Blumenborte verziert. Auf das Vorderteil, die Manschetten und die Taschenklappen sind Perlenknöpfchen aufgenäht. Das ärmellose Kleid aus rosa Taft hat eine verlängerte Taille und einen Quetschfaltenrock, das Oberteil ist mit gereihter Spitze belegt. Der bogenförmig geschnittene Gürtel mit den rosa Schrägstreifeneinfassungen aus Taft wird am Rücken geschlossen. Der Strohhut hat ein gereihtes Futter aus rosa Taft und ist mit einer großen Taftschleife und einer Feder geschmückt. Der Anhänger war einst ein Ohrring.

Die 63 cm große antike Puppe rechts trägt ein weißes Kleid aus Schweizer Batist mit einem winzigen Stehkragen, langen Puffärmeln mit Spitzenmanschetten und gereihtem Rock mit Volant am Saum. Oberteil und Rock sind mit Spitzeneinsätzen geschmückt, auf das Vorderteil sind Perlenknöpfchen aufgenäht. Die Brosche ist eigentlich ein Damenohrring. In den Händen hält die Puppe einen 20 cm großen Mohairteddy.

Hüte und Mützen

Bei Hüten mit Seidenfutter (glatt oder gereiht) Krempe und Futter *links auf links* entlang der Außen- und Innenkanten zusammennähen, anschließend die Krempe an die Hutbandunterkante steppen. Diese Naht mit dem Hutband/Kopfteilfutter verblenden. Die Nahtkanten an der Krempenaußenkante kürzen und mit Schrägstreifen aus dem Futterstoff versäubern, dabei bleibt im Besatz eine kleine Öffnung. Einen Putzmacherdraht durch den Besatzstreifen ziehen und mit Heftpflaster zum Ring schließen. Dann die Öffnung im Besatz sauber verschließen. Verzieren Sie den Hut mit Bändern, Schleifen, Federn oder Blumen. Der Hut wird mit einem Gummischnürchen am Hinterkopf festgehalten oder mit einer Hutnadel festgesteckt.

Putzmacherdraht und Blumenschmuck erhalten Sie in Hutgeschäften oder Bastelläden, in Handarbeitsgeschäften oder im Fachhandel für Dekorateurbedarf. Nach Straußenfedern suchen Sie am besten in der Kleiderkiste Ihrer Großmutter, vielleicht finden Sie dort auch eine Hutnadel. Ansonsten finden Sie Hutnadeln ebenfalls im Hutgeschäft. Für kleinere Puppen können Sie Hutnadeln auch selbermachen, zum Beispiel aus einer Stecknadel mit buntem Glaskopf oder aus einer Nadel mit angeklebter bunter Perle.

Achtung: Putzmacherdraht und Hutnadeln, aber auch künstliche Blumen und Federn haben an Puppen für kleine Kinder nichts zu suchen!

Rüschenhaube *Abb. 52 a*

Am schönsten wird die Rüschenhaube aus feinen leichten Stoffen wie Seide oder Batist. Das Kopfteil kann gefüttert werden, Stoff und Futter werden dann wie ein Teil verarbeitet.

Für die Rüschenhaube zuerst den Kopfumfang ausmessen. Ein Stoffband in doppelter Krempenbreite und dreifacher Länge des Kopfumfangs zuschneiden. Für das Kopfteil je eine kreisrunde Scheibe aus Stoff und Futter zuschneiden.

Die rückwärtige Krempennaht bis auf ein kleines Loch für den Durchzug schließen. Danach die Krempe der Länge nach in der Mitte falten – die Umbruchkante wird die Krempenaußenkante. Im Abstand von 2,5 bis 5 cm von der Außenkante einen Durchzug arbeiten. Die Krempeninnenkante auf den Puppenkopfumfang einreihen und die Zugfäden fest vernähen. Die Außenkante des Kopfteils auf den Krempenumfang einreihen, das Kopfteil an das Krempenteil steppen und die Naht mit Schrägstreifen versäubern. Durch den Krempendurchzug einen Putzmacherdraht ziehen (die Länge des Drahts bestimmt den endgültigen Krempenumfang), die Drahtenden zum Ring schließen und die Öffnung in der rückwärtigen Naht verschließen. Die Haube zuletzt beliebig verzieren.

Wenn Sie an beide Seiten der rückwärtigen Krempe ein breites Band nähen und unter dem Kinn zur Schleife binden, erhält die Haube durch den Zug die Form eines Schutenhutes.

Schutenhut *Schnittmusterteile Z, Abb. 52 d*

Dieses Schnittmuster finden Sie ebenfalls in den Größen Klein, Mittel und Groß. Auch hier wählen Sie die richtige Größe durch den Vergleich Kopfumfang/Hutbandlänge. Am schönsten wird der Hut, wenn Sie mit der Hand nähen, so vermeiden Sie wulstige Nähte. Für den Schutenhut eignen sich alle dickeren Stoffe sowie Filz. Die einzelnen Teile werden mit Vliseline versteift, was sie zugleich vor dem Ausfransen bewahrt. Als Futterstoff wählen Sie wieder einen leichten Stoff.

Für den Schutenhut zwei Krempenteile, ein Hutband und ein Kopfteil aus dem Stoff zuschneiden und mit Vliseline versteifen. Außerdem ein Hutband und ein Kopfteil aus dem Futterstoff zuschneiden. Bei Hut und Futter jeweils das Kopfteil an das Hutband steppen. Stoff und Futter rechts auf rechts entlang der Unterkante zusammennähen, das Teil wenden und dämpfen. Die beiden Krempenteile rechts auf rechts entlang der Außenkante zusammennähen, die Krempe wenden und dämpfen. Die Krempe an die Hutbandunterkante steppen und diese Naht mit dem Hutbandfutter verblenden. An beide Seiten der Krempe ein Band nähen und unter dem Kinn zur Schleife binden. Den Hut verzieren, zum Beispiel mit einer an die Innenseite der Krempe gesteppten Spitzenrüsche.

Strohhüte *Abb. 52 e*

Einfache Strohhüte in verschiedenen Größen finden Sie wohl im Spielwarengeschäft; die beste Auswahl haben Sie natürlich in einem Laden, der sich auf Puppenkleidung spezialisiert hat. Für größere Hüte lohnt sich vielleicht sogar der Gang in die Kinderboutique.

Als Material für selbstgemachte Strohhüte schlage ich Bast (echt oder künstlich – aus dem Gartencenter oder dem Bastelladen) vor. Gerade bei künstlichem Bast, ob matt oder glänzend, ist die Farbauswahl enorm. Aus den Bastfäden lange Schnüre flechten und die Enden verknoten. Die Bastschnüre zur Spirale rollen und die einzelnen Windungen aneinandernähen (bei kleinen Hüten mit Nähgarn, bei größeren mit einem Bastfaden). Die fertige Spirale sollte etwa die Form eines Tellers haben, d. h. leicht nach innen gewölbt sein. Das Schnurende sorgfältig an der Unterseite der Spirale festnähen. Den so entstandenen Hutstumpen über Wasserdampf halten oder in heißes Wasser legen, so wird der Bast weich und geschmeidig und läßt sich formen. Den weichen Hutstumpen direkt auf dem Puppenkopf (eine Plastiktüte über den Puppenkopf stülpen), über einem Schüsselchen, einem Marmeladenglas o. ä. in die endgültige Form biegen. Während des Trocknens immer wieder korrigieren. Flache Krempen preßt man mit dem Dampfbügeleisen, eingerollte oder hochgebogene werden während des Trocknens mit Wäscheklammern oder Gummibändern fixiert. Bevor der Hut verziert wird, muß er erst völlig austrocknen. (Gekaufte Strohhüte kann man auf diese Art umformen, beispielsweise einem spitzen Strohhut über einem Marmeladenglas ein flaches Kopfteil formen oder eine flache Krempe nach oben biegen, etwa für einen Schutenhut.)

Strohhüte verzieren Sie mit Bändern und Schleifen, Federn oder künstlichen Blumen. Am besten klebt man den Zierat an. Setzen Sie dazu Ihrer Puppe den Hut gleich auf, dann können Sie die Wirkung gut beurteilen. Die Hüte werden mit einer Gummischnur am Hinterkopf festgehalten oder mit einer Hutnadel angesteckt.

Achtung: Keine Kunstblumen oder Hutnadeln an Hüte, die für Puppen kleiner Kinder bestimmt sind!

Natürlich können Sie Strohhüte auch mit gereihter Seide füttern; siehe die Anleitung zum Florentinerhut, Seite 166.

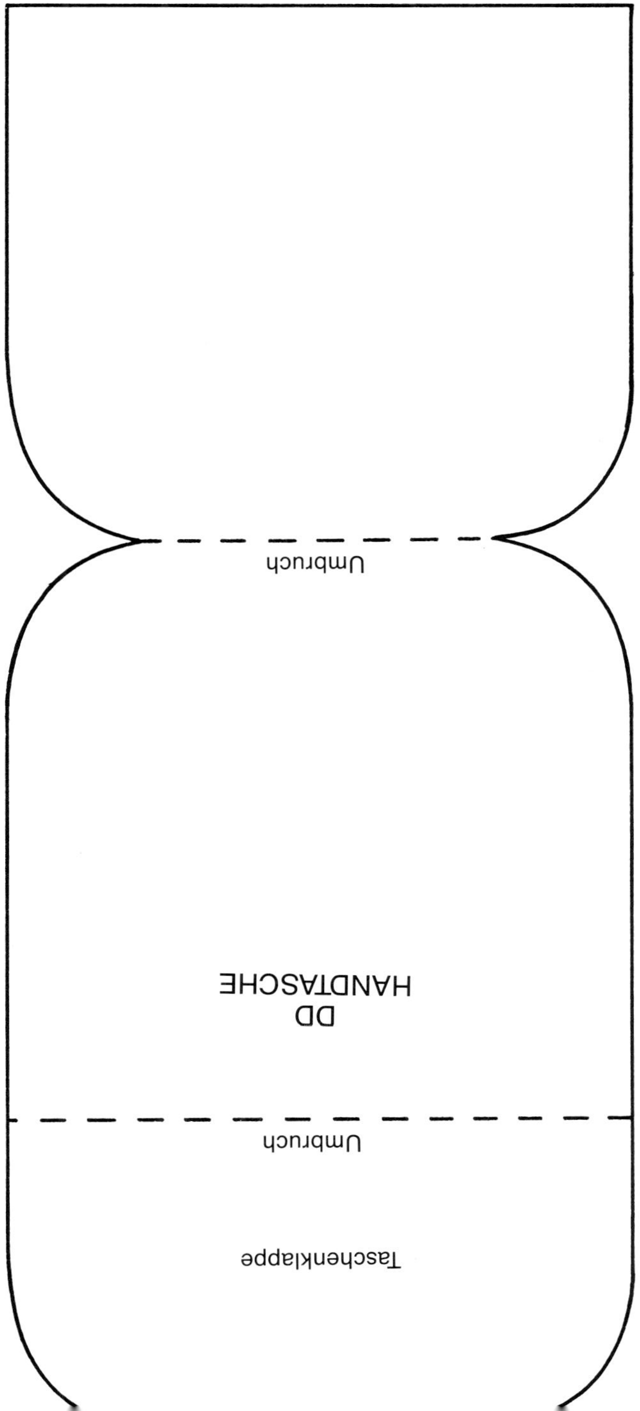

169 · Schnittmuster für Hüte, Schuhe und Handtaschen in allen Größen

Taschenklappe
Umbruch
DD HANDTASCHE
Umbruch

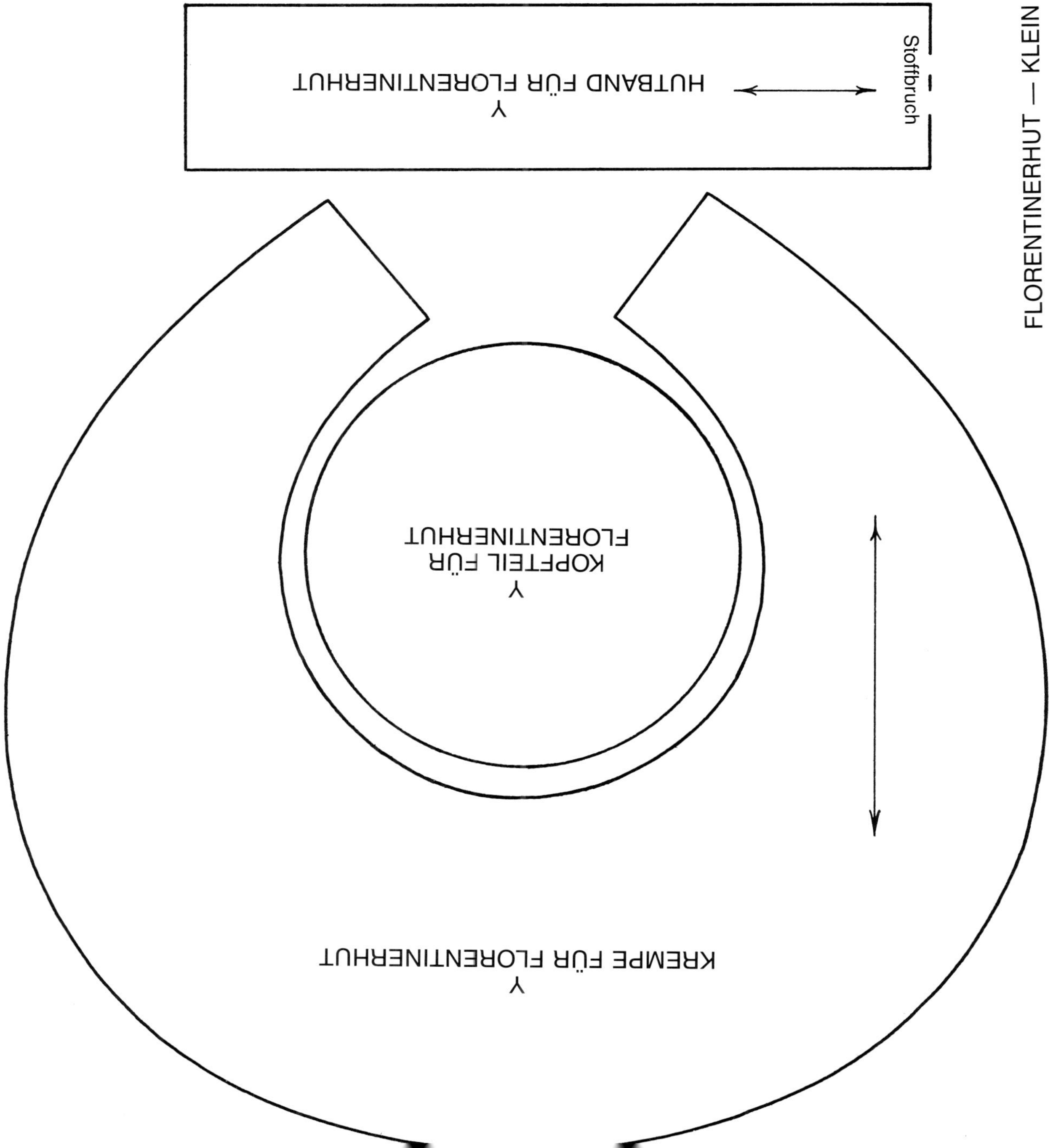

Y KREMPE FÜR FLORENTINERHUT

Y KOPFTEIL FÜR FLORENTINERHUT

Y HUTBAND FÜR FLORENTINERHUT

Stoffbruch

FLORENTINERHUT — KLEIN

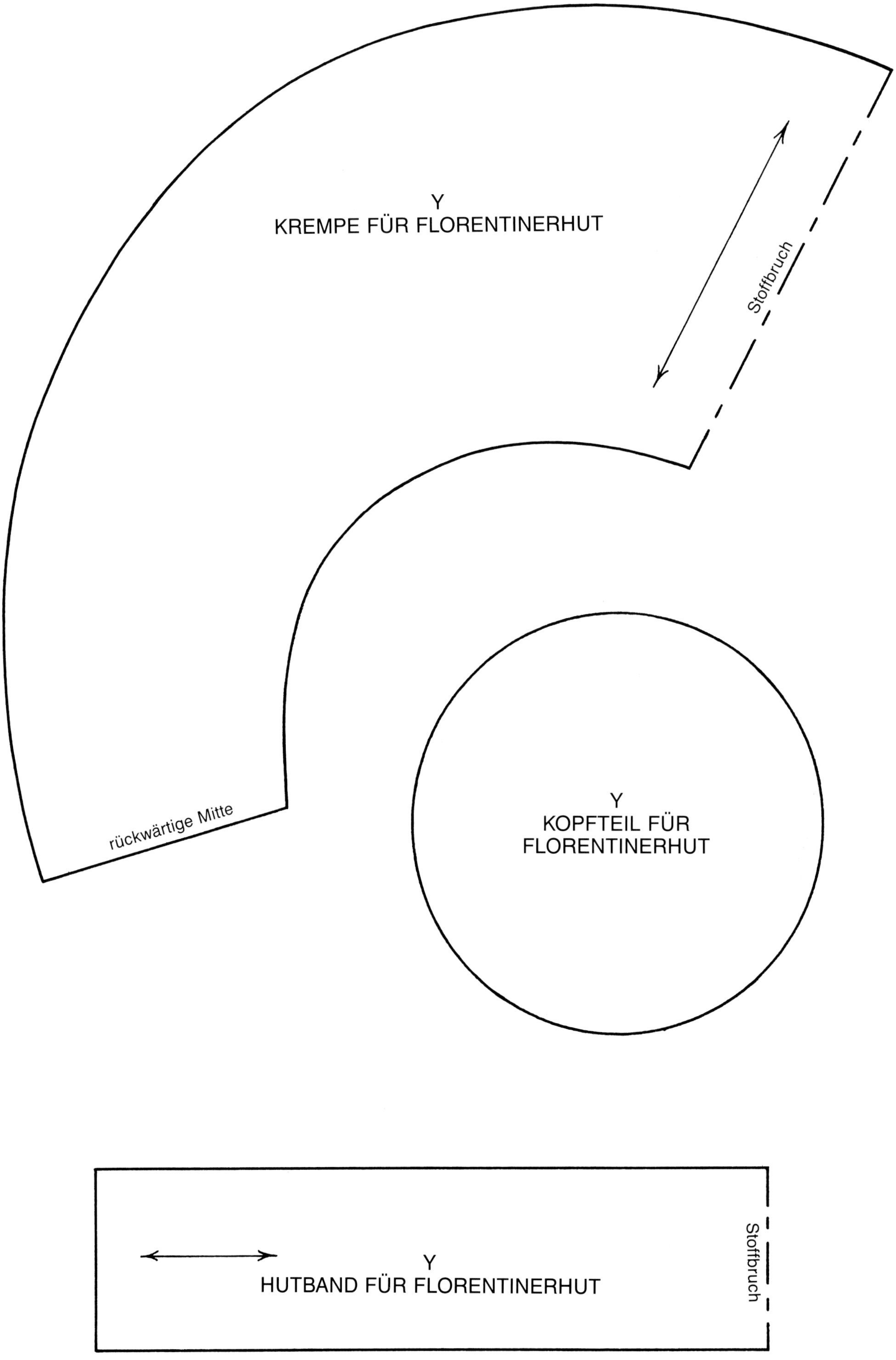

170 · Schnittmuster für Hüte, Schuhe und Handtaschen in allen Größen

Y
KREMPE FÜR FLORENTINERHUT

Stoffbruch

rückwärtige Mitte

Y
KOPFTEIL FÜR FLORENTINERHUT

Y
HUTBAND FÜR FLORENTINERHUT

Stoffbruch

FLORENTINERHUT — MITTEL

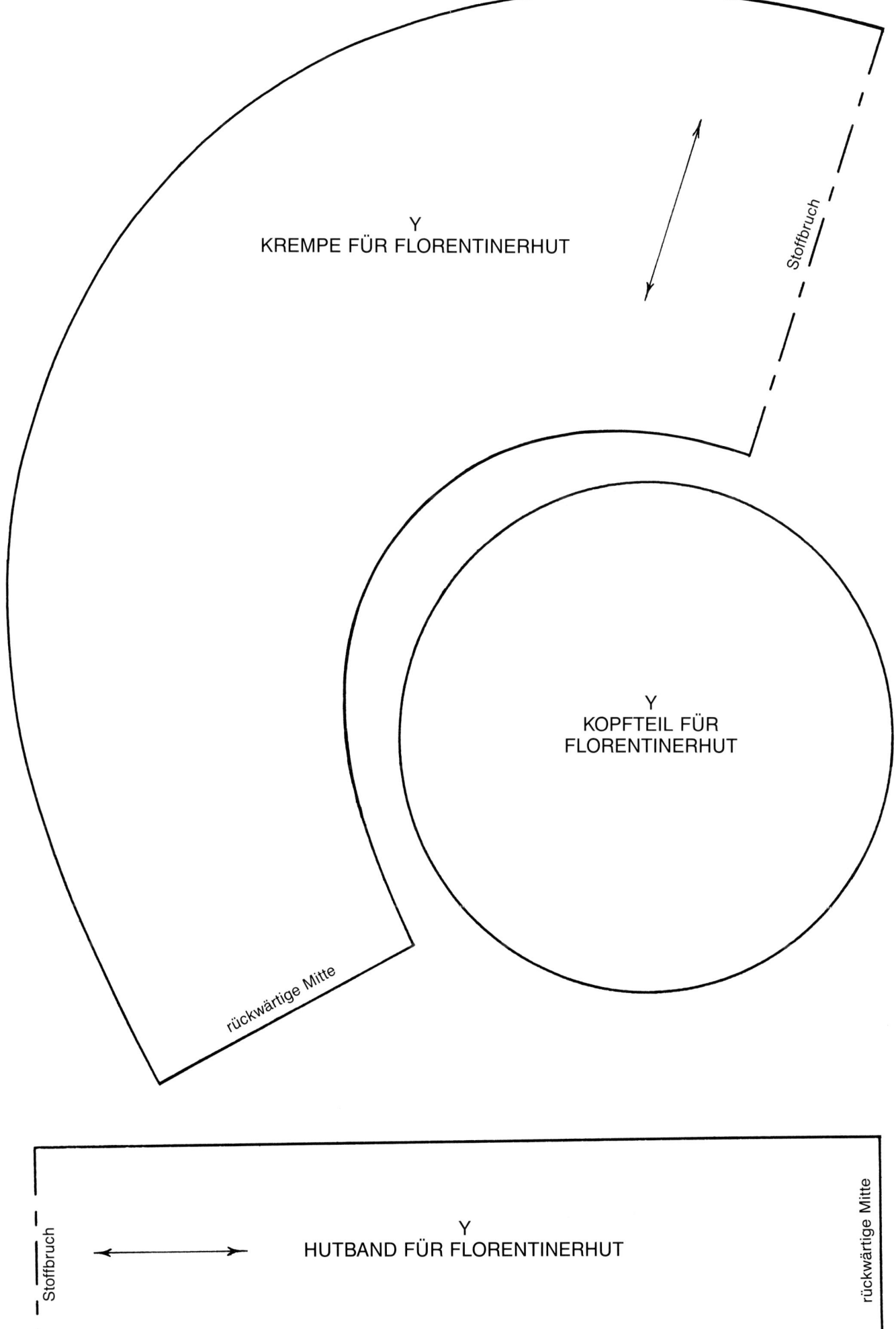

172 · Schnittmuster für Hüte, Schuhe und Handtaschen in allen Größen

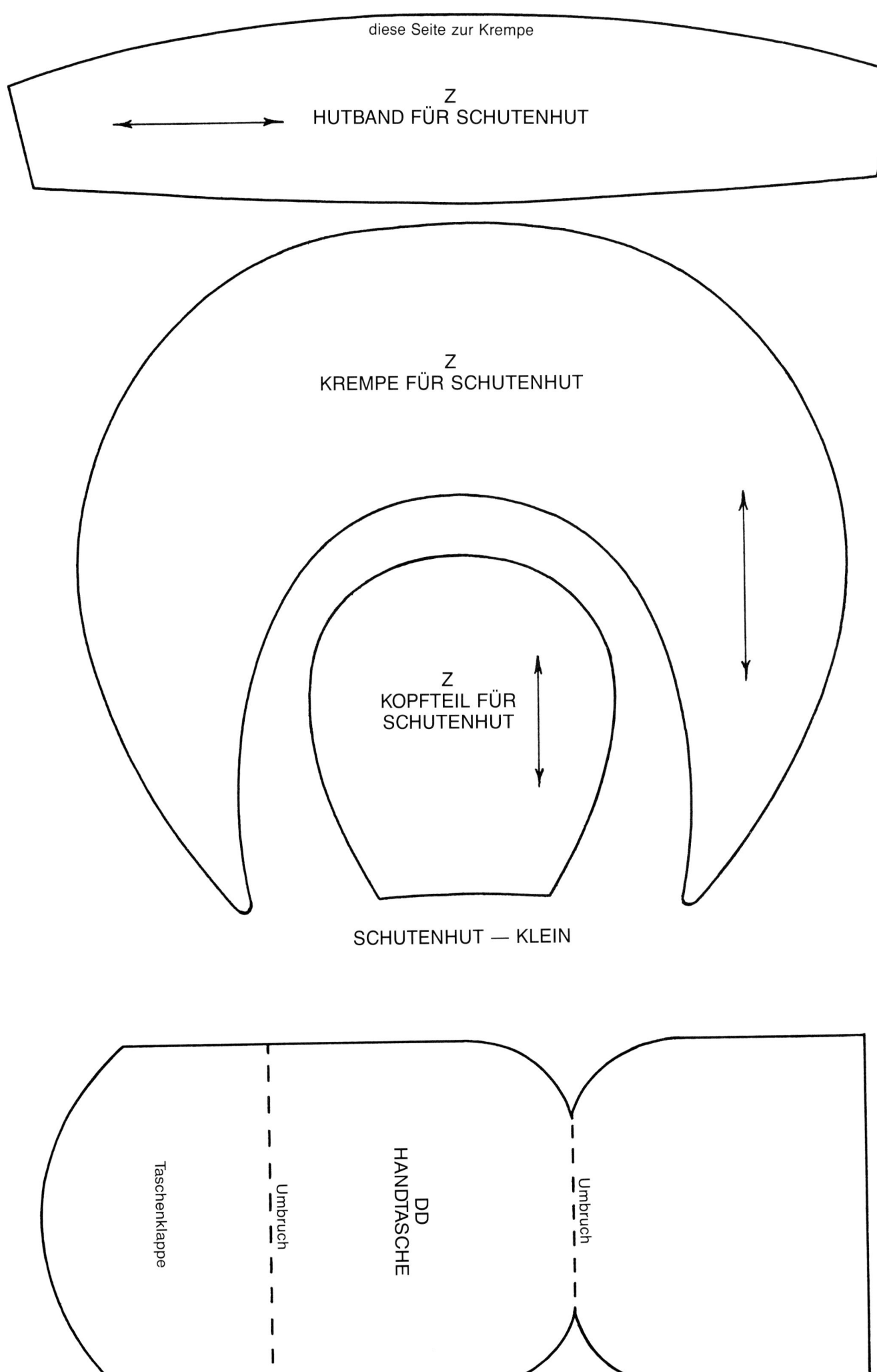

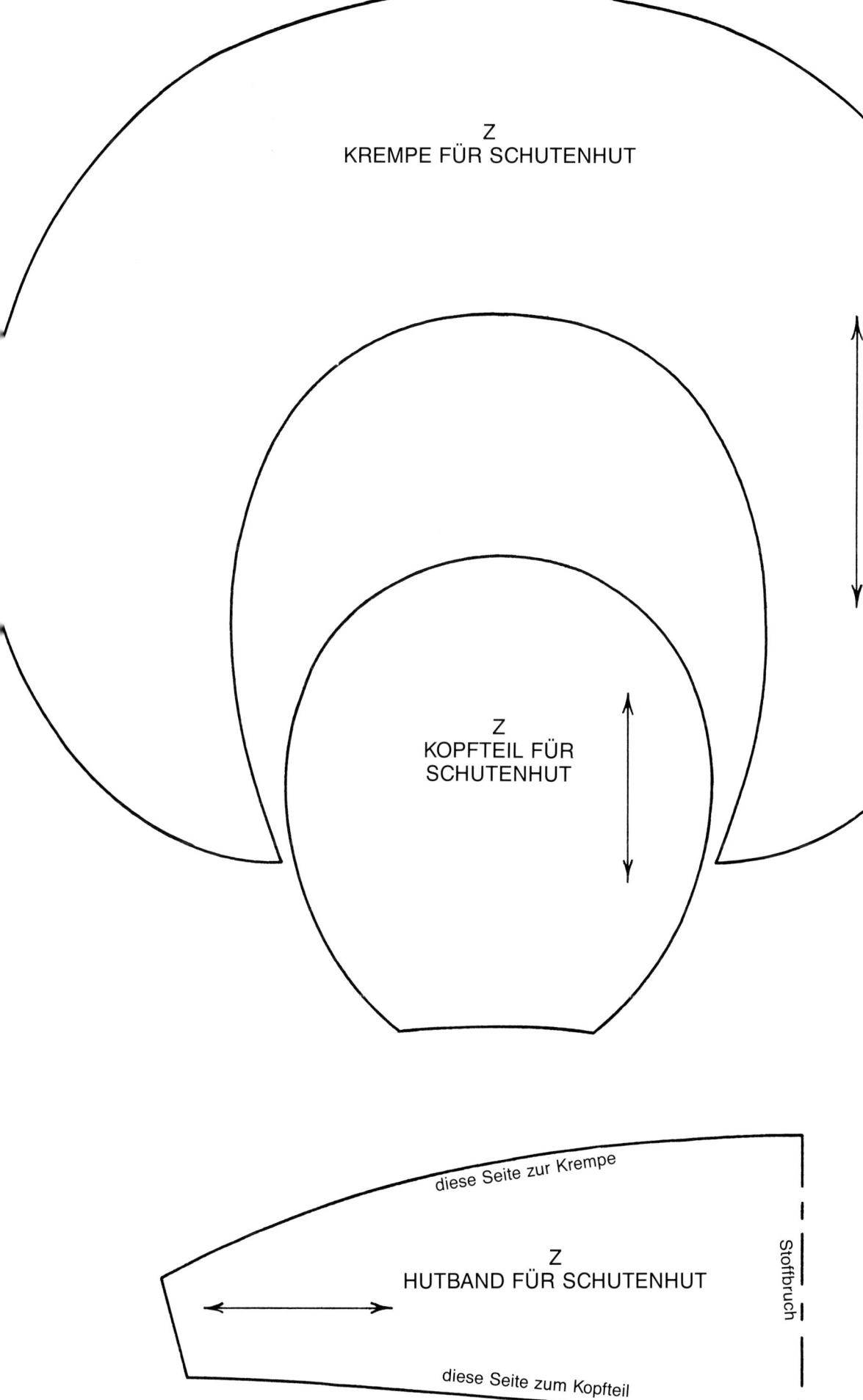

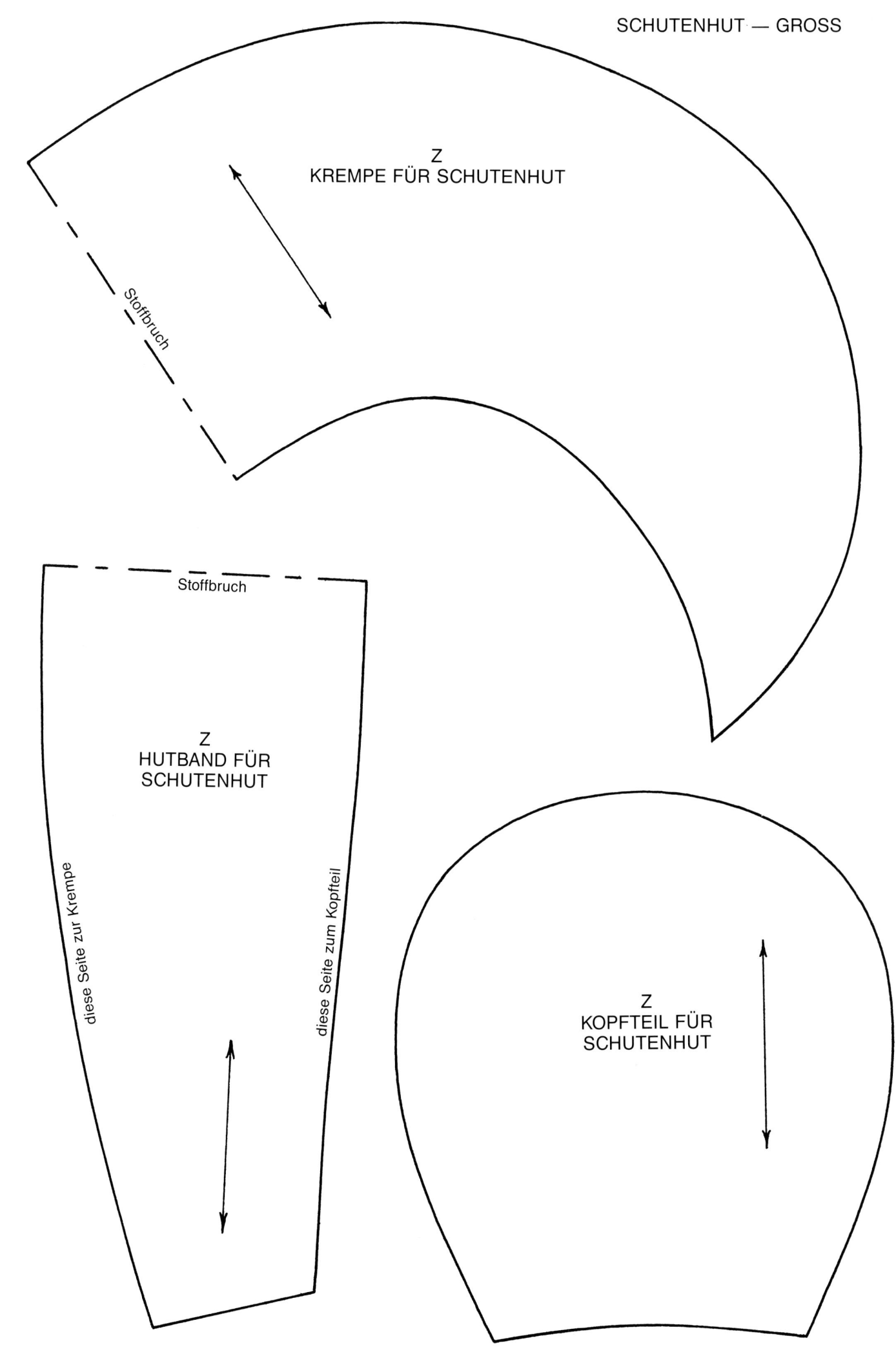

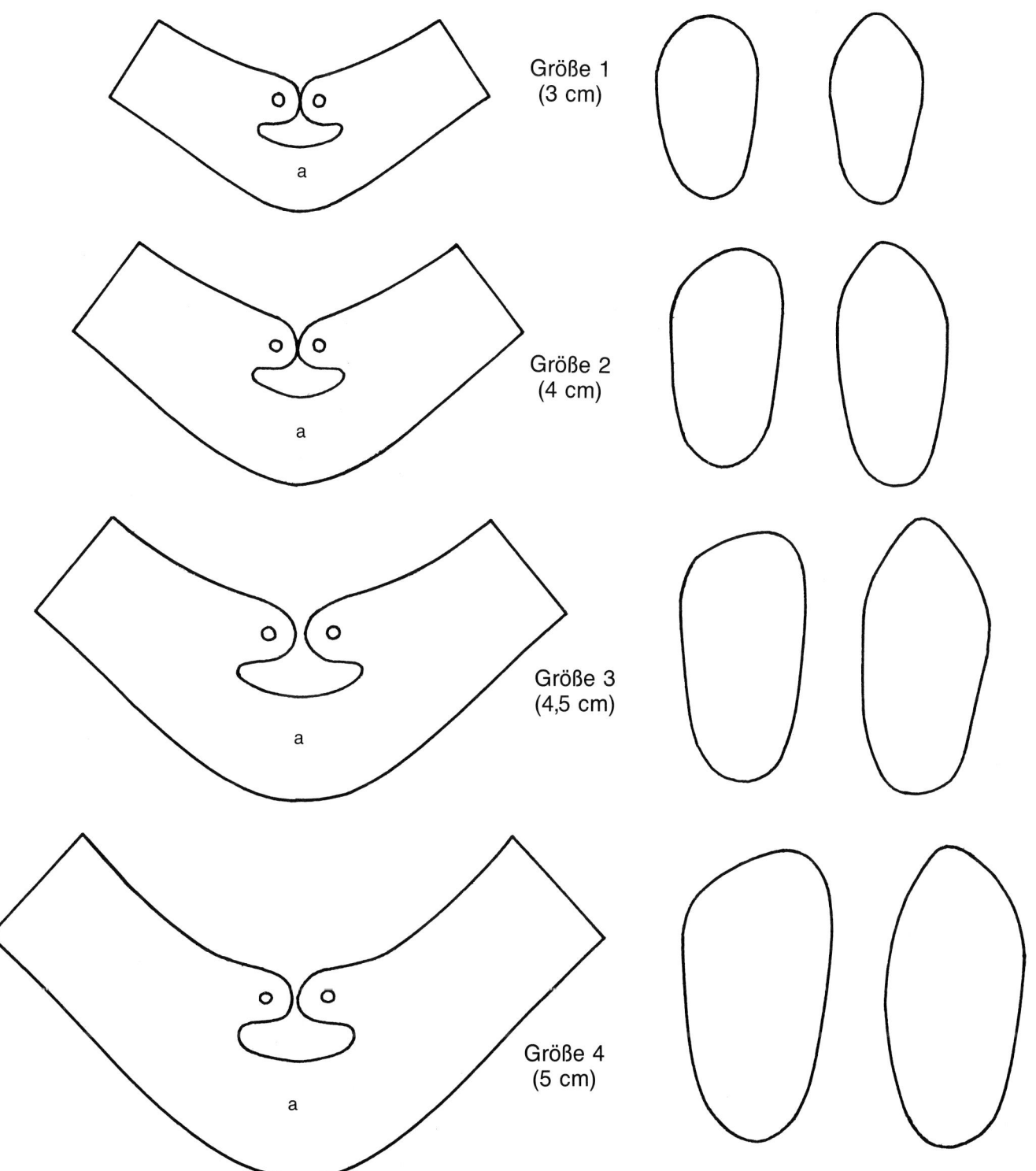

SCHNITTMUSTER FÜR SCHUHE
GRÖSSE 1–4

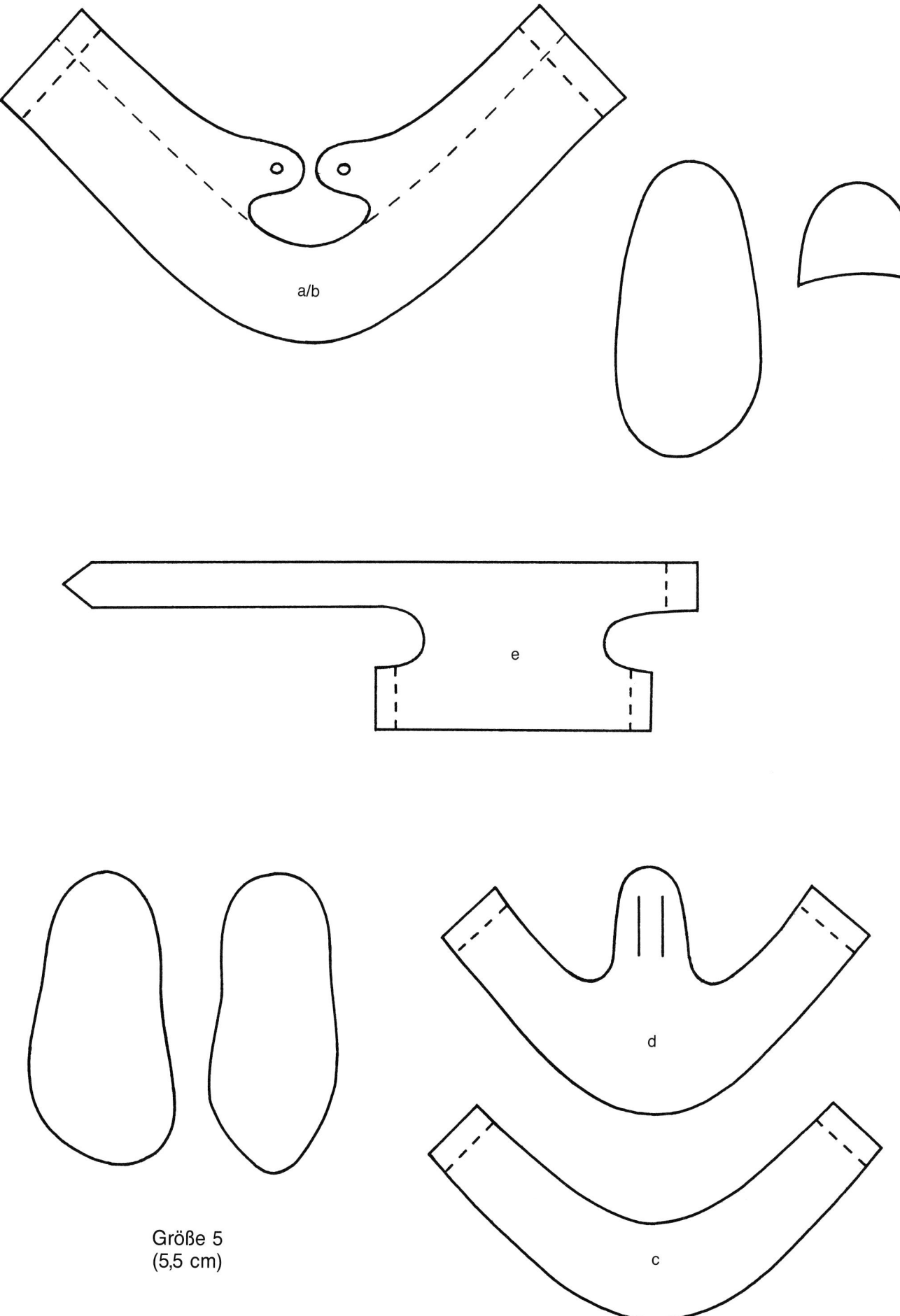

SCHNITTMUSTER FÜR SCHUHE GRÖSSE 5

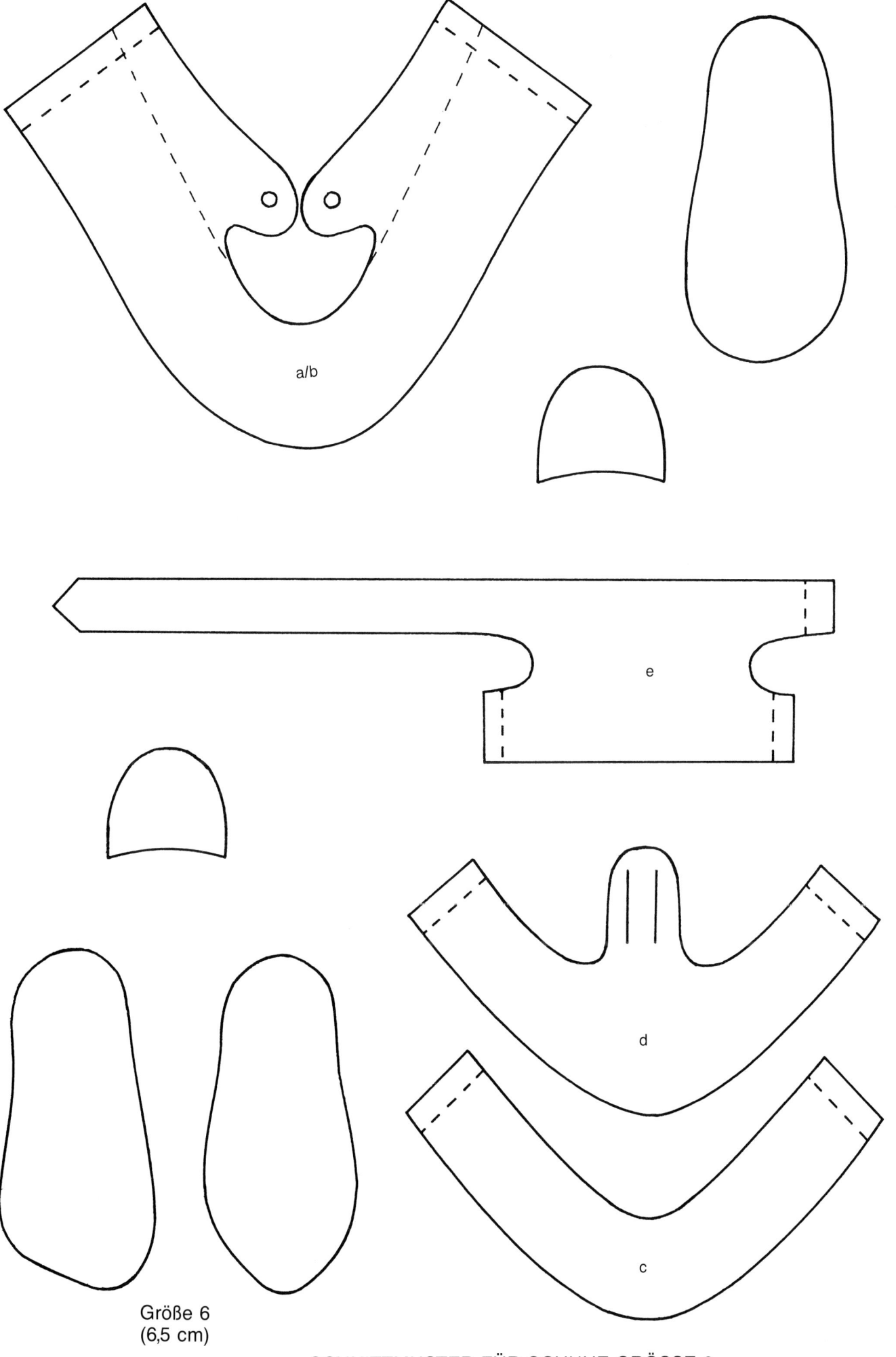

SCHNITTMUSTER FÜR SCHUHE GRÖSSE 6

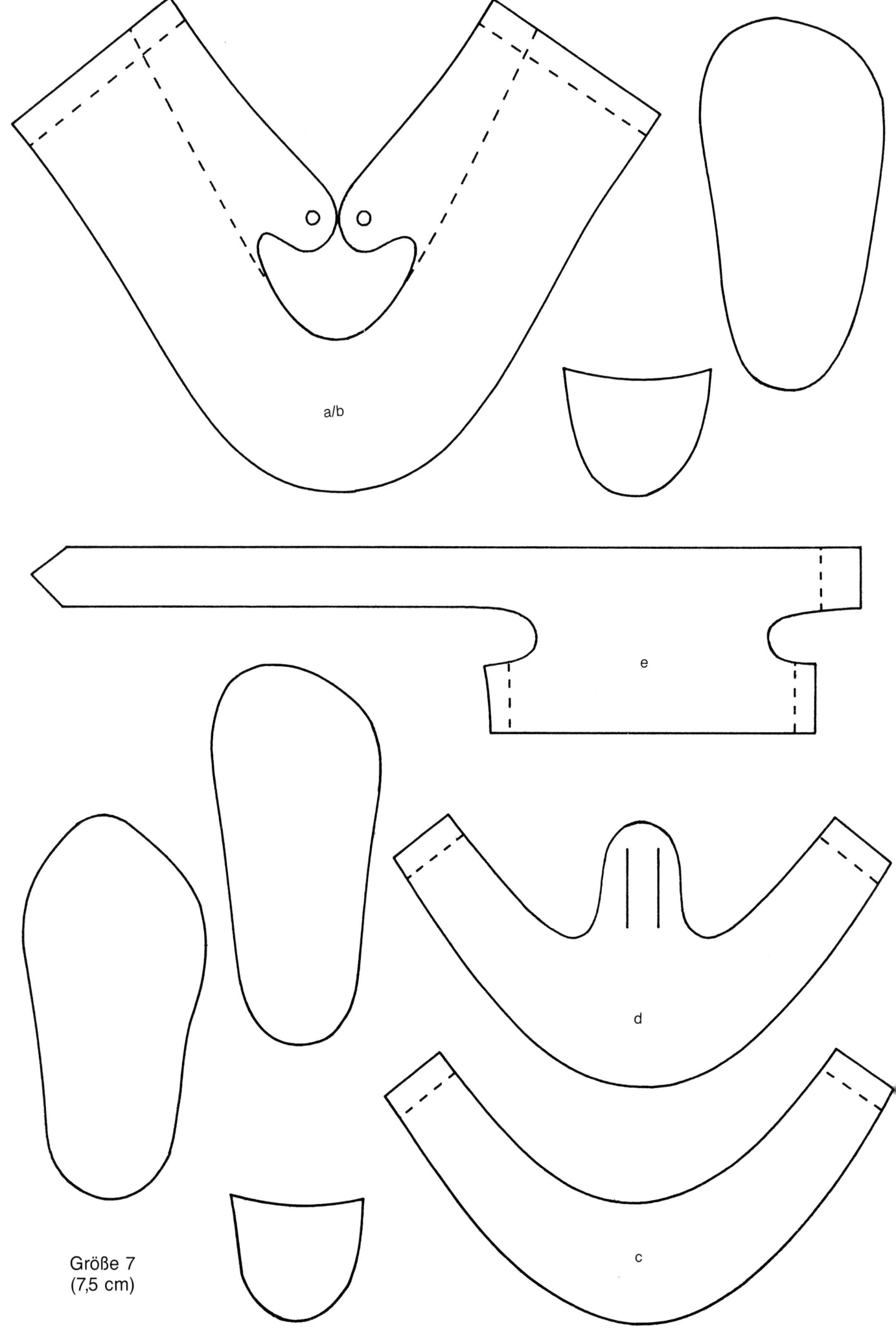

SCHNITTMUSTER FÜR SCHUHE GRÖSSE 7

10 Schuhe

Schnittmuster für Schnürschuhe und Slipper finden Sie in sieben Größen, für die drei letzten Größen gibt es zusätzlich Schnittmuster für offene und geschlossene Sandalen. Die Schuhe werden direkt an den Füßen gearbeitet (bei Weichpuppen nehmen Sie eine gleichgroße Hartpuppe als «Leisten»). Zur Bestimmung der richtigen Größe zeichnen Sie den Umriß des Puppenfußes mit einem Stift nach und vergleichen ihn mit dem Sohlenschnitt.

Die Schnitte sind für das Arbeiten mit Leder gedacht (auch Kunstleder); das Leder wird aus alten Handtaschen, Brieftaschen oder ausgedienter Lederkleidung gewonnen. Es darf aber auf keinen Fall zu dick sein. Haben Sie nichts zum «Ausschlachten», fragen Sie bei Schneidereien und Ledergeschäften nach Resten. Sehr feines, weiches Leder sollten Sie vor dem Zuschneiden mit Vliseline versteifen, da es sich sonst beim Zuschneiden verzieht. (Achten Sie auf gute Haftung der Vliseline!) Die Schuhe wirken echter, wenn Sie Sohle und Absätze aus dickerem braunen Leder fertigen. Zum Verbinden der Teile eignet sich Alleskleber. Während Sie die Schuhe arbeiten, liegt Ihre Puppe auf dem Rücken und streckt die nackten Beine in die Luft. Die Innensohle fixieren Sie mit ein wenig Klebstoff am Puppenfuß, so vermeiden Sie das lästige Verrutschen. Sie sollte aus relativ festem, aber nicht zu dickem Karton sein, ideal sind die Rückseiten von Schreibblöcken (Lebensmittelpackungen sind erfahrungsgemäß zu dünn). Die Sohlenschnitte passen zu allen Schuhtypen; für antike französische Puppen empfehle ich die spitze Form, für antike deutsche Puppen dagegen die etwas breitere, abgerundete Form.

Schnürschuhe Typ a

Ein Paar farbige Oberleder und je ein Paar Sohlen aus Karton und braunem Leder (eventuell auch Absätze) zuschneiden. Die Kartonsohle mit Klebstoff am Puppenfuß fixieren. Die rückwärtige Naht des Oberleders schließen, die Nahtkanten auseinanderbiegen und mit Heftpflaster oder Textilklebeband überkleben; so wird das Fersenteil verstärkt. Das Oberleder (Oberkante zuerst) über den Puppenfuß ziehen

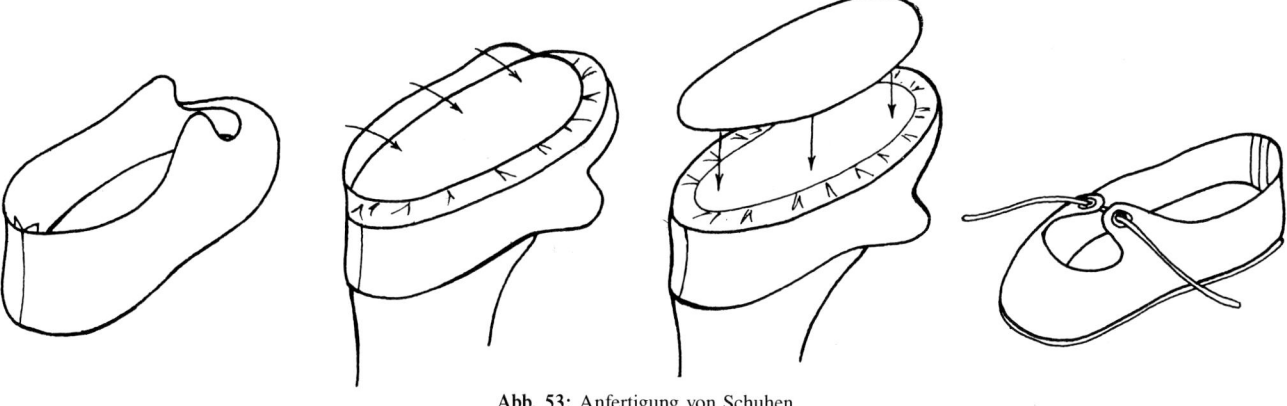

Abb. 53: Anfertigung von Schuhen

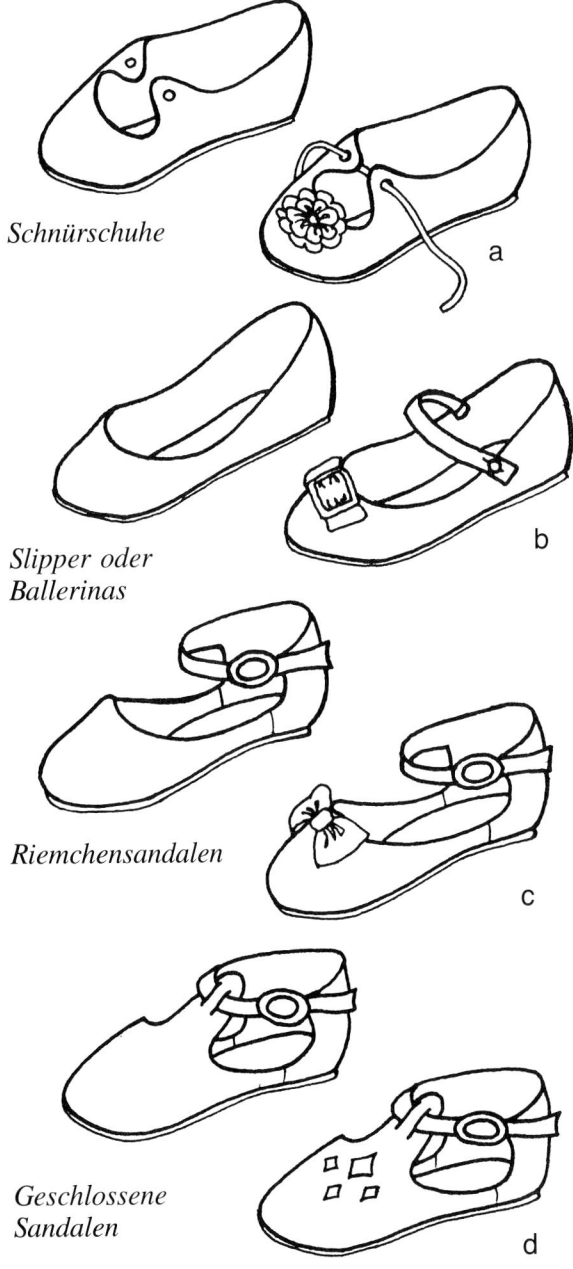

Abb. 54: Verschiedene Schuhtypen

und die Unterkanten über die Kartonsohle biegen (siehe Abb. 53). Die Kartonsohle mit Klebstoff einstreichen und die umgebogenen Kanten möglichst glatt auf die Sohle kleben. Mit eingeschnittenen Kanten geht's leichter! Dann die Innenseite der Ledersohle mit Klebstoff einstreichen und fest auf die Kartonsohle pressen. Die Kanten nötigenfalls rundherum bündig abschneiden. Nach dem Austrocknen den Schuh vorsichtig vom Puppenfuß lösen und an beide Seiten des Oberleders ein kleines Loch für die Schnürsenkel bohren. Wer es ganz professionell liebt, versäubert die Löcher mit kleinen Metallösen.

Ballerinas Typ b

Die Ballerinas entstehen aus demselben Schnitt wie die Schnürschuhe, der jedoch entlang der angezeichneten Linien abgeschnitten wird. Die Ballerinas können mit oder ohne Riemchen gearbeitet werden – das Riemchen wird auf der einen Innenseite festgenäht oder angeklebt und auf der Gegenseite geknöpft. Eine weitere Variante: «echte» Ballettschuhe. Dafür an beiden Seiten ein langes Band (Seide oder Satin) festnähen oder -kleben, gekreuzt über die Knöchel wickeln und zur Schleife binden.

Typ b eignet sich auch für Stoff- oder Filzslipper. Stoff oder Filz vor dem Zuschneiden mit Vliseline versteifen, die Schuhoberkante mit schmalen Schrägstreifen oder Band versäubern. Die rückwärtige Naht schließen und die Schuhe wie die Schnürschuhe fertigstellen. Zuletzt kleine Schleifen oder Pompoms auf die Kappe nähen.

Riemchensandalen Typ c

Bei diesem Schuh setzt sich das Oberleder aus zwei Stücken zusammen, dem Kappenteil c und dem Fersenteil e. Zuerst das Kappenteil an das Fersenteil nähen, die Nahtkanten auseinanderbiegen und mit Textilklebeband überkleben, danach die Schuhe wie Schnürschuhe fertigstellen. Eine Schnalle auf die Riemchen stecken und die Riemchen an den Seiten festkleben. Nicht vergessen: Das Fersenteil e besteht aus zwei Teilen (das zweite Teil gegengleich zuschneiden). Die Schnalle sitzt bei beiden Schuhen an der Außenseite.

Geschlossene Sandalen Typ d

Auch diese Sandalen werden aus dem Fersenteil e und dem Kappenteil c gearbeitet. Vor dem Zuschneiden kann man mit einem Locheisen Muster in das Kappenteil stanzen oder auch mit einer kleinen spitzen Schere einschneiden. Die Schlitze für den Riemchendurchzug schneiden, die Schuhe wie Riemchensandalen fertigstellen und die Riemchen durch die Kappenschlitze ziehen.

Verzierungen

Ihre Puppenschuhe verzieren Sie mit Schnallen, mit Riemchen aus Leder oder Band, mit selbstgemachten Rosetten, Schleifchen oder Blumenmotiven.

Für die Rosette ein Band in angemessener Länge zuschneiden, z. B. 4 cm lang und 6 mm breit für kleine Schuhe oder 7,5 cm lang und 1 cm breit für große Schuhe. Das Band mit Schlingstichen zum Ring schließen. Eine Kante mit kleinen Stichen einreihen, fest zusammenziehen, in die Mitte eine kleine Perle nähen und die fertige Rosette auf die Kappe kleben. Ziehen Sie Ihrer Puppe die Schuhe gleich an, dann können Sie die Wirkung der einzelnen Verzierungen sofort richtig beurteilen.

Die kleinen Schnallen und Knöpfchen werden Sie kaum im Handel finden, Sie werden improvisieren müssen!

Fertige Puppenschuhe und Puppenstiefelchen erhalten Sie in gut sortierten Spielwarengeschäften.

Paßform: Bei Puppenfüßen, die genau zwischen zwei Größen liegen, sollten Sie immer mit dem größeren Schnitt arbeiten. Zu große Füße in zu kleine Schuhe zwängen zu wollen, endet meistens mit zerrissenen Schuhen.

11 Accessoires

Mieder- und Gesäßpolster

Alle Roben und Kleider in diesem Buch wurden speziell für Puppen mit ausgesprochen damenhafter Figur entworfen. An Puppen, denen die diesbezüglichen Rundungen fehlen, wirken Mieder- und Gesäßpolster oft wahre Wunder: Die Kleider sitzen besser und fallen schöner. Das Miederpolster wird aus feinem Batist oder aus Seide genäht, es besteht aus zwei kleinen runden Säckchen., die mit einem weichen Füllstoff austopft werden. Die beiden Säckchen werden auf eine Unterlage aufgenäht und diese an der Unterwäsche der Puppe festgesteckt. Nach dem gleichen Schema entsteht das Gesäßpolster; das halbmondförmige Säckchen wird locker ausgestopft und mit zwei Bändern um die Taille gebunden – so steht der Rock hinten ein wenig ab. Bei Kleidern mit gerafften Röcken aus der Zeit um 1870 oder bei Kostümen um die Jahrhundertwende sind Gesäßpolster beinahe unentbehrlich. Gesäßpolster und gepolsterter Unterrock (siehe Kapitel 2, «Unterwäsche») bilden das ideale Gerüst für einen Krinolinenrock.

Handtaschen und Körbchen

Puppenkörbe in unterschiedlichen Größen und Formen finden Sie in gut sortierten Spielwarengeschäften. Damit die Körbchen Ihrer Puppe nicht ständig «aus der Hand rutschen», werden sie mit etwas Klebstoff an der Puppenhand fixiert. Füllen Sie die Puppenkörbchen mit künstlichen Blumen oder mit «Einkäufen» in Miniaturgröße (aus dem Kaufladen Ihrer Tochter).

Selbstgemachte Körbe flechten Sie am besten aus echtem oder künstlichem Bast. Die Bastfäden werden zuerst zu langen Schnüren geflochten und an beiden Enden verknotet. Anschließend rollen Sie diese Schnüre zu einer Spirale und nähen die einzelnen Windungen mit Bastfaden aneinander. Sobald der gewünschte Bodendurchmesser erreicht ist, wird die Spirale für die Korbwände nach oben gearbeitet. Zum Schluß übernähen Sie die Oberkante mit einem Bastfaden und befestigen einen Henkel aus geflochtener Bastschnur am Korb (Abb. 56).

Aus nicht allzu großen Geldbörsen lassen sich ganz zauberhafte Puppenhandtaschen arbeiten, vielleicht mit einem Henkel aus breitem Band, einer Kordel oder einer hübschen

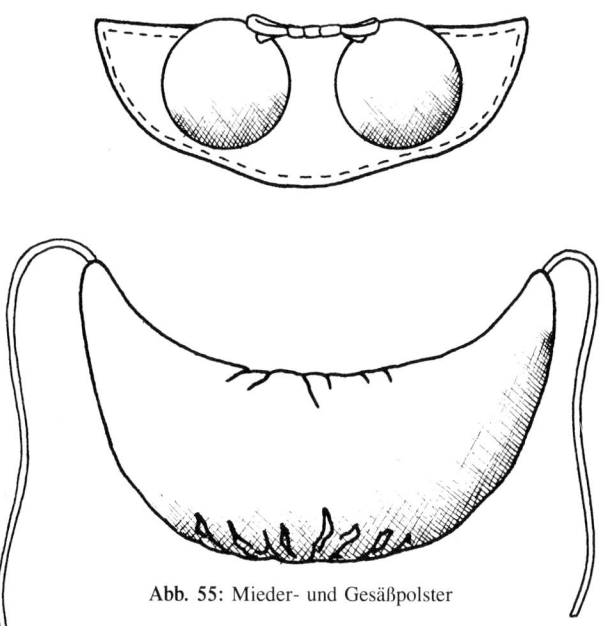

Abb. 55: Mieder- und Gesäßpolster

Accessoires

Kette. Für kleine Puppen wären solche Handtaschen aber zu groß, hier sind Sie mit selbstgemachten besser beraten.

Aus Schnittmusterteil DD (in zwei Größen) entsteht eine Umhängetasche mit Taschenklappe. Genäht wird aus Leder oder Stoff, gefüttert oder ungefüttert. Für eine ungefütterte Tasche darf das Leder ruhig etwas dicker sein (z. B. von einer alten Handtasche oder einem Geldbeutel). Die Tasche wird gefaltet und rundherum mit einer Ziernaht eingefaßt.

Eine gefütterte Tasche wird aus feinem Leder (Handschuhleder wäre ideal) und einem leichten Futterstoff genäht. Die Teile zuschneiden (die fertige Tasche fällt etwas kleiner aus als der Schnitt) und Leder und Futter rechts auf rechts entlang der Außenkanten zusammennähen, nur die gerade Kante bleibt offen. Die Nahtkanten kürzen und einschneiden, die Tasche wenden und dämpfen. Anschließend Leder und Futter an der offenen Kante umschlagen und mit kleinen Stichen gegeneinandernähen. Die Tasche rechts auf rechts falten, die Seitennähte schließen und die Tasche wenden. Schrägstreifeneinfassungen sind eine Alternative: Leder und Futter *links auf links* zusammennähen (eventuell

Farbtafel 15 – Accessoires
Ganz oben eine seidene Rüschenhaube und ein blumengeschmückter Strohhut. Darunter zwei Schutenhüte, der eine aus blauem Filz, der andere aus karmesinrotem Samt, beide mit Bändern, künstlichen Blumen und Federn geschmückt. Rechts ein dunkelgrüner Florentinerhut aus Samt mit gereihtem Futter und Verzierungen aus silbergrauem Seidenkrepp, darunter zwei Webpelzkappen und ein Webpelzmuff. Auf der linken Seite ein Strohhut aus geflochtenem Bast und zwei Schultertaschen, die eine aus abgesteppter Baumwolle, die andere aus braunem Leder. In der Mitte zwei Häkelstolen, ein Spitzensonnenschirm und ein Spazierstock..

Die Schuhe sind sämtlich nach Schnittmustern aus diesem Buch gefertigt, auch die Arbeitsanleitungen für den Teddybären, die Handtaschen, die Taschentücher, das Lätzchen, den Schmuck und die Strickstiefelchen sind in diesem Buch enthalten. Der gestreifte Gürtel ist eigentlich ein Uhrenarmband, das Miniaturstrickzeug entstand auf Cocktailspießchen.

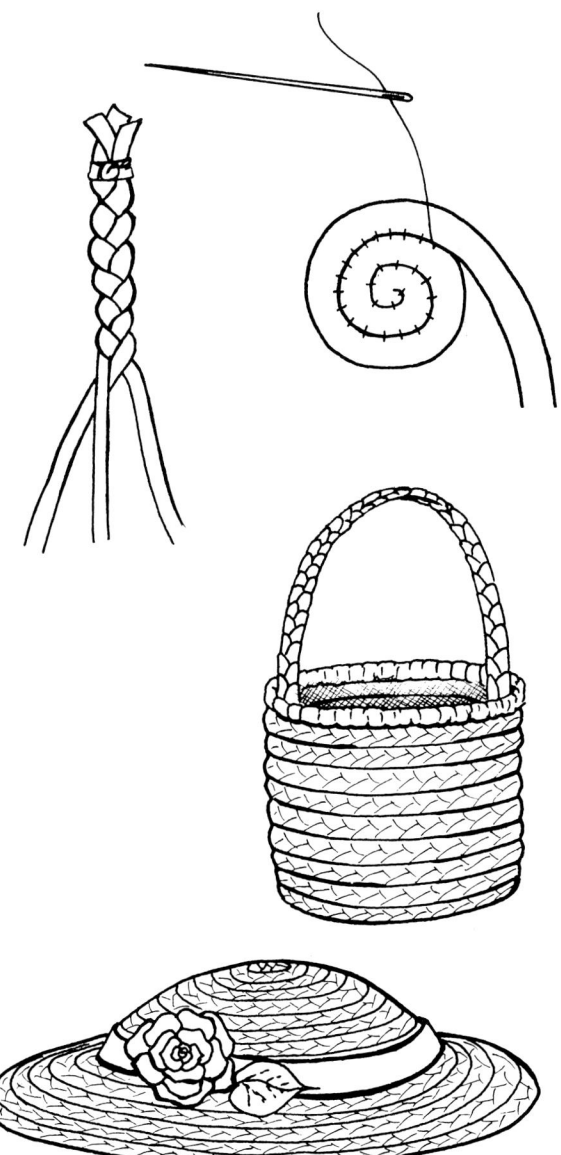

Abb. 56: Hut und Korb aus geflochtenem Bast

eine Wattierung mit einarbeiten), die Tasche falten und die Außenkanten – inklusive der Taschenklappe – mit Schrägstreifen einfassen. Als Verschluß dienen Knopf und Knopfschlinge oder ein Druckknopf. Zuletzt den Schulterriemen aus einer Kordel oder einem Lederband auf die entsprechende Länge zuschneiden und innen am Taschenklappenumschlag festnähen.

Eine offene Tasche ensteht aus demselben Schnitt, nur wird die Taschenklappe einfach abgeschnitten. Je ein Teil aus Stoff und Futterstoff zuschneiden. Die Seitennähte an Stoff und Futter schließen, die oberen Kanten umschlagen und festheften. Das Futter in die Tasche stecken und die beiden Umschläge mit kleinen Stichen gegeneinandernähen.

Accessoires

Die beiden Taschen in Farbtafel 15 haben raffinierte «Metallbeschläge». Der Metallschmuck stammt von alten Gürtelbeschlägen. Die quadratischen Platten wurden diagonal in der Mitte gebogen und über der Tasche flachgehämmert. Als Henkel dienen Stücke alter Halsketten.

Am attraktivsten sehen solche Taschen in Leder, Samt oder alten reichbestickten Stoffen aus. Seidenfransen oder Seidenquasten, zum Beispiel von einem alten Lampenschirm, geben hübsche Verzierungen für Handtaschen ab. Wenn Sie selbst die kleinsten Details naturgetreu wiedergeben möchten, dann füllen Sie Ihre Handtasche mit einer winzigen Geldbörse, einem kleinen Parfümfläschchen (vielleicht aus tropfenförmigen Glasperlen?), einem Taschentuch oder einem Miniaturnotizbuch mit passendem Stift.

Eine etwas größere Ledertasche kann vielleicht auch als Schulranzen verwendet werden – eines aber ist sicher: Ein kleines Täschchen aus hübschem Material sollte keine vollendete Puppendame entbehren müssen.

Taschentücher

Taschentücher werden aus feinster Baumwolle oder aus Batist genäht, ob weiß oder farbig bleibt ganz Ihnen überlassen. Das Stoffquadrat für das Taschentuch muß exakt nach dem Fadenlauf zugeschnitten werden. Der Stoff wird mit einem möglichst schmalen Saum versäubert, anschließend wird eine Spitzenkante angeendelt; die Spitze läuft rundherum, das heißt, sie wird an den Ecken gefaltet. Der klassische Schmuck für Taschentücher sind natürlich eingestickte Initialen oder aufgestickte Blumenmotive. Das Taschentuch steckt in einer Tasche oder im Ärmel, ein Eckchen sollte aber immer zu sehen sein.

Schals und Stolen

Anleitungen für gestrickte und gehäkelte Schals und Stolen finden Sie in Kapitel 8. Selbstverständlich können Sie nach der Anleitung für eine Babystola auch eine Damenstola arbeiten. Vor allem bei Stolen sollten Sie eine mit dem Kleid harmonierende Farbe wählen.

Schals und Stolen aus Stoff bieten viele Variationsmöglichkeiten: einmal quadratisch oder rechteckig, dann wieder dreieckig. Die Stola wird gesäumt und nach Bedarf mit Fransen verziert.

Zur Abwechslung können Sie auch einfache Dreieckstücher aus dem jeweiligen Kleiderstoff nähen. Ein solches Dreieckstuch eignet sich sowohl zum Kopf- als auch zum Schultertuch. Wollschals sind eigentlich immer rechteckig; die langen Kanten werden gesäumt oder mit Textilkleber gesichert, die kurzen Enden werden ausgefranst. Aus diesem Grund muß der Schal genau nach dem Fadenlauf zugeschnitten werden, nur dann nämlich lassen sich die Gewebefäden zum Ausfransen in einem Stück herausziehen; die Enden der langen Gewebefäden bilden dann die Fransen. Um weiteres Ausfransen zu vermeiden werden die Kanten mit Textilkleber bestrichen. Ein Fransenschal kann aber ebensogut mit aufgenähten Fransen, beispielsweise von einem alten Lampenschirm, hergestellt werden. Vor allem bei gemusterten oder bestickten Seidenschals erweisen sich Lampenschirmfransen als besonders effektvoll. Ein Dreieckstuch mit Rüschen aus gleichem Stoff eingefaßt, ergibt einen Umhang.

Lätzchen

Den Schnitt für Lätzchen BB finden Sie in zwei Größen, genäht wird aus einem beliebigen Stoff. Je ein Teil aus Stoff und Futterstoff zuschneiden. Die beiden Teile rechts auf rechts entlang der Kanten zusammennähen, nur die Oberkante bleibt offen. (Etwaige Rüschen oder Spitzen werden bei diesem Arbeitsgang miteingenäht.) Die Nahtkanten kürzen und einschneiden, das Lätzchen wenden und dämpfen. Einen ca. 1 cm breiten Schrägstreifen zuschneiden; dieser Schrägstreifen dient sowohl zum Einfassen der Oberkante als auch zum Zubinden. Das Schrägstreifenband der Länge nach zusammennähen, dabei die Lätzchenoberkante zwischenfassen und miteinnähen. Angeendelte Spitzen oder aufgestickte Blumenmotive schmücken das fertige Lätzchen.

Sonnenschirme und Spazierstöcke

Die in diesem Buch abgebildeten Spazier- und Schirmstöcke sind sämtlich aus Rundhölzern hergestellt. Diese Rundhölzer werden mit dem Schnitzmesser bearbeitet, um Griff und Spitze auszuformen. Wer sich das Schnitzen nicht so recht zutraut, nimmt ein etwas dünneres Rundholz und klebt als Griff eine Perle an das eine Ende. Ob aber nun geschnitzt oder nicht, erst durch Abschleifen mit feinem Sandpapier wird Ihr Stock schön glatt. Auch aus einem langen Pinselstiel können Sie einen Spazierstock machen. Die Länge von Pinselstiel oder Rundholz richtet sich natürlich nach der

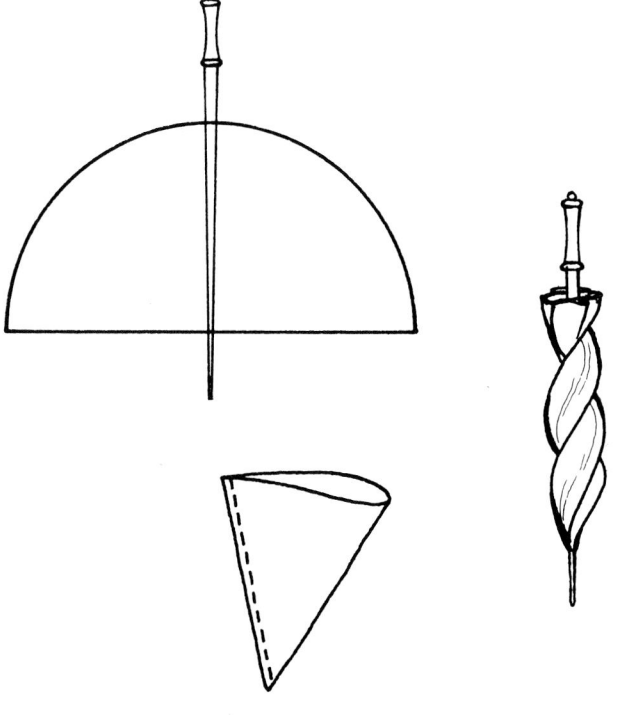

Abb. 57: Anfertigen der «Schirmbespannung»

jeweiligen Puppe. Die «Schirmbespannung» nähen Sie entweder aus dem Kleiderstoff oder seidenunterlegter Spitze. Den Stock ausmessen. Vorsicht: Nicht die ganze Länge ist entscheidend, sondern nur der Abschnitt vom Griff bis kurz über der Schirmspitze! Einen entsprechenden Halbkreis aus Stoff und Futter zuschneiden. Die beiden Teile rechts auf rechts zusammennähen, nur an der geraden Kante bleibt ein kleine Öffnung zum Wenden; anschließend das Teil wenden und dämpfen. Als Verzierung eine Spitzenrüsche an die abgerundete Kante endeln. Das Teil falten und entlang der geraden Kante zusammennähen – so entsteht eine Tüte. Den Schirmstock durch die Tüte schieben und unten mit etwas Klebstoff befestigen. Zum Schluß die Tüte um den Stock wickeln und mit einer Schleife zusammenbinden (Abb. 57).

Ihren Schirm können Sie mit Schleifchen, Quasten oder Blumen verzieren, die einfach unter dem Griff festgebunden werden. Befestigen den Schirm mit etwas Klebstoff an der Puppenhand oder arbeiten Sie eine Schlinge für das Handgelenk. Puppen im «Ausgehkostüm» sollten eigentlich nie ohne Spazierstock oder Sonnenschirm gehen. Versuchen Sie auf jeden Fall, die Haltung Ihrer Puppe dem jeweiligen Accessoire anzugleichen.

Muff

Die Muffs auf den Farbtafeln in diesem Buch sind durchwegs aus Webpelz genäht, doch ein Samtmuff sieht gleichermaßen ansprechend aus. Muffs gehören zu Puppendamen oder -mädchen im Ausgehkostüm; vielleicht nähen Sie Ihren Muff pasend zu einer Pelzmütze oder zu einem Samtmantel.

Für den Muff aus Stoff und Futter ein entsprechend großes Rechteck zuschneiden. Beide Teile zu einer Röhre zusammennähen. Das Futter in den Muff schieben, die Röhrenenden einschlagen und das Futter mit kleinen Stichen gegen den Umschlag nähen, zuletzt den Muff mit Schleifchen oder künstlichen Blumen verzieren. Der Muff sollte etwa auf Taillenhöhe hängen, so kann Ihre Puppe die Hände bequem im Muff »verstecken». Achten Sie deshalb auf die Kordellänge.

Schmuck

Perlimitationen und kleine bunte Glasperlen gibt es beinahe in jedem Bastelgeschäft. Aus diesen Perlen lassen sich zauberhafte Ketten und Armbänder herstellen. Verwenden Sie anstatt einfachen Nähgarns ein feines Seidenbändchen zum Auffädeln der Perlen, dann können Sie die Enden lang lassen und im Nacken der Puppe binden und so den Schmuck auch wieder abnehmen.

Es lohnt sich auf jeden Fall, die eigene Schmuckschatulle zu durchforsten; aus alten Anhängern, kaputten Ohrringen, Armbändern und Ketten können Sie Puppenschmuck ganz einfach selbst herstellen.

Ein kaputer Ohrring wird also zur Brosche, er wird einfach auf das Kleidungsstück aufgeklebt. Im Bastelgeschäft finden Sie übrigens auch Broschennadeln. So eine Nadel hat natürlich Vorteile: Broschen mit Nadeln können Sie für mehrere Puppen verwenden, ohne die Kleider durch Klebstoff zu beschädigen. Manche Damenohrringe sind klein

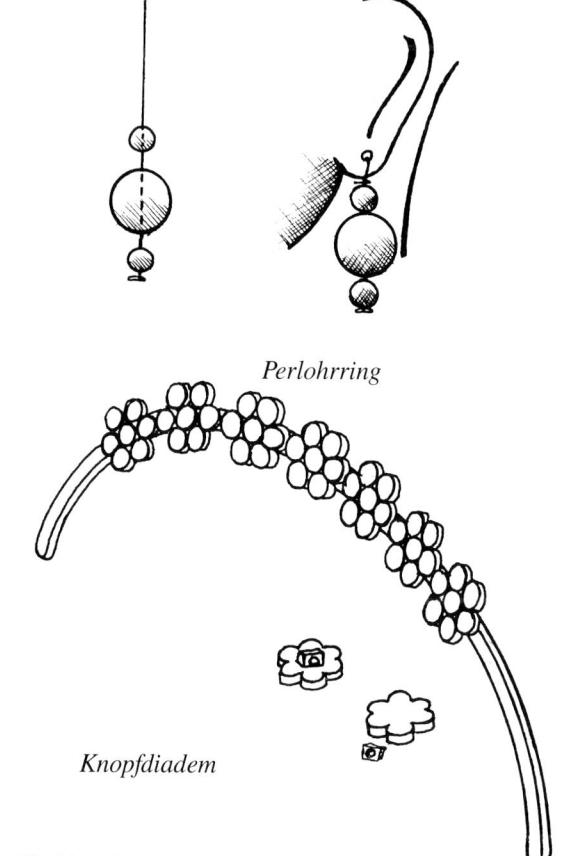

Abb. 58: Schmuck

genug, daß sie ohne Probleme als Puppenohrring dienen können. Es gibt ja sogar Puppen mit durchstochenen Ohrläppchen, für die Sie aus Glasperlen und Silberdraht die schönsten Ohrringe basteln können (Abb. 58). Auch Puppen ohne durchstochene Ohrläppchen können Ohrringe tragen – kleben Sie einfach eine Perle an jedes Ohrläppchen.

Das Diamantdiadem auf den Farbtafeln 15 und 16 besteht aus Straßknöpfen. Die Ösen der Knöpfe wurden abgeschnitten, die Rückseiten mit feinem Sandpapier geglättet und auf einen gebogenen Draht aufgeklebt. Wie gemacht für diesen Zweck ist der Stützdraht aus einem alten BH (je größer der Puppenkopf, desto größer muß auch der BH sein). Ein Diadem aus einer Straßkette entsteht auf die gleiche Weise: Die Kette wird an beiden Enden abgeschnitten (für das Diadem brauchen Sie nur das Mittelstück) und auf einen Draht geklebt. (Normalerweise ist das Kettenmaterial so weich, daß Sie es mit der Schere abzwicken können.) Weil die BH-Stützdrähte flach sind, stehen Knöpfe oder Kettenteile richtig aufrecht. Die unverzierten Drahtenden werden fest in die Puppenhaare gesteckt. Für diese Arbeit sollten Sie einen langsam trocknenden Klebstoff verwenden, dann haben Sie genügend Zeit, die Knöpfe noch einmal zu versetzen oder exakt auszurichten, um die beste Wirkung zu erzielen.

Für eine Braut oder eine Brautjungfer kleben Sie anstatt der Straßknöpfe künstliche Blumen auf den Draht. Ein richtiger Blütenkranz entsteht aus Pfeifenputzern, die zum Ring gebogen und mit Band umwickelt werden. An diesen Ring werden dann künstliche Blumen genäht oder geklebt.

Kropfbänder sehen zu weitausgeschnitten Kleidern besonders gut aus: ein Seidenband, hinten oder seitlich zur Schleife gebunden, oder ein Samtband mit Hakenverschluß.

Accessoires

Spielsachen

Zur vollständigen Ausstattung der Puppenkinder gehört natürlich auch Spielzeug, etwa ein kleines Auto für einen Buben oder ein Püppchen für ein Mädchen. Spielwarengeschäfte sind die richtige Adresse dafür wie auch für andere kleine Extras: Bücher, Körbchen, «Puppeneinkäufe», aber auch Stofftiere in puppengerechter Größe.

Manche Spielsachen können Sie auch selbst herstellen, zum Beispiel ein einfaches Stoffpüppchen, ein Schmetterlingsnetz (aus Rundholz, Draht und Tüll), einen kleinen Krug oder ein Miniaturstrickzeug auf Cocktailspießchen.

Der kleine Teddy unten wird aus Filz oder Plüsch genäht. Der Schnitt wird auf doppelten Stoff kopiert, dann werden die beiden Teile rechts auf rechts zusammengenäht, nur unter einem Arm bleibt eine kleine Öffnung zum Wenden. Den Teddy wenden und ausstopfen. Die Öffnung sauber verschließen. Das Gesicht malen Sie mit einem schwarzen Filzschreiber auf. Der fertige Teddy bekommt noch ein hübsches Schleifchen um den Hals.

Ihre Puppe könnte vielleicht auch ein Blumensträußchen oder einen echten Lutscher in der Hand halten. Die meisten Accessoires lassen sich mit Klebstoff oder Sicherheitsnadeln an der Puppe befestigen – bei Puppen für Kleinkinder sollten Sie sich mit Accesoires aber ein wenig zurückhalten.

Farbtafel 16
Die 61 cm große GP-Replik einer AT 11 trägt eine kragenlose schwarze Samtjacke mit Schrägstreifeneinfassung aus schwarzen Satinbändern und zurückgenommenen Vorderteilen, die die crèmefarbene Brokatweste gut zur Geltung bringen. Die Vorderteile der Weste sind nur an den Jackenteilen festgesteppt, um eine echte Weste vorzutäuschen. Auch die Manschetten und der Quetschfaltenrock sind aus crèmefarbenem Brokat, Weste und Manschetten sind ebenfalls mit schwarzen Schrägstreifen aus Satin eingefaßt. Halsausschnitt und Manschetten sind mit crèmefarbener Spitze verziert, der Rock ist mit alter schwarzer Spitze belegt. Auf dem Westeneinsatz Glasknöpfchen. Weiterer Zierat: schwarze Posamentenverschlüsse aus Seide, crèmefarbene Seidenquasten sowie eine rote Blume am Revers. Der schwarze Florentinerhut aus Samt ist mit Schleife und Feder geschmückt.

Links eine 58 cm große Bru-Replik von Reflect. Sie trägt ein mit crèmefarbener Seide unterlegtes Spitzenkleid mit tiefem Dekolleté, halblangen Puffärmeln, gereihtem Rock und gerafftem Spitzenüberrock. Das Oberteil mit der Spitzentaille und der Rock werden getrennt gearbeitet. Halsausschnitt, Ärmel und Überrock sind mit Seidenrosen und Seidenschleifen verziert. Dieser Schmuck wiederholt sich im Haar.

Die 56 cm große Bru-Replik von Creations Past, rechts, trägt ein schwarzes, paillettenbesetztes Ballkleid aus Tüll und Satin. Der Kleiderstoff stammt von einem alten Abendkleid. Die Robe hat ein tiefes Dekolleté, halblange Ärmel und einen langen, glatten Bahnenrock. An Saum und Halsausschnitt schmale schwarze Spitze, an den Schultern schwarze Samtschleifchen. Zur Robe gehört eine abnehmbare Schärpe aus dem Kleiderstoff, die hinten an der Taille angehakt ist. Im Haar ein Knopfdiadem und eine schwarze Feder, um den Hals ein Kropfband aus Samt, in der Hand eine schwarze Samthandtasche.

Abb. 59: Teddybär (Schnittmuster)

FEHLER UND ABHILFE

Jetzt einmal angenommen, Sie haben genau nach Anleitung genäht, die Schnitte sorgfältig kopiert und an der Puppe anprobiert – aber irgendwo ist dann doch irgendetwas «schief» gelaufen, und das Kleid will einfach nicht richtig sitzen. Keine Angst, das passiert wahrscheinlich auch Dior von Zeit zu Zeit! Dann heißt es vor allem *Ruhe bewahren!* Die meisten Fehler lassen sich beheben. Trinken Sie erst einmal ganz gemütlich eine Tasse Kaffee, lassen Sie das Unglückskleid bis morgen liegen – und morgen lesen Sie weiter . . .

Der Halsausschnitt ist zu weit

Bei Kleidern mit Rückenverschluß den obersten Knopf etwas versetzen *oder* eine schmale Spitzenrüsche anendeln *oder* einen Kragen arbeiten (siehe Kapitel 4, «Krägen») *oder* den ganzen Halsausschnitt mit kleinen Stichen einreihen und leicht zusammenziehen *oder* einen Stehkragen aus Schrägstreifen innen am Halsausschnitt ansteppen *oder* eine Passe mit einfachem Halsausschnitt oder Stehkragen aufsetzen (siehe Kapitel 3, «Kleider»).

Der Halsausschnitt ist zu eng

Hier sind drastischere Maßnahmen vonnöten – seien Sie tapfer! Den Halsausschnitt ausschneiden und die Kanten mit Schrägstreifen einfassen. Bei Kleidern mit Kragen den Kragen vorsichtig abtrennen und in den vergrößerten Halsausschnitt einnähen. (Vielleicht hilft's aber auch schon, wenn Sie die Knöpfe ein wenig versetzen!)

Das Oberteil ist zu groß

Manchmal hilft es, die Puppe mit einem Miederhemdchen (siehe Kapitel 2, «Unterwäsche») oder mit einer Strickweste ein wenig «auszustopfen». *Oder* etwas Füllwatte in Form schneiden und unter das Oberteil schieben (wenn nötig, nähen Sie eine «Watteweste») *oder* die Knöpfe versetzen (ein Kleid mit Vorderverschluß bekäme ein doppelt liegendes Vorderteil, aneinanderstoßende Vorderkanten würden ein wenig überlappen) *oder* an den Seitennähten etwas Stoff wegnehmen *oder* vorne und hinten am Oberteil Abnäher arbeiten.

Das Oberteil ist zu klein

Versetzen Sie die Knöpfe – aus überlappenden Kanten werden aneinanderstoßende, als Verschluß dienen Knopf und Knopfschlinge oder Haken und Ösen. Wenn das nicht reicht, fassen Sie die Kanten mit breiten Schrägstreifen ein (das geht aber nur bei leichten oder etwas festeren Stoffen), dämpfen den Ansatz ordentlich und nähen die Verschlüsse neu, *oder* Sie nähen an eine Kante einen Einsatz aus dem Kleiderstoff und daran Haken und Ösen (den Einsatz gegebenenfalls über die Taille bis zum Rock hin verlängern).

Die Armausschnitte sind zu weit (ärmellose Kleider)

An die Armausschnitte von Unterröcken Spitzen anendeln, die Armausschnitte von Kleidern mit Schrägstreifen einfassen oder vielleicht doch Ärmel einsetzen.

Die Armausschnitte sind zu eng (ärmellose Kleider)

Den Armausschnitt ausschneiden und die Kanten mit Schrägstreifen versäubern.

Die Armausschnitte sind zu eng (Ärmelkleider)

Ein echtes Problem! Den Ärmel vorsichtig aus dem Oberteil heraustrennen. Die Zugfäden an der Armkugel auftrennen und die Armkugel neu einhalten oder einreihen. Den Ärmel in das vergrößerte Armloch einsetzen und gut versäubern.

Die Ärmel sitzen zu eng (kurze Ärmel)

Auch das ist nicht leicht! Die Ärmel sorgfältig aus dem Oberteil heraustrennen. Die alten Ärmel müssen Sie leider

Fehler und Abhilfe

wegwerfen; nähen Sie neue Ärmel und setzen Sie sie in die erweiterten Armausschnitte ein.

Die Ärmel sitzen zu eng (lange Ärmel)

Sind die Ärmel nur unten zu eng, schneiden Sie sie am besten ab, versäubern die Kanten und geben sich mit kurzen Ärmeln zufrieden, *oder* Sie wenden dieselbe Methode an wie bei kurzen, zu engen Ärmeln.

Der Rock ist zu kurz (gereihter oder Bahnenrock)

Den Saum herauslassen, wenn nötig sogar um die ganze Länge, und die Kante mit Schrägstreifen versäubern *oder* vielleicht einen Volant ansteppen (siehe Kapitel 3, «Kleider») *oder* eine breite Spitzenrüsche innen am Rocksaum festnähen – das wirkt wie ein Kleid mit Unterrock! Bei Röcken mit Biesen einfach eine oder zwei Biesen auftrennen und den Rock gut dämpfen, damit man die Falten und Einstiche nicht mehr sieht.

Der Rock ist zu lang (gereihter oder Bahnenrock)

Den Saum herauslassen und entsprechend kürzen. Den Rock neu säumen.

Der Rock ist zu kurz (Faltenrock)

Den Saum herauslassen und die Kante mit Schrägstreifen versäubern, anschließend die Falten neu dämpfen (den Schrägstreifen, wenn möglich, aus dem Rockstoff schneiden), *oder* einen «falschen» Unterrock nähen (siehe oben).

Bei Röcken aus doppeltem Stoff (Umbruchkante ist Saum) ebenfalls einen «falschen» Unterrock annähen *oder* (harte, aber wirkungsvolle Maßnahme!) das innenliegende Stoffteil so abschneiden, daß der darüberliegende Rock durch das Ausklappen an Länge gewinnt. Den Oberrock neu säumen, den Unterrock mit Schrägstreifen einfassen und die Falten neu dämpfen.

Der Rock ist zu lang (Faltenrock)

Bei Röcken aus doppeltem Stoff (Saum ist Umbruchkante) die Kante einschlagen, einen zusätzlichen Saum nähen und die Falten neu dämpfen. Bei Röcken mit Saum den Saum herauslassen und abschneiden, anschließend den Rock neu säumen und die Falten neu dämpfen.

Die Vorderteile der Jacke sind zu schmal

Die Jacke offenlassen *oder* Posamentenverschlüsse oder Knopf und Knopfschlingen arbeiten *oder* eine «falsche» Weste einsetzen und den Verschluß an die Westenkanten arbeiten.

Die Vorderteile der Jacke sind zu breit

Den Verschluß versetzen – abschließende Kanten können auch überlappen, überlappende Kanten können doppellagige Vorderteile bilden.

Dieselbe Methode gilt für Mantelvorderteile

Unterhosen/Unterröcke sind zu lang

Biesen einarbeiten – zwei oder drei kleine oder eine große Biese verkürzen die Länge um 2,5 bis 5 cm.

Wenn alles nichts hilft – legen Sie das Kleid weg, irgendeiner Puppe paßt es schon mal eines Tages!

Tips und Tricks

- Das Einfädeln geht leichter, wenn man den Faden schräg abschneidet.

- Den Faden direkt von der Rolle her einfädeln und verknoten, dann erst von der Fadenrolle abschneiden. So vermeidet man das lästige Eindrehen des Nähfadens.

- Fast unsichtbare Säume näht man mit Fäden, die man aus dem Kleiderstoff herauszieht und als Nähfaden verwendet. Vor allem bei Seidenstoffen geht das hervorragend.

- Säume von besonders kleinen Kleidungsstücken bewahrt man durch das Bestreichen mit Klebstoff vor dem Ausfransen (am besten eignet sich natürlich Textilkleber),

- Knopflöcher lassen sich viel leichter einfassen, wenn man die Schnittkanten vor dem Nähen mit Textilkleber einstreicht, außerdem können sie so nicht ausfransen.

- Baumwolle, die etwas lappig ist, wird vor dem Zuschneiden leicht gestärkt (am besten mit Sprühstärke). So werden auch die Saumkanten und die Biesen «messerscharf».

- Die Stoffe vor dem Zuschneiden immer bügeln. Der Schnitt muß immer nach dem Fadenlauf auf dem Stoff aufliegen.

- Säume vor dem Nähen dämpfen. Ein Ärmelbrett gibt ein ideales Minibügelbrett für Puppenkleider ab.

- Für das Einreihen immer zwei Zugfäden verwenden. Den Faltenwurf mit einer Naht zwischen den beiden Zugfäden fixieren und den unteren Zugfaden herausziehen.

- Sorgfältige Arbeit beim Einreihen lohnt sich auf jeden Fall – die Falten sollen schön gleichmäßig verteilt sein; mit einer Stecknadel lassen sich wulstige Stellen auseinanderzupfen. Die gereihte Kante festhalten und an dem jeweiligen Teil fest anziehen – die beste Methode, um den Faltenwurf «auszuhängen».

- Den Saum vor dem Nähen immer erst feststecken und die Länge an der Puppe testen. So sieht man auch am besten, ob der Saum wirklich gerade ist.

- Die abgeschnittenen Kanten von Bändern oder Spitze näht man auf der linken Seite mit Schlingstichen zusammen. Das gibt eine saubere, feste Naht, die nicht ausfransen kann.

- Schärpen werden immer schräg zum Fadenlauf zugeschnitten. Die Schärpe läßt sich so viel besser falten und drapieren.

- Nach Strickanleitungen für Babymoden kann man auch Puppenkleidung stricken, es muß nur ein feineres Garn und eine dünnere Nadel verwendet werden.

- Nähmaschinennadeln dürfen nicht zu lange verwendet werden. Sie werden stumpf und verursachen Fadenstau, der Nähfaden reißt ständig oder zwirbelt sich ein. Beim Arbeiten mit Seide sollte grundsätzlich eine neue (feine) Nadel eingesetzt werden.

- Haken und Ösen bei Rückenverschlüssen sollten immer abwechselnd angenäht werden (also nicht an die eine Kante nur Haken und an die andere nur Ösen nähen). Das Kleid hält so viel besser zusammen und kann nicht so leicht aufgehen.

- Markierungen für Knöpfe immer mit dem Lineal anzeichnen, damit die Knöpfe auch wirklich gerade sitzen und gleichmäßig verteilt sind.

- Aus Gummiband lassen sich einfache «Strapse» für Puppenstrümpfe herstellen.

- Namensschildchen oder «Markenzeichen» geben jedem Kleidungsstück eine persönliche Note. Wäscheschildchen zum Einnähen oder Aufbügeln gibt es in jedem Kurzwarengeschäft, Namenszüge in verschiedenen Schriften kann man mitbestellen.

- Viele Reinigungen erklären sich gerne bereit, Puppenkleider kostenlos zu reinigen – wahrscheinlich freuen sie sich über die willkommene Abwechslung.

Bücher aus dem Verlag Laterna magica

PuppenAlben

Lydia Richter:
PuppenAlbum 1
DEUTSCHE PORZELLANPUPPEN
160 Seiten, 191 Farb- und 41 Schwarzweiß-Abbildungen
23×29,5 cm, Pappband mit Schutzumschlag, DM 68,—

Lydia Richter:
PuppenAlbum 2
FRANZÖSISCHE PORZELLANPUPPEN
144 Seiten, 159 Farb- und 58 Schwarzweiß-Abbildungen
23×29,5 cm, Pappband mit Schutzumschlag, DM 68,—

Lydia Richter:
PuppenAlbum 3
KÄTHE-KRUSE-PUPPEN
128 Seiten, 159 fbg. Abb., 207 historische Fotos in Sepia
23×29,5 cm, Pappband mit Schutzumschlag, DM 69,—

Lydia u. Joachim F. Richter:
PuppenAlbum 4
CHARAKTERPUPPEN
128 Seiten, 157 Farb- und 22 Schwarzweiß-Abbildungen
23×29,5 cm, Pappband mit Schutzumschlag, DM 68,—

Lydia u. Joachim F. Richter:
PuppenAlbum 5
ORIENTALEN
128 Seiten, 288 Farbabbildungen
23×29,5 cm, Pappband mit Schutzumschlag, DM 68,—

Lydia Richter:
PUPPENSTARS – DIE SCHÖNSTEN PUPPEN DER WELT –
152 Seiten, 288 Farbabbildungen
23×29,5 cm, Pappband mit Schutzumschlag, DM 68,—

Postkartenbücher

KÄTHE-KRUSE-PUPPENTRÄUME
20 farbige Postkarten, Einführungstext
11,5×16 cm, DM 12,80

ZELLULOIDPUPPEN
20 farbige Postkarten, Einführungstext
11,5×16 cm, DM 12,80

TEDDYBÄREN
20 farbige Postkarten, Einführungstext
11,5×16 cm, DM 12,80

KÄTHE KRUSE
70 Seiten, 31 Farbabbildungen
11,4×16,2 cm, DM 24,80

Die preiswürdige, großbebilderte DM 49,80-Reihe

Maree Tarnowska:
MODEPUPPEN
144 Seiten, 57 Farb- und 60 Schwarzweißabbildungen
21,5×26 cm, Efalin mit Schutzumschlag, DM 49,80

Mary Hillier:
WACHSPUPPEN
160 Seiten, 57 Farb und 157 Schwarzweißabbildungen
21,5×26 cm, Efalin mit Schutzumschlag, DM 49,80

Lydia Richter:
BABYPUPPEN
112 Seiten, 192 Farb- und 25 Schwarzweiß-Abbildungen
21,5×26 cm, Efalin mit Schutzumschlag, DM 49,80

Hildegard Günzel:
KÜNSTLERPUPPEN SELBERMACHEN
112 Seiten, 300 teils farbige Abbildungen
21,5×26 cm, Efalin mit Schutzumschlag, DM 49,80

Puppenbücher zu besonderen Themen

Lydia Richter:
GELIEBTE KÄTHE KRUSE PUPPEN
112 Seiten, 147 Abbildungen, 15,5×22 cm, DM 24,80

Elke Gottschalk:
GELIEBTE STEIFF TIERE
112 Seiten, 119 Abb., 15,5×22 cm, geb., DM 35,—

Joachim F. Richter:
KÜNSTLERPUPPEN
144 Seiten, durchgehend vierfarbig
23×29,5 cm, lam. Ppbd. mit Schutzumschlag, DM 68,—

Lydia u. Joachim F. Richter:
BRU-PUPPEN
104 Seiten, 100 Abbildungen, vierfarbig
23×29,5 cm, Leinen mit Schutzumschlag, DM 68,—

Angelika Lipinski:
ZELLULOID-PUPPEN SAMMELN
160 Seiten, 274 Farb- und Schwarzweißabbildungen
16×22,5 cm, Pappband, DM 29,80

Lydia u. Joachim F. Richter:
PUPPEN-RARITÄTEN
112 Seiten, 133 Abbildungen, vierfarbig
16×22,5 cm, Efalin mit Schutzumschlag, DM 38,—

Puppenbuch-Reprints alter Kinderbücher

DAS KÄTHE KRUSE BILDERBUCH
52 Seiten, 12 Abbildungen
27,5×24 cm, gebunden, DM 29,80

Rosemarie Vogelsang:
DAS KÄTHE KRUSE BILDERBUCH Band 2
52 Seiten, 12 Abbildungen
27,5×24 cm, gebunden, DM 29,80

Inge Riesser:
PUPPENMÜTTERCHENS GUTE-NACHT-GESCHICHTEN
115 farbige Abbildungen
25×27,5 cm, lam. Pappband, DM 29,80

Alles über den geliebten Teddybären

Pam Hebbs:
GELIEBTE TEDDY-BÄREN
144 Seiten, 150 Abbildungen, 4/1-farbig
21,5×26 cm, Efalin mit Schutzumschlag, DM 49,80

Peggy u. Alan Bialosky:
TEDDYBÄREN SAMMELN
224 Seiten, 292 Abbildungen
16×22,5 cm, Pappband, DM 29,80

Charme und Lieblichkeit der Babypuppen

das erste sammlergerechte Werk zum Thema

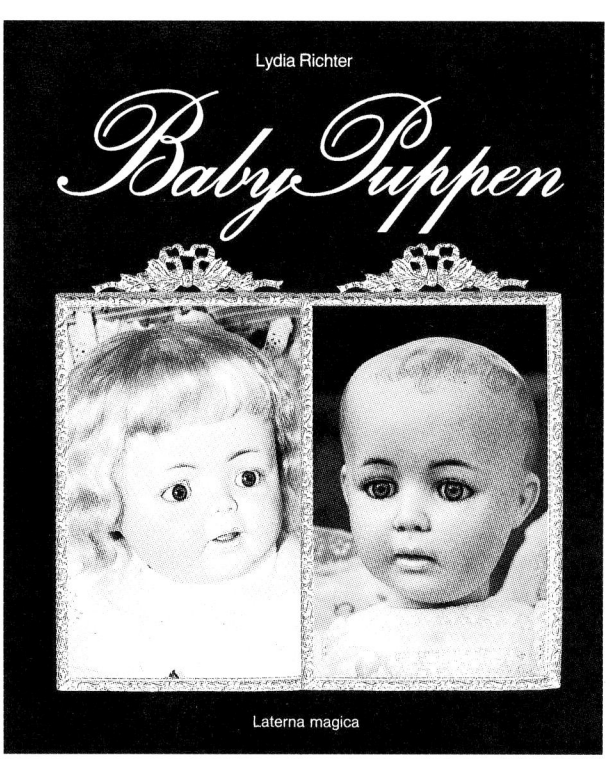

Lydia Richter

BabyPuppen

128 Seiten, 130 farb. Abbildungen, 21,5 x 26 cm, Efalin mit SU, DM 58,00

Babypuppen sind die wohl liebenswertesten Puppengeschöpfe schlechthin.

Obwohl das erste realistisch aussehende Puppenbaby erst 1909 von Kämmer & Reinhardt nach dem Modell eines Säuglings geschaffen wurde, überraschen selbst den Fachmann die Vielfalt und Vielgestaltigkeit der in der Nachfolge entstandenen Puppenbabies.

So ist das vorliegende Buch das erste seiner Art im deutschsprachigen Raum, das dem Sammler, Historiker, Fachhändler und Puppenfreund in geschlossener Form einen Überblick zum Thema Babypuppen mit Köpfen aus Biskuitporzellan gibt. Angefangen beim legendären „Kaiserbaby" über das liebenswerte „Butterfly-Baby" bis hin zu den entzückenden schwarzen und Orientalen-Babies werden in diesem Buch an die 130 (!) Puppen vorgestellt. Damit präsentiert sich das Buch als wahrer Ratgeber für Sammler, als Fundgrube und Bildband, der detailreich Auskunft gibt und schon beim ersten Durchblättern Freude macht!

Nur die Kompetenz und langjährige Erfahrung der Autorin machte dieses Fachbuch möglich.

Dazu und darüber hinaus ist das Buch – wie stets vom Verlag Laterna magica – ein gut und geschmackvoll layouteter Sammlerband, ein Geschenkbuch von Wert.

Verlag Laterna magica — Joachim F. Richter